电子化政府与
政府信息公开法研究

主　编　齐爱民　张万洪
副主编　孔繁华　贾　淼
　　　　尹鸿翔　胡　丽

二十一世纪
最新行政立法
研究丛书

武汉大学出版社

图书在版编目(CIP)数据

电子化政府与政府信息公开法研究/齐爱民,张万洪主编.—武汉:武汉大学出版社,2008.6
二十一世纪最新行政立法研究丛书
ISBN 978-7-307-06029-6

Ⅰ.电… Ⅱ.①齐… ②张… Ⅲ.①电子政务—研究 ②国家行政机关—信息管理—法规—研究 Ⅳ.D035.1 D912.104

中国版本图书馆 CIP 数据核字(2007)第 179378 号

责任编辑:胡 荣   责任校对:黄添生   版式设计:支 笛

出版发行:**武汉大学出版社**   (430072 武昌 珞珈山)
    (电子邮件:wdp4@whu.edu.cn 网址:www.wdp.com.cn)
印刷:湖北省孝感日报社印刷厂
开本:720×1000 1/16 印张:16 字数:294 千字 插页:2
版次:2008 年 6 月第 1 版 2008 年 6 月第 1 次印刷
ISBN 978-7-307-06029-6/D·800   定价:24.00 元

迎接政府信息时代的来临
（代　　序）

现代民主的两大构成要素是公开和参与，公开是参与的前提和基础。没有政府信息的公开，公民的参与权是一句空话；而没有政府信息公开和公众知情权的行使，就不可能有真正意义上的民众参与国家管理和社会事务。因此，政府信息公开本来就是社会主义民主的应有之意，是公民实现宪法权利的保障和监督政府依法行政的根本性制度。换一句话来说，一个对人民负责的政府应该是"以人为本"的政府，一个"以人为本"的政府应该是一个法治的政府，而一个法治政府的重要职责就是实施政府信息公开。

信息公开法最早源自 1776 年的瑞典，该法目前是瑞典宪法的一部分，自 20 世纪下半叶以来，国际社会出现了一个制定信息公开法的浪潮。美国于 1966 年制定了信息公开法，美国的信息公开制度对于当代各国政府的信息公开制度产生了极大影响。澳大利亚、加拿大和新西兰均于 1982 年制定了信息公开法。在亚洲，泰国于 1997 年实施官方信息法，韩国于 1998 年施行公共机构信息公开法，日本已经于 1999 年通过了信息公开法。2001 年我国台湾地区也制定了"行政信息公开法"。政府信息公开法经过 200 年的发展，不仅仅是国内法所规定的权利，而且在一系列国际法法律文件中也得到了确认。联合国早在 1946 年第一次大会上通过的第 51（1）号决议中就肯定了信息自由是一项基本权利，它宣告"信息自由是一项基本权利，也是联合国追求的所有自由的基石"。1948 年由联合国通过并颁布的《世界人权宣言》第 19 条规定："人人有权享有主张和发表意见的自由；此项权利包括持有主张而不受干涉的自由，和通过任何媒介和不论国界寻求、接受和传递消息和思想的自由。"可见，政府信息公开是一股国际潮流。

到了 20 世纪 90 年代中期，信息公开由于借助电子网络技术的发展，如虎添翼，效果激增，在世界范围内又开始掀起一股具有新特点、新面貌的电子政务新浪潮。电子政务作为现代政府管理观念和信息技术相融合的产物，在经历了以信息化为中心的技术层面的架构建设以后，以公民为中心、以完善政府服务为要义的政府治理结构转型，已成为对电子政务进行深层次的内涵建设的核心课题。众所周知，电子化政府这一名称最初译自英文单词 Electronic

Government，为美国首创，其原意在于通过应用信息网络技术来建立一个虚拟的电子政府，以革除美国政府在管理和提供服务方面所存在的弊端，使民众能随时随地地享受各种政府服务。这一概念后来为英国、日本等许多国家所接受，现在，电子化政府已经成为形象地表述电子政务的热门代名词，成为融技术、政府管理活动和政府机能的活力于一炉的崭新事物。透过电子化政府等新鲜概念，我们看到了隐藏在技术、事务管理与服务背后的更深层次的更本质的东西，那就是，如何迎接渐进而来的网络社会，如何重建政府公共机构的治理结构，实际上这是一场深刻的革命。至少在我看来，如何利用这一个新鲜事物，把电子化政府建设与信息公开法律制度建设有机结合起来，可能成为实现我国民主宪政，包括实现行政法治的重要契机。

根据政府由法律控制的基本原理，实施政府信息公开首先应该制定政府信息公开法。政府信息公开是法治政府的本质要求，是人民主权的有效保障，是信息社会资源最大化的必然要求。法治政府要求政府权力由法律控制，而"一切有权力的人都容易滥用权力，这是万古不易的一条经验"。阳光是最好的防腐剂，政府信息公开，一方面扫除了暗箱操作等违法腐败现象的滋生土壤，是保证政府接受人民监督、依法律办事的有效之策。另一方面，政府信息公开使公众有更多的机会了解政府在做什么、在怎么做，并能够及时地参与决策过程，以多种方式表达自己的意见。从这个意义上说，社会主义民主的发展水平很大程度上取决于政府信息公开的程度。政府信息公开的程度愈高，公民实现政治参与和监督政府权力的可能性就愈大，而公民参与决策越活跃，监督越得力。这样的政府才是为人民服务的政府，才是对人民负责的政府。在信息时代依法实施政府信息公开的意义尤为重要，人民实现与政府之间的信息共享，让政府信息发挥最大的作用是信息社会发展的必然要求，也是促进社会经济发展，从而增进公众信赖、维护社会稳定，共同促成政治文明繁荣的重要途径。这是政府与公民法律地位平等原理在政府信息公开领域的贯彻和落实。

我们已经清楚地看到，伴随着信息技术特别是网络技术的飞速发展，电子化政府已经为人们普遍接受，政府信息化程度的高低也已经成为一个国家是否具有国际竞争力的一个重要标志。21世纪之始，我们面临的就是一场空前的政府信息化浪潮。这是挑战，更是机遇，运用得当，对于提高我国政府工作效率、推进廉政建设、改进政府服务、推进国家的民主进程具有重要意义。齐爱民博士的新作《电子化政府与政府信息公开法研究》一书，以信息社会为背景，以电子化政府实施政府信息公开为出发点，具有与众不同的前瞻性。从这个角度说，此书正是应对电子化政府的信息公开法而生，它不仅分析和研究了电子化政府带来的新的法律问题，并提出了新的理论和对策，更值得一提的是，此书对传统的信息公开法理论和制度的研究也可圈可点。首先，本书将政府信息公开法放在信息法体系之下进行研究和探讨，厘清其与其他信息法律的关系，这是本书的特色之一；其次，注重保护人民的基本权利，重点构建完善的知情权制度是本书的特色之二；注重建立完善和操作性强的行政救济制度是本书特色之三。综上所述，我虽然不敢说这部著作是当今国内研究信息公开法同类著作中最好的，但我可以确认这部著作是一项与众不同的有益的研究成果，因此，值得研究这一问题的学者和相关的立法部门工作人员研读和参考。

齐爱民博士信赖于我，邀我为他这本书写上几句话，故乐为之序。

杨海坤

苏州大学法学院教授、博士生导师

中国行政法学会副会长

2004-11-4

目　　录

第一章　电子化政府与政府信息公开

第一节　电子化政府概述

20世纪90年代以来，伴随着信息技术特别是网络技术的飞速发展，电子化政府成为各国普遍关注的一个焦点，政府信息化程度的高低也已成为一个国家是否具有国际竞争力的一个重要标志，一场空前的政府信息化浪潮正在席卷全球。根据联合国教科文组织在2000年对62个国家（23个发达国家和39个发展中国家）所进行的调查，89%的国家都在不同程度上着手推动电子化政府的发展，并将其列为国家级的重要事项。在世界各国积极倡导的"信息高速公路"的五个应用领域中，电子化政府位列第一。①

从历史来看，每一次技术革命都将引起政府治理方式的变化，而有"数字巴黎公社"② 之称的电子化政府，对于提高政府工作效率、实行政务公开、推进廉政建设、改进政府服务、推进国家的民主进程具有重要意义。电子化政府作为信息时代的一个新生事物，在政治、经济、社会、军事、文化等各个领域所发挥的作用，已经为世界各国所公认。以电子化政府求发展，正在成为一个全球性的趋势。

我国也不例外。党的"十六大"报告中提出，要"进一步转变政府职能，改进管理方式，推行电子政务，提高行政效率，降低行政成本"。十六大同时还把加快实现社会信息化作为建设小康社会的重要目标之一。但和美国、加拿大等世界领先国家相比，中国尚处于电子化政府发展起步阶段，主要形式是政府信息网上发布，但存在着基础信息建设落后、发展不平衡、缺乏整体规划和统一标准、立法滞后等诸多问题。更重要的是，电子化政府的普及给人们的观

---

① 参见焦宝文，薛晓户. 全球电子政府发展概况 [M]. 北京：中国财政经济出版社，2002：1.

② 姜奇平. 数字巴黎公社——电子政务一种可能的归宿 [J]. 互联网周刊，2002（5）：68.

念更新，国家管理体制改革，现有法律法规的废、改、立带来巨大的、不可避免的挑战。为了解决上述问题，回应上述挑战，国内的法学家和立法工作者们为电子化政府立法作出了不懈的努力，《中华人民共和国政府信息公开条例》（以下简称《政府信息公开条例》）于 2007 年 1 月通过，并于 2008 年 5 月施行。

本节的目的，在于勾勒出电子化政府的基本框架，对其含义、意义等基本问题作一简要分析和探讨。

一、电子化政府的含义

"电子化政府" 直译自英文 Electronic Government（简称 E-Government），是指运用电子化手段所实施的国家行政管理工作，包括各级政府机构内部核心政务电子化、信息公布与发布电子化、信息传递与交换电子化、公众服务电子化等。简单地讲，就是利用网络技术来构建一个 "虚拟政府"，从而使民众能够随时随地地享受各类政府服务。这里必须说明的是，"政府" 一词有广义与狭义之分。① 广义的政府是为实现统治职能而建立的各国家机关，包括立法机关、行政机关、审判机关、检察机关和军事机关等，在此意义上，政府等同于宪法学上的国家机构。狭义上的政府仅指国家行政机关。学界多采狭义说，② 本书亦在狭义上使用政府一词。

从发展来看，电子化政府滥觞于美国。1993 年，美国副总统戈尔受总统克林顿的委托，研究如何才能重塑美国的政府系统，使它的运行变得更为合理和高效，同时使其能为民众提供更为便捷的服务。戈尔为此发起了一场名为 "国家绩效考察"（National Performance Review）的运动，用以检视美国政府在管理和提供服务方面所存在的弊端，并提出相应的改革建议。在这场运动中，构建 "电子化政府" 作为一个重要的改革方向被提出来。在之后的几年中，英国、日本等发达国家也相继提出了构建 "电子化政府" 的计划。

电子化政府的实质是政府机构应用现代信息和通信技术，将管理和服务通过网络技术进行集成，在网络上实现政府组织结构和工作流程的优化重组，超越时间、空间与部门分隔的限制，全方位地向社会提供优质、规范、透明、符合国际水准的管理和服务。电子化政府的最高目标，是将各级政府站点建设成

---

① 参见罗豪才，吴撷英. 资本主义国家的宪法和政治制度 [M]. 北京：北京大学出版社，1983：251.

② 参见周叶中. 宪法 [M]. 北京：高等教育出版社、北京大学出版社，2000：321；李步云. 宪法比较研究 [M]. 北京：法律出版社，1998：837.

为便民服务的"窗口"，帮助人们足不出户在互联网上完成在政府各部门的办事程序，使行政效率提高，行政成本降低，行政监督加强，督促政府公开行政、阳光行政，实现"电子化民主"。

电子化政府的内容非常广泛。从服务对象来看，电子化政府主要包括这样几个方面：政府间政务活动的电子化（Government to Government，G2G）；政府对企业政务活动的电子化（Government to Business，G2B）；政府对公民政务活动的电子化（Government to Citizen，G2C）。

（一）政府间政务活动的电子化（G2G）

G2G 是上下级政府、不同地方政府、不同政府部门之间政务活动的电子化，即政府与政府之间的互动。它包括：首脑机关与中央和地方政府组成部门之间、中央政府与各级地方政府之间、各地方政府之间、政府的各个部门之间、政府与公务员和其他工作人员之间的互动。这个领域涉及的主要是政府内部的政务活动，具体包括以下内容：

1. 电子法规政策系统。向所有政府部门和工作人员提供相关的现行有效的各项法律、法规、规章、行政命令和政策规范，使所有政府机关和工作人员真正做到有法可依，有法必依。

2. 电子公文系统。在保证信息安全的前提下，在政府上下级、部门之间传送有关的政府公文，如报告、请示、批复、公告等，使政务信息十分快捷地在政府间和政府内流转，提高政府公文处理速度。

3. 电子司法档案系统。在政府司法机关之间共享司法信息，如公安机关的刑事犯罪记录、审判机关的审判案例、检察机关的检察案例等，通过共享信息，改善司法工作效率和提高司法人员的综合能力。

4. 电子财政管理系统。向各级国家权力机关、审计部门和相关机构提供分级、分部门历年的政府财政预算及其执行情况，包括从明细到汇总的财政收入、开支、拨付款数据以及相关的文字说明和图表，便于有关部门及时掌握和监控财政状况。

5. 电子办公系统。通过电子网络完成机关工作人员的许多事务性工作，节约时间和费用，提高工作效率，如工作人员通过网络申请出差、请假、复制文件、使用办公设施和设备、下载政府机关经常使用的各种表格、报销出差费用等。

6. 电子培训系统。对政府工作人员提供各种综合性和专业性的网络教育课程，特别是适应信息时代对政府的要求，加强对工作人员进行与信息技术有关的专业培训，工作人员可以通过网络随时随地注册参加培训的课程、接受培训、参加考试等。

7. 业绩评价系统。按照设定的任务目标、工作标准和完成情况对政府各部门业绩进行科学的测量和评估。

（二）政府对企业政务活动的电子化（G2B）

G2B 是政府与企业的互动，包括政府对企业和企业对政府两个部分。政府对企业主要包括政府向企事业单位发布的各种方针、政策、法规、行政规定，实质上是政府通过电子网络系统向企业提供的各种公共服务。企业对政府主要包括企业应向政府缴纳的各种税款，按照政府要求应该填报的各种统计信息和报表，参加政府各项工程的竞标和投标，向政府供应各种商品和服务，以及就政府如何创造良好的投资和经营环境，如何帮助企业发展提出建议等。G2B 具体包括：

1. 电子采购与招标。通过网络公布政府采购与招标信息，为企业特别是中小企业参与政府采购提供必要的帮助，向它们提供政府采购的有关政策和程序，使政府采购成为阳光作业，减少徇私舞弊和暗箱操作，降低企业的交易成本，节约政府采购支出。

2. 电子税务。企业通过政府税务网络系统，在营业地或分支机构就能完成税务登记、税务申报、税款划拨、查询税收公报、了解税收政策等业务，既方便了企业，也减少了政府的开支。

3. 电子证照办理。企业通过因特网申请办理各种证件和执照，缩短了办证周期，减轻了企业负担。如企业营业执照的申请、受理、审核、发放、年检、登记项目变更、核销，统计证、土地和房产证、建筑许可证、环境评估报告等证件、执照和审批事项的办理。

4. 信息咨询服务。政府将拥有的各种数据库信息对企业开放，方便企业利用，如政府向企业开放法律、法规、规章、政策数据库，政府经济白皮书，国际贸易统计资料等信息。

5. 中小企业电子服务。政府利用宏观管理优势，为提高中小企业国际竞争力和知名度提供各种帮助，包括为中小企业提供统一政府网站入口；利用集合优势，帮助中小企业向电子商务供应商争取有利的、能够负担的电子商务应用解决方案，等等。

（三）政府对公民的电子化（G2C）

G2C 包括政府对居民和居民对政府两个方面。政府对居民主要是提供各类服务，包括信息服务和各种公共部门如学校、医院、图书馆、公园等面向居民的服务；居民对政府的活动除了包括个人应向政府缴纳的各种税款和费用，按照政府要求应该填报的各种信息和表格等，更重要的是开辟居民参政、议政的渠道，使政府的各项工作不断改进和完善。G2C 具体包括：

1. 教育培训服务。如通过建立全国性的教育平台，资助所有的学校和图书馆接入互联网和政府教育平台；政府出资购买教育资源，然后提供给学校和学生；重点加强对信息技术能力的教育和培训，以适应信息时代的挑战。

2. 就业服务。通过电话、互联网或其他媒体向公民提供工作机会和就业培训，促进就业，如开设网上人才市场或劳务市场，提供与就业有关的工作职位缺口数据库和求职数据库信息，在劳动就业管理的部门或其他公共场所建立网站入口，为没有计算机的公民提供接入互联网寻找工作职位的机会，为求职者提供网上就业培训、就业形势分析，指导就业方向。

3. 电子医疗服务。通过政府网站提供医疗保险政策信息、医药信息、执业医生信息，为公民提供全面的医疗服务。公民可通过网络查询自己的医疗保险个人账户余额和当地公共医疗账户的情况；查询国家新审批的药品的成分、功效、试验数据、使用方法及其他详细数据，提高自我保健的能力；查询当地医院的级别和执业医生的资格情况，选择合适的医院和医生。

4. 社会保险网络服务。通过电子网络建立覆盖地区甚至国家的社会保险网络，使公民通过网络及时全面地了解自己的养老、失业、工伤、医疗等社会保险账户的明细情况，有利于加快社会保障体系的建立和普及；通过网络公布最低收入家庭补助，增加透明度；还可以通过网络直接办理有关的社会保险理赔手续。

5. 公民信息服务。为公民提供方便、简易、费用低廉的接入法律、法规、规章数据库的渠道；通过网络提供被选举人背景资料，促进公民对被选举人的了解；通过在线评论和意见反馈，了解公民对政府工作的意见，改进政府工作。

6. 交通管理服务。通过建立电子交通网站对交通工具和司机进行管理和服务。

7. 电子证件服务。允许居民通过网络办理结婚证、离婚证、出生证、死亡证明等有关证书。

8. 公民电子税务。允许公民个人通过电子报税系统申报个人所得税、财产税等个人税务。

9. 报警服务（盗窃、医疗、急救、火警等）。在紧急情况下居民需要向政府报告并要求政府提供的服务，等等。

当前，世界各国电子化政府的发展就是围绕着上述三个方面展开的。其目标除了不断地改善政府、企业与居民三个行为主体之间的互动关系外，还朝着一个完全整合过的、虚拟和实际相结合的、有着在线管理能力的新机制迈进。①

---

① 参见焦宝文. 电子政府导论［M］. 北京：中国财政经济出版社，2002：41.

二、电子化政府与相关概念的比较

在电子化政府建设的初期，出现了很多相互混淆的概念，电子化政府、电子政务、政府上网、政府办公自动化等说法在很多地方都混为一谈，有必要将电子化政府与这些相关概念进行比较，以进一步廓清电子化政府的真正内涵。

（一）电子化政府与办公自动化（OA—Office Automation）

办公自动化（OA—Office Automation），主要是指利用现代化的办公设备、计算机技术和通信技术来代替办公人员的手工作业，从而大幅度地提高办公效率。办公自动化设备早在 20 世纪 80 年代就已经开始在我国普及应用，而电子化政府系统的大规模应用基本上是 20 世纪 90 年代中期以后的事情。

具体地说，电子化政府和办公自动化系统在以下几个方面存在明显的差异：

首先，应用定位不同。电子化政府侧重于政府部门内部以及跨部门、系统和地区的应用，而办公自动化系统的应用重点一般是在部门内部，并且集中于办公人员的个人层面。

其次，两者的应用主体不同。办公自动化广泛地应用于几乎所有的党政机关和企事业单位，而电子化政府顾名思义，其应用主体主要是各级政府部门。

再次，系统用户不同。办公自动化系统的用户多为办公人员，而电子化政府由于一般是互动式进行的，因此其系统用户的范围要广得多，除了政府部门的工作人员之外，还包括与这些部门相关的企业和公众等。

虽然电子化政府和办公自动化的应用定位、应用主体、功能、系统管理模式等方面均存在较大的差异，但是它们之间仍然有着十分密切的关系。由于电子化政府实现了部门的联网办公和互动式作业，因此可以把电子化政府看做是办公自动化系统在范围和功能上的对外延伸，是面向全社会的政府办公自动化。

（二）电子化政府与电子政务（Electronic Governance）

有些学者认为电子政务和电子化政府其实不是同一个概念。在他们看来，电子化政府构想集中于政府与民众之间的电子政务，而一个完整的电子政务的概念，则同时包含了政府部门内部、政府部门之间以及政府与民众之间的电子政务，不但其范围更广，而且内容也要比电子化政府丰富得多。① 我们认为这种区分是没有必要的。固然西方的"电子政府"计划重心更多的是放在利用

---

① 参见程宗璋. 政务信息化的实现与我国国民经济的发展 [M] //网络经济与法律论坛. 北京：中国检察出版社，2002：18.

信息技术来改造政府服务的提供方式，即上文所说的政府部门与民众之间的电子化政府之上，但其也包括了整合政府各部门的信息资源，实现跨部门的联网办公等内容。同时，这种区分不但容易在概念上产生混淆，还有可能在发展中偏重于政府服务的电子化，而忽视几乎同等重要的部门内部和部门之间的电子政务活动。

（三）电子化政府与政府上网（Government On Line）

"政府上网"这个词来源于1999年启动的"政府上网工程"。当年1月，中国电信集团公司联合40多家部委（办、局）的信息主管部门，共同倡议发起了政府上网工程。这项工程的主旨是推动各级政府部门开通自己的互联网站，并推出政务公开、领导人电子信箱、电子报税等服务，从而为政府系统的信息化建设打下了坚实的基础。"政府上网工程"取得了巨大的成功。在短短的一年时间内，全国各级政府部门申请的 gov. cn 域名就达到 2 400 余个，而且还开发出了大量成功的网上应用项目。国务院也因此将 1999 年命名为"政府上网年"。正是由于"政府上网工程"取得了如此大的成功，所以人们后来经常用"政府上网"来指代我国的电子化政府建设。

然而，严格地说，政府上网与电子化政府建设并不是同一个概念。如果取"政府上网工程"的原意，那么政府上网的重点还是在于通过开通政府网站来推动政府部门与民众之间的电子化政府活动。而完整意义上的电子化政府则是一个更为宽泛的概念，还包括了政府部门内部以及部门之间的电子政务活动。所以，除非我们把政府上网的含义进行适当的扩展，把政府部门内部和部门之间的联网办公也包括进来，否则政府上网与电子化政府之间不能简单地画等号。

（四）电子化政府与电子商务（E-Commerce）

在我国，电子商务经历了一段时间的发展之后，电子化政府才逐渐走入人们的视野。人们对这两个概念的理解和使用存在着较大的分歧与混淆。甚至有人认为，电子化政府、电子政务是"最大的电子商务"。① 事实上，电子化政府与电子商务有着本质上的不同。

首先，性质不同。电子化政府是一种管理与服务活动，即政府通过网络对社会进行管理，同时为公众提供服务。电子商务则是一种交易与经济活动。电子商务仅仅是采用了电子方式进行商务活动，只是活动手段的变化和创新，不改变其工作性质。

---

① 互联网实验室. 电子政务：最大的电子商务 [J]. 电子商务世界，2001（7）：75.

其次，电子化政府与电子商务的目的明显不同。电子化政府的根本目的是通过电子方式提高政府管理和服务的质量、效率及社会效益。电子商务的根本目的是通过电子方式提高交易事务的效率和交易主体的经济效益。

再次，电子化政府与电子商务有各自独特的活动内容。虽然电子化政府与电子商务有一些性质大致相同的活动内容，如通过网络搜集、发布信息，但两者均有其特有的或差别较大的活动内容。如电子化政府中的网上项目申请与审批、电子福利支付、网上选举、公民网上参与公共决策等；电子商务中则有网络营销、网上商务谈判、商家与客户的网上互动、电子商务实物配送等。

对于电子化政府这一时刻处于发展变化之中的全新事物来说，要想明确其内涵和外延并不是一件易事。电子化政府不是一个相对固定的单一事物，而是一个包罗万象的范畴，而且其内涵和外延还在不断地发生变化。今后，随着电子信息技术的不断发展以及政府部门的电子化意识的提高，新的电子化政府的应用形式还将被不断地创造出来。

三、电子化政府在政府管理中的意义

通过分析电子化政府的内涵及与相关概念的比较，我们发现，电子化政府的核心任务是通过电子信息技术实现政府组织结构和工作流程的优化重组，向社会提供优质、规范、透明的管理和服务，这种赛博空间的管理模式使传统的科层式管理模式向扁平化管理模式过渡，信息的公开化和管理的透明化是它的显著特点和亮点，电子化政府将大大促进我国的法制建设，改善政府与公民的关系，使政府施政方式产生实质性的改变。

（一）电子化政府是政务公开的需要

电子化政府为政务公开提供了有效便捷的途径。信息技术与传统的传播方式相比具有速度快、及时、界面直接生动等特点，通过网络，政府的各类公共信息能在第一时间发送到其他政府部门或是公众面前，使公众的知情权和参与权得到充分的实现。

政府门户网站开通后，公众通过互联网可以及时、方便地了解到国家的最新法律、法规、重大决策等，搜索需要了解的各类公共信息。美国佛罗里达州允许用户在网上浏览近期出台的法案以及等待决议的立法草案，或是公共卫生、教育方面的行政措施、行政决议等。中国普通高校招生录取工作实现信息化以来，全国各省级招办在普通高校招生录取过程中，充分利用计算机网上录取系统的功能，建立并开展了多项考生信息查询服务。各省通过电视发布、168 信息台电话语音服务、手机短信息服务、报纸公布和网络登录查询等多种通道为考生提供查询录取结果的服务。高校也在《招生章程》中公布了联系

电话和查询录取结果的网址。几乎高校录取工作一结束，考生就会立即知道录取结果。近来，有关部门正在组织专家研究实施"阳光工程"，进一步增加录取过程和录取结果的透明度。①

（二）电子化政府是提高行政效率的需要

在莎士比亚笔下，"法律的迁延"（law's delay）与压迫者的凌辱、傲慢者的冷眼、官吏的横暴等列为人世间不可忍受的几大苦难之一。② 的确，正如谚语所云："迟到的正义就是非正义"，行政执法效率低下是法律公正的凤敌和砒霜。法律适用环节的低效将会使证据灭失、法律关系缺乏稳定和公民对法律丧失信心。而实施电子化政府可以有效地节约时间，降低行政成本，缩短工作周期，提高行政效率。据统计，由于实现政府信息化，1992 年到 1996 年，美国政府的员工减少了 24 万人，关闭了近 2 000 个办公室，减少开支 1 180 亿美元。在对居民和企业的服务方面，政府的 200 个局确立了 3 000 条服务标准，作废了 1.6 万多页过时的行政法规，简化了 3.1 万多页规定。③

另外一个例子是高校的网上录取，考生的各种信息和高校的预录取结果都通过网络传递。无论路途多远，传递考生信息都十分迅速、顺畅。高校对考生进行分专业预录取工作也不像以往人工录取那样需要人工分配和手工填表，而是由计算机按预先设置好的规则，在瞬间就完成了，不仅速度快，而且准确性高。这样就大大提高了招生录取工作效率，减少了考生等待录取结果的时间，达到省时、省力的目的。④

（三）电子化政府是实现社会公平的需要

政府与法律最原初的使命之一，就是在一个政治共同体中实现公平。古希腊政治家和法学家西塞罗指出："在我们的祖辈那里，为了能够享受公正，人们总是立道德高尚之人为王。要知道，人们平时由于受到势力强大的人们的压迫，他们便求助于某个德性出众之人，此人为了保护弱者免受欺凌，便建立平等制度，以使地位崇高的人们和地位低下的人们享有同样的权利。制定法律的

---

① 参见徐峰. 网上录取——尽显招生改革成效 [OL]. [2003-05-17]. http://www. cernet. edu. cn.

② 参见 [英] 莎士比亚. 莎士比亚全集: 悲剧卷（上）[M]. 南京: 译林出版社, 1999: 316.

③ 参见张国云. 美国电子政府考察报告 [OL]. [2003-04-28]. http://www. e-works. com. cn.

④ 参见徐峰. 网上录取——尽显招生改革成效 [OL]. [2003-05-17]. http://www. cernet. edu. cn.

原因与拥立国王的原因是一样的。"① 电子化政府的出现，极大地减少了行政行为中"人为"因素的影响，避免了"看人下菜碟"，实现了政务运作的公正、公平。比如，2003 年上海春季高考试行语文科目网上阅卷。考试时，考生必须在另一张答题纸上答题。该答题纸将被完整地扫描进电脑，阅卷时，客观题答案由电脑根据预定程序直接评阅，并给出分数；主观题部分则被分割成独立的块状，随机出现在某位阅卷老师的电脑屏幕上，让至少两位老师在不同的电脑屏幕上各自独立地评阅一次，最后综合他们的评价，得出考生的最后得分。由此，阅卷老师之间的影响消除了，考生的最终得分将反映多位老师的真实评价。除此之外，电脑还将实时监控每位老师的阅卷情况，一旦其出现偏松偏紧的倾向，将遭到电脑的警示。电脑的参与还使分数统计的误差减少至零。②

（四）电子化政府是建设法治国家的重要内容

信息的公开和制度的透明，是建立法治国家的基本要求。现代市场经济要求按照规则来进行交易，是一种建立在规则基础上的经济（rule-based economy），或者说法治的市场经济；而法治（rule of law）的首要要求又是立法和司法程序的透明性，这就是说，立法的过程和法律的内容是相关人士普遍知晓的，而且立法在前，执行在后，不可以回溯，保证人们行为的法律后果具有可预见性。虽然党的十五次代表大会和 1999 年宪法修正案对政府依法行政和建设社会主义法治国家有明确的规定，在加入 WTO 时，我国政府对规则的透明性也作出了庄严的承诺，不过，从我国当前的现实情况看，与这些目标还有很大距离。应当承认，直到现在，我们政府的一些活动还没有建立在人们能够对自己的行为后果作出确切预期的透明规则的基础上。许多行政机关和大量官员习惯了用不为外界人士以及其他政府机构知晓的内部文件、一事一办的领导批示，乃至经办人与当事人之间的"关系"来处理各种公共事务。有些机构和国家工作人员甚至给公众乃至其他政府机构取得信息设置障碍，以便将公共信息据为私产，用以谋取个人或本单位的利益。虽然国家也制定了大量法规，但是真正起作用的往往还是只有少数人掌握而不为大众知晓的内部文件、"首长指示"等。这使公众难以了解和参与公共决策的过程，难以确切预期自己的行为后果。而且，批示精神和政策把握往往因人、因时而异，容易带有主观随意性，不具有法治所要求的那种客观和稳定性。而电子化政府正是针对这

① ［古希腊］西塞罗．论义务［M］．北京：中国政法大学出版社，1999：195．

② 参见上海网上阅卷"阻截"人为因素［OL］．［2003-05-17］．http://www.cernet.edu.cn.

些弊端的一剂"良药",其公开化、透明化、平等化的价值追求引导社会向着民主、法治的方向前进,中国电子化政府的建设将直接影响依法治国的发展进程和依法行政基本原则的全面实现。

第二节 政府信息公开概述

一、政府信息公开的概念

从层次上讲,政府信息公开主要有两层含义,即政府信息公开原则和政府信息公开制度。作为一项原则,政府信息公开是主权在民、行政阳光化和公民知情权保障的必要手段和根本规则。这一原则贯穿于行政管理活动的各个阶段,要求行政机关公开政府文件、执法依据、会议过程乃至会议记录等信息。当然,对一些特殊信息也可以不公开,比如三密信息(即国家秘密、商业秘密和个人隐私)、与公共利益无关的内部信息(如机关内部的公休假日安排表)以及行政执法过程中需要暂时保密的信息(侦查和税务稽查过程中的信息)。为合理贯彻信息公开原则,需要具体制度来保障实现,政府信息公开原则的制度化造就了第二层次的政府信息公开,即政府信息公开制度。

根据对"政府"的不同理解,政府信息公开制度有广义、狭义和最狭义之分。广义的政府信息公开是指立法、司法和执法等一切国家机关以及政党、国有企业、社会团体和事业单位等公共组织的信息原则上应该公开的制度。广义政府信息公开概念的出现,是我国特殊国情的产物,实践中存在的泛行政化倾向,使政党、社团、基层自治组织、公共事业和公共服务部门等组织都具有公共事务管理的职能。① 广义政府信息公开概念的提出,主要是为了将相关公共事务置于公众监督之下,使各种公共管理活动透明化、阳光化,促进我国的民主与法制建设;但此种泛化的概念,容易分散注意力,将一些如"去行政化"等本不属于政府信息公开的问题纳入到法学研究和法律调整的视野,引起进一步的混乱,实不足取。狭义的政府信息公开是指立法、司法和执法等一切国家机关的信息原则上应该公开的制度。最狭义的政府信息公开仅指行政机关以及履行公共管理职能的公法人或私法人公开相关信息的制度。从各国政府信息公开制度看,虽然一些国家强调立法、司法机关的信息公开属于政府信息公开的范畴,但大部分规定仍直接指向行政机关。立法和审判活动向来透明,在传统法制框架下得到了相对妥善的调整,而受行政系统庞大、行政特权和保

---

① 参见李步云. 信息公开制度研究 [M]. 长沙:湖南大学出版社,2002:38-39.

密文化等因素的影响，各国均尽量避免公开行政机关的信息，直到20世纪60年代，伴随着国际人权运动、主权在民思想、信息自由运动和阳光政府理念等运动和思想的出现和发展，行政信息保密引发的一系列问题导致民众不满，迫使各国政府逐渐转变态度，建立起了围绕着行政信息公开的政府信息公开制度。本书如无特别说明，均在最狭义上使用政府信息公开的概念。

二、政府信息公开制度的基本问题

作为现代民主制度的重要组成部分，政府信息公开制度主要包括政府信息公开的理论基础、主体、客体、权利义务以及救济制度，鉴于救济制度本书有专章介绍，而带有行政程序性特点的权利义务又杂糅于各部分特别是关于信息公开程序的论述之中，这里不再述及。

1. 政府信息公开的理论基础

如采控权论学派的观点，行政法的主要作用在于控制行政权，通过控制行政权来达到配置行政关系中行政主体与行政相对人之间的权利义务，形成良好的法律秩序，达到保障私人的权利和自由的目的。行政法的基本内容是控制和限制政府的权力，控制和限制主要是通过行政程序法和司法审查制度来实现的。行政程序法通过事前的拘束保证政府在法治的轨道上行事，司法审查通过事后的救济和监督，保障政府严格依法履行职责。这种行政法制度在很大程度上解决了行政国产生后带来的行政权膨胀问题。但是随着行政权的进一步扩张，特别是行政机关借助新兴信息处理与传播技术逐渐广泛深入社会和私人生活领域，引起普遍的不安乃至恐慌，如何进一步控制无限扩张的政府，成为亟待解决的问题。于是一个现代民主政治的重要概念出现了：知情权。

知情权（the right to know）由美国新闻记者肯特·库柏（Kent Copper）在1945年1月的一次演讲中首次提出，后经美国新闻法权威罗尔德·克洛斯进一步研究和归纳，成为一个不仅在美国甚至在世界范围内被广泛使用的概念。知情权又称知的权利、了解权或知情权，从广义上讲，是指寻求、接受和传递信息的自由，是从官方或者非官方取得有关信息、了解某种情况的权利；就狭义而言，知情权仅指从政府获得信息的权利。知情权概念的出现，不仅将作为宪法性权利的言论自由推向了制度化的时代，政府权力的扩张更得到了前所未有的最广泛的监督和遏制。这是行政法发展史上具有划时代意义的重大事件。

知情权是现代政府信息公开制度的基石，没有知情权的保障，不可能有真正完善的政府信息公开制度。政府信息公开制度作为现代行政法制的重要组成部分，不得不依托行政程序法和司法审查的制约，没有知情权不但使事前监督流于形式，即使在司法审查阶段也缺少了权利依托。这一方面是因为行政程序中相对人的其他获得信息的权利（如隐私权、商业秘密权）多以私益为前提和目的，难以构成对其他的不相关的行政活动的制约，另一方面知情权本身的公益性、主体不特定、权利行使程序简单、具有司法救济保障等特点，使得知情权直接成为一项广泛制约行政活动的制度性权利。因此，多数学者均倾向于将知情权作为政府信息公开的理论和现实基础，更有学者将政府信息公开制度直接表述为"知情权制度"。

以知情权为基础的政府信息公开制度要求，除法律规定有例外情形的，知情权人申请取得政府信息时，行政机关必须公开被申请的政府信息，行政机关不公开的，将面临司法审查程序和承担相应的法律责任。属于法定的不公开情形的，行政机关应向申请人说明理由并负有举证义务，在不公开的限制条件消失后，行政机关仍应公开相关的信息。

知情权是否政府信息公开的唯一理论基础？我们认为，虽然人民主权、言论自由和表达自由、新闻自由等可以作为政府信息公开的社会环境基础，但却不应将它们认定为政府信息公开的理论基础，如把它们作为理论基础，将不利于准确把握政府信息公开的基本问题，分散了注意力。例如人民主权理论强调的问题十分广泛，不但间接涉及政府信息公开，而且涉及代议制、服务型政府、政府合法等问题。再如言论自由，其范围不但包括出版自由、集会自由等政府信息公开以外的问题，而且在一些国家其并不能解释为当事人积极请求政府信息的权利。①

2. 政府信息公开的主体

（1）政府信息公开的权利主体

政府信息公开的主体包括权利主体和义务主体两个部分，权利主体是指任何可以取得政府信息公开的知情权人，义务主体是指负有向知情权人公开信息义务的组织。从各国立法来看，知情权人的范围原则上没有限制，不但包括自然人而且包括法人和非法人组织，不仅包括本国人而且包括外国人。根据主权在民的思想，自然人是国家的主人，不但可以通过选举代议机关组成政府，还可以通过各种手段监督政府的运作，以保障政府民有、民治和民享的地位，而不会沦为专制独裁的工具。自然人是知情权的主体在各国并不存在争议。法人申请取得政府信息而不加限制，虽然得到了立法的支持，但在理论上并非不存争议。一些学者认为，商业组织利用政府掌控的信息打击竞争对手，从事非法竞争，承认法人的知情权人地位，不利于保证良好的商业活动秩序和市场竞争

---

①　参见翁枝弘. 论资讯取得——人民请求资讯权利之初步研究 [D]. 台湾私立辅仁大学法律学研究所硕士论文，1993：18.

机制。另一些学者认为，商业组织通过政府信息公开获得竞争对手的资料，从而产生不正当竞争，影响市场公平竞争的现象出现的根本原因，不是由于赋予了经济组织信息申请权，而是没有平衡好保护商业秘密和信息公开的关系。① 建议通过其他手段保护商业秘密。第一种方式是通过单行立法解决商业信息的披露问题，即完全将商业信息排除在信息公开法的适用范围之外；第二种方式是限制商业组织依据信息公开法提出信息公开申请的权利；第三种方式是通过信息公开法的例外规定，对商业秘密给予足够的保护。② 这只是立法形式的归纳，并没有涉及具体的制度，如何调整商业秘密与信息公开之间的关系，本书将于第二章相关部分进行探讨。

从各国政府信息公开法来看，权利主体不仅包括本国人，还包括外国人，没有国籍限制。《欧洲理事会部长委员会关于获得官方文件给成员国的 2002 年第 2 号建议》第 3 条规定，"成员国应保证每个人都有权经申请获得公共机构所拥有的官方文件。这一原则的适用不应有任何理由的歧视，包括国别歧视"。国民待遇原则的确立是地区乃至世界经济一体化的产物，赋予外国人在本国法律面前与本国人同等的地位，是一种国际潮流和趋势。政府信息向外国人开放，可以促进经济、文化和其他各项事业的交流，有利于发展对外合作，同时推动部分涉外事务的信息公开。当然，外国人毕竟不同于本国人，在政府信息公开制度上享有的权利并不像本国人那样漫无边际，一些政府信息本国人可以取得，而外国人却不能。这一方面是出于政府对外国人管理的考虑，另一方面也渗透有经济利益的纠葛。美国 1974 年《隐私权法》第(a)(2)条规定，"个人是指美国公民或者在美国的永久居留权得到合法承认的外国人"，即将在美国短期停留的和在美国领土以外的外国人排除在外。据此，外国人不能根据《隐私权法》的规定获取政府所记录的其个人信息。美国国会认为，排除外国人在该法保护范围以外，可以保护行政机关，特别是国务院和其他外事行政机关专门为对付外国人而保有的情报档案或资料库。③

在许多情况下，企业要按照法律要求向管理部门或者执法机关提交商业秘密，而此间其商业秘密泄露，就会损害其竞争优势。这种提交包括申请审批时

---

① 参见张明杰. 开放的政府——政府信息法律制度研究 [M]. 北京：中国政法大学出版社，2003：125.

② 参见张明杰. 开放的政府——政府信息法律制度研究 [M]. 北京：中国政法大学出版社，2003：125.

③ 参见王名扬. 美国行政法 [M]. 北京：中国法制出版社，1995：1061.

的提交（如制药行业），调查反竞争行为时提供信息，等等。① 在这些领域居于领先地位的美国和瑞典都已制定了信息自由法及类似立法，用以确保行政管理机关不断向国民提供信息，以此作为提高行政管理决定合法性和客观性的手段。而且，也避免将以前属于社会的知识被埋藏在行政管理机关的办公桌里。当然，这些法律也规定了例外，发达国家可以据此轻而易举地反驳发展中国家的要求。② 这种利用政府信息公开制度保护本国经济利益的做法，在 TRIPS 协定中得到了一定遏制。TRIPS 协定第 39 条第 3 项规定，"当成员（国）要求提交未披露的实验数据或者其他数据，作为批准采用新化学成分的药品或者农用化学产品上市的条件时，如果该数据的原创活动包含了相当大的努力，则成员应该保护该数据，防止不正当的商业使用。此外，除非有保护公众的必要，或者已经采取措施保证该信息不被不正当地商业使用，否则成员应当保护该数据不被披露"。

（2）政府信息公开的义务主体

政府信息公开的义务主体是指依法负有信息公开义务的国家机关。在美国，除《信息自由法》第(f)(1)条规定的联邦行政部门、军事部门、政府公司、政府控股的公司以及政府行政部门所属的其他机构（包括总统办公厅）和所有独立管理机构要承担信息公开义务外，根据 1972 年《联邦咨询委员会法》（The Federal Advisory Committee Act），对行政机关提供意见和建议、本身没有决定权力的咨询机关的文件、记录和会议，同样适用于《信息自由法》和《阳光中的政府法》的规定，应予公开。

在英国，根据 2000 年《信息自由法》负有义务依申请公开政府信息的公共机构，概括地讲包括任何政府部门、国会两院、北爱尔兰议会、威尔士议会的武装力量、地方政府、全国卫生服务机关、受国家资助的学校和其他教育机构、警察机关（特殊武装除外）、半官方机构（Quangos）和公有公司。公有公司是指完全为王所有的公司，或者法律附件中列出的公共机关相关联的机关完全拥有的公司。③ 而根据其附表一的解释，公立学校、公立医院、国家图书馆和国家博物馆等也在义务主体之列。

在泰国，所有的"国家机关"均适用《官方信息法》。根据该法第 4 条的定义，"国家机关"是指中央行政，省行政，地方行政，国有企业，隶属于国

① 参见孔祥俊. WTO 知识产权协定及其国内适用 [M]. 北京:法律出版社,2002:325.
② 参见孔祥俊. WTO 知识产权协定及其国内适用[M]. 北京:法律出版社,2002:325.
③ 参见周汉华. 外国政府信息公开制度比较 [M]. 北京:中国法制出版社, 2003:120.

会的政府机关，与案件裁判无关的法院组成部分，职业监督组织，国家独立机关与由政府规章规定的其他机关。

由此可见，虽然行政机关系统在国家机构系统中最为复杂庞大，但总的看来，各国政府信息公开制度均使用"行政部门"、"行政机关"这种高度抽象的概念，要求一切行政机关承担信息公开的义务。除直接享有行政权力的行政机关外，咨询委员会、国有公司和其他由国家财政支持的组织，由于其活动对行政相对人或者公共利益具有实质影响，或者本身具有一定行政管理职能，也被视做政府信息公开的义务主体。而一些私法人如果作出决定或者发布规章，也被视做"行政主体"而承担信息公开的义务。需要指出的是，行政机关的内部机构、部门或者行政官员虽然不能成为违反信息公开诉讼的被告人，但其信息却仍然属于政府信息公开法的调整范围。

3. 政府信息公开的客体

从宏观上讲，政府信息公开是现代民主社会维持民主、自由、公平、正义的基本手段，同时也是一国经济建设迅速发展的必要条件。从微观上讲，政府信息公开直接影响到公民知情权的实现。政府信息原则上应该公开已成为世界各国的普遍选择。但是，不应公开的信息一旦公开，不仅会损害个人利益、社会利益，甚至会损害到国家利益乃至国家安全，对政府信息公开的范围应该作出一定限制，如何划定政府信息公开的范围，也即政府信息公开的客体范围，遂成为政府信息公开的核心问题。

（1）政府信息及其公开

政府信息公开的客体是指政府负有义务依法或者依申请应该公开的信息，这些信息是政府信息公开法律关系权利义务指向的对象。究竟哪些信息属于政府信息公开的对象，从各国和地区的政府信息公开法来看，没有一个统一固定的概括。根据政府信息以公开为原则，不公开为例外的基本理念来看，多数政府信息应当公开，只有少数信息由于本身性质的特殊而免于公开、暂缓公开或者仅向一定范围内的主体公开。但是，怎样认定信息是否属于政府信息却颇费周章。

从字面上解释，政府信息是指与政府具有某种关系的信息，从法律术语上讲，这种关系却极为复杂，可能是所有权关系、知识产权关系甚至是人身关系。为了不陷入复杂的法律关系性质争论，各国政府信息公开法多从事实关系上认定政府与信息的关系，从而界定政府信息。在英国，较普遍使用的词汇是"hold"或"control"，前者可译为"持有"，后者译为"控制"。根据英国《信息自由法》第3(2)条的规定，凡是英国政府机关持有的或者由其他人以英国政府机关名义持有的信息，皆为政府持有的信息。根据1998年《资料保护法》关于资料控制者的规定可以推知，政府只有对相关信息能够单独或与其他人共同决定其处理目的或方法，才能成为信息持有人或者说该信息才是由政府持有的，也只有这样的相关信息能成为政府信息。政府持有一层十分重要的隐含义，即政府信息必须是现存的，未来可能持有的信息不能作为信息公开的对象。从现行各国立法看，政府并不负有主动收集信息的义务，政府应该公开的信息是在一般行政管理活动过程中制作或者获取的，制作或获取的方式不限。

关于信息是否需要依附于一定载体，国内目前有一种不太妥当的认识，即认为政府信息总的来说可以概括归结为纸介质或磁介质上存在的信息。① 虽然这种观点，主张通过扩大载体的范围来扩展政府信息公开的范围，却并不符合各国政府信息公开的实际情况。政府信息本身并不以固定的载体为限，依附于一定可视载体或仅以自然属性存在的信息都可以成为信息公开的对象。前者如各种政府文件、电磁记录物上的信息，后者如行政机关举行的公开行政会议。② 信息的表现形式不限于文字，图像、地图、图画、照片、胶片、声像、录音都可以。

至此，我们可以认为，政府信息是指，政府机关在管理职能活动中制作或者获取并为其所控制的信息。政府信息的范围十分宽泛，几乎包括了政府持有的所有文件、记录以及会议的公开，但是并不是所有的政府信息都需要公开，政府信息公开也有例外。要进一步了解政府信息公开的范围，必须从"例外"入手。

（2）政府信息公开的例外

政府信息公开的不同公开方式有不同的例外规定。在美国，政府文件的公开有三种方式：联邦登记公布，提供查询复制，依申请公开。③ 联邦登记就是联邦政府公报，除星期六、星期日、节假日外，每天均出版发行。根据信息自由法的规定，联邦行政机关应当在联邦登记上公布关于机关的组织机构（中央和地方组织机构以及提供政府信息的方法和地点），职能和工作方法，程序规则，实体规则（包括法律、政策和法律解释）等的文件及这些文件的修改。

———————

① 参见张明杰. 开放的政府——政府信息法律制度研究 [M]. 北京：中国政法大学出版社，2003：134.

② 美国 1976 年《阳光中的政府法》即是专门规定联邦政府委员会制行政机关会议公开的专门法案。

③ 鉴于美国在现代政府信息公开制度形成和发展过程中的地位和作用，本部分主要以美国信息公开制度为例，探讨政府信息公开的范围。

上述联邦登记上应该公布的文件，如果没有公布或者通知特定行政相对人，则不生效力，行政相对人可以拒绝文件对他的适用。除联邦登记上公开的政府文件外，还有一些文件不如上述文件那样重要，影响范围较小，或者数量巨大不适合登载于联邦登记，而需以其他方式如在特定地点提供查询、复制、阅览等方式公开。这类文件包括行政裁定及其理由，对已实际采用的不需要联邦登记公开的政策的说明和解释，对公众有影响的行政人员手册或指示，委员会制行政机关的表决记录。在联邦登记上公布的文件和提供查询复制的文件的公开，只限于上述由信息自由法规定的种类，对于其他信息，行政机关不负有积极主动公开的义务。需要注意的是，在联邦登记上公开的文件，主要是重大的涉及不特定公众的文件，而提供查询复制的文件主要是个案中涉及的文件，或者影响范围较小的文件。

可以看出，行政机关负有积极主动义务公开的文件，并非没有限制，法律规定的其他种类的文件或政府信息，依据信息自由法，都属于例外，行政机关没有积极公开的义务。但是行政机关所有的文件，都可以根据当事人的申请获得公开。依申请公开的文件，除法律规定的例外外，没有范围限制，不但包括前面提到的"联邦登记"与"提供查询复制"列举的所有种类，还包括没有列举的其他信息。法律规定的例外，主要是指《信息自由法》规定的例外信息，其次指其他法律规定的例外信息。

美国《信息自由法》① 第（b）条规定了9类免除公开的文件，第（d）条还规定除了这9类规定的免除公开的文件外，其他政府文件均不得向公民保密。这9类文件包括国防和外交政策，行政机关内部人事规则和惯例，其他法律规定免于披露的事项，贸易秘密和商业或金融信息，行政机关内部或机关之间的备忘录，人事的、医疗的和类似的档案，执法记录或信息，金融机构的信息以及关于油井的地质信息和地球物理信息。对这9类文件，法院在适用法律时采取严格解释的态度，行政机关以此为由拒绝申请人的公开申请时负有举证责任。在申请人申请的文件包含上述信息时，行政机关不负有当然的保密义务，仍保留有公开或者不公开的自由裁量权。这一方面是为了更好地贯彻信息自由的立法旨意，另一方面是因为实际存在的诸多情况，并不当然使上述9类文件具有保密意义。一些文件由于时间的推移丧失了保密价值，一些文件本身可以从形式上与保密文件分离而予以公开，还有一些文件由于其涉及的公共利

---

① 从篇章体例上看，《信息自由法》位于美国法典第5篇第5章第2分章《行政程序》规定中的第552节，该章第552a节为《隐私权法》，第552b节为《阳光中的政府法》。

益高于保密利益，根据利益衡量原则须公开，因此实务过程中的信息公开的范围并不具有绝对的确定性，应具体情况具体分析。

还有一类政府信息属于特别敏感的信息，只要行政机关承认其存在，就可能损害某些特殊利益。因此，上述免除公开的规定并不能对这些文件提供充分的保护，1986 年《信息自由法》修改时，增加了一种有别于免除（exemption）的除外（exclusion）规定。除外规定不但使相关的文件可以免除公开，而且行政机关可以否认它的"存在"，但这类文件只包括符合一定条件的刑事执行程序的文件、刑事执行程序中秘密信息来源的文件以及联邦调查局关于间谍和国际恐怖主义的文件。

上述论及的只是固定于一定载体的政府信息的公开问题，在美国一些由行政机关举行的会议也应该公开。根据 1976 年《阳光中的政府法》，委员会制行政机关（collegial agencies）应该公开其作出决定的会议程序。委员会制行政机关作出决定的过程不同于独任制行政机关，为了集思广益，避免片面乃至狭隘的见解，委员会制行政机关采取集体讨论的会议方式，根据民主集中的原则作出决定。这种决定过程的公开，有利于行政阳光化和公众理解并支持行政机关的管理活动，是信息公开制度的重要组成部分。从原则上讲，任何人均有权出席委员会制行政机关的会议，但是，由于可以根据《信息自由法》取得会议记录或者会议使用的文件，公众出席这类会议的激情并不高，在实务中，新闻媒体和相关商业组织才是经常的会议列席者。

《阳光中的政府法》不适用于独任制行政机关（single-headed agencies）。独任制行政机关的决定过程只存在于行政长官的思维活动，举行的会议不是作出决定的过程，只为决定的作出提供调查、研究、统计信息和参考意见，公开这类会议并不具有实益，反而妨碍下级官员自由发表意见。独任制行政机关的会议不在信息公开的范围内，除此之外，《阳光中的政府法》也规定有类似于《信息自由法》的 10 项不予公开的理由，满足这些理由的会议可以秘密举行。

需要进一步说明的是，政府信息公开并不表示政府信息可以免费使用。虽然世界范围内都在积极推进政府信息公开并且努力推动政府信息的免费使用，防止公共领域信息的"政府私有化"，但是，很多国家承认政府信息特别是政府出版品的著作权，政府信息常常被视为政府财政收入的来源之一，却使这种努力收效甚微。政府信息若经民间加值开发为另一新的信息产品时，是否仍然属于公共财产，还是像一些学者认为的那样，已无法作为公共财产对待，不应强行（或授权国家图书馆）开放民众自由使用，① 还是需要进一步研究。

---

① 参见邱炯友. 政府资讯价值利用政策之研究［M］//淡江大学图书馆学术研讨会论文集，2002.

第三节　电子化政府与信息公开

信息公开、知情参与之精神由来久矣，古人云："民之有口，胡可壅也"，其要义便在于此。而美国立宪先驱麦迪逊（James Madison）更是直截了当地指出："在人民不掌握信息或是无法获得信息的情形下，所谓人民的政府只不过是一场闹剧或悲剧的序幕；也许两者并存。知识永远统治无知；有意自己当家做主的人民必须用知识的力量装备自己。"① 时至今日，随着网络经济与信息社会的来临，信息文明大张旗鼓，信息于民众之不可或缺已如同水之于鱼。世界各国纷纷将"政府信息"列为其发展蓝图中关键的战略资源，并通过电子化方式予以公开，此实乃不可逆转之趋势。

一、电子化政府信息公开的意义

（一）电子化政府信息公开是信息特性和电子政府服务优势结合的必然选择

信息如同货币必须流动，只有在流动中才能体现价值。并且流动得越快，产生的效益也就越大。在当今这个信息急剧膨胀和瞬息万变的时代，采用传统的信息流通方式明显已不合时宜，信息时代呼唤全新的信息流通方式。伴随着科技的发展，电子政府的信息服务方式应运而生。电子政府主要通过数字技术的广泛应用，实现部门办公无纸化、公文交换电子化、政府服务网络化，达到其信息在任何时间、地点的对内和对外的公开、共享与交流。

同传统政府相比，电子政府的信息服务方式具有无可比拟的优越性。

首先，电子政府的先期建设的确需要大量投入，但从长远来看，却能大大降低服务成本。网络服务的重要特点在于，向一人提供信息与向多人提供信息成本相同。电子技术消弭了时空界限，只要信息上网，任何人在任何时间和地点都可获得，并可重复浏览。而纸质媒介服务多一人就多一份成本。此外，电子政府还可大大减少交通、人力、邮寄等方面的费用。据美国环保署计算，如果将一些环保资料送上网络，而不像以前那样通过邮局发送，一年可节省大约500 万美元，政府还可以通过减少人手来节省开支。美国亚利桑拿州政府将车辆监理系统送上网络，每年可节省125 万美元。②

---

① Marsh, N. Access to Government-held Information: An Introduction [M] //M. Norman. Public Access to Government-held Information. London: Stevens & Sons, 1987: 4.

② 参见丁刚. 电子政府离你更近 [N]. 环球时报, 2001-02-27.

其次，电子政府信息公开的内容更加全面彻底。政府信息包括政府在运行过程中产生、收集、整理、传送、发布和使用的所有信息。在行政事务纷繁复杂的今天，行政文件汗牛充栋。受成本限制，在纸质媒介时代只可能把政府信息择其要者公布，而一些公众真正关心的信息，比如公共职位应聘、税务交纳、医疗保健等与生活密切相关的信息却因为条件限制而不能得知。电子政府的出现突破了上述限制，网络服务中心巨大的资料存储空间可以将政府持有的所有信息都送上网络。公众根据自己的需求喜好，有选择地接受信息服务，这不仅提升了信息公开服务的质量，还增强了政府与公众间的互动。

最后，电子政府大大便利了信息获取途径。在传统的政府服务方式下，由于获取信息途径的不畅，公民往往怠于主动查询信息。电子政府免去了公民的奔波冷遇之苦，只要坐在家中轻敲键盘，即可查阅相关信息；电子政府突破了时间的限制，公民可享受 24 小时全天候服务；电子政府还消弭了地域界限，即使是在偏远地区，只要连上网线就可获得相关信息。

电子政府加速了信息的流通，而信息流通带来的效益最大化又进一步凸显了电子政府的服务优势。因此在今天这个视信息为生命的时代，电子政府的信息服务方式理所当然地成为必然选择。它不仅关系着公众利益的实现，甚至还决定着一国之兴衰荣辱。

（二）电子化政府信息公开是市场经济健康有序发展的"助推器"

市场经济是"信息经济"。市场行情的瞬息万变和稍纵即逝使获取信息比以往任何时候都显得重要。经济学家亚当·斯密（Adam Smith）就认为缺乏信息的自由市场无法运作。① 与之相应，政府管理经济的职能必须从一味的行政命令转变为"统筹规划，组织协调，信息引导和检查监督"，这也意味着提供信息已成为市场经济下政府的必然职责。

市场经济是"公平经济"。主体的公平竞争是市场经济有序运行的必要前提，而这又以经济主体能够平等地获取信息为条件。政府信息全面、及时、准确地对社会所有成员公开，创造了这样一个资源共享、公平竞争的经济环境，为投资者带来了良好的心理预期。

市场经济是"诚信经济"。主体信用的缺失将导致市场秩序混乱，公平环境丧失，交易成本升高，进而制约市场经济的健康发展。对此，加强管理和打击力度只是一时的治标之策，政府信息公开才是标本兼治的良方。各种欺诈现象的存在，一个重要原因就在于民众无法获得准确的政府信息，现在将真实的

---

① See Coronel, S. Fighting for the Right to Know [M] // C. Shelia. The Right to Know: Access to Information in Southeast Asia. Philippines: Center for Investigative Journalism, 2001: 3.

信息暴露在阳光下，各种欺诈现象自然再无藏身之所。同时这种方式也不需要增加额外的政府开支和社会成本，实在是一举多得。

就我国目前的状况而言，由于长期封建传统的影响，政府透明度不足一直是一个比较突出的问题。这一方面使政府掌握的绝大多数信息不能适时地融入社会，为市场主体的经营、投资活动服务，造成巨大浪费；另一方面，信息的不公开使各个经济主体无法理性分析投资环境、明确自身定位、预测回报前景、减少盲从臆断，从而也就无法提高自身的市场竞争力，谋求更大的利益，更无法推动整个社会的发展和财富的增加，这已成为当前制约我国经济发展的一大瓶颈。其实，政府信息如同银行货币，只有加速其流动，才能创造巨大的效益。① 同时，根据经济学原理，这种"货币"还必须是"良币"，即信息的对称，如果信息是不透明不对称的，将会带来市场运行的无效率，出现"劣币驱逐良币"现象，世界银行和国际货币基金组织关于国家经济发展与政府透明度成正相关关系的结论便是明证。因此，信息披露对于完善和健全我国市场经济将发挥重大作用。

（三）电子化政府信息公开是深化"政治文明"建设的时代呼唤

2004 年修宪首次将"政治文明"写入宪法，这标志着我国政治文明的建设步入了一个新阶段。"政治文明"的概念是由马克思于 1844 年在《关于现代国家的著作计划草稿》一书中首次提出的。② 从其字里行间的论述中我们不难推出政治文明必然包含保障人权、人民主权、民主、法治等基本理念，它们构成政治文明的核心和基石，而政府信息公开与这些理念的实现无不息息相关。

1. 信息公开与人权保障的发展

信息公开的法理基础在于保障公民的知情权。知情权这一概念自美联社编辑肯特·库珀首次提出后，至今已发展成为公民的一项基本人权，并在《世界人权宣言》和《公民权利和政治权利国际公约》中得到肯认。③ 在当今这个知识经济与信息社会的时代，知情权越来越成为公民一项不可或缺的基本权

---

① 参见周汉华. 政府信息公开条例（专家建议稿）的基本考虑 [J]. 法学研究，2002（6）：79.

② 参见马克思，恩格斯. 马克思恩格斯全集：第 42 卷 [M]. 北京：人民出版社，1979：238.

③ 《世界人权宣言》第 19 条规定："人人有权享有主张和发表意见的自由；此项权利包括持有主张而不受干涉的自由，和通过任何媒介和不论国界寻求、接受和传递消息和思想的自由。"《公民权利和政治权利国际公约》第 19 条第 2 款规定："人人有自由发表意见的权利；此项权利包括寻求、接受和传递各种消息和思想的自由，而不论国界，也不论口头的、书写的、印刷的、采取艺术形式的、或通过他所选择的任何其他媒介。"

利。毕竟信息社会的来临，意味着温饱与生存已不再迫在眉睫，取而代之的是基于自身的发展而对信息和知识的渴求。因此，在当前，知情权又被赋予了新的内涵，即实质上是一种与受教育权相联系，不断获取新的知识、开阔新的视野、增长新的才能的权利，成为公民生存权与发展权的一个延伸。没有它，公民个人就将成为社会汪洋大海中的一叶孤舟，无法很好地生存与发展。很显然，如果知情权得不到保障，人权的保障就只能停留在较低的层面上，这与政治文明的要求是格格不入的。

2. 信息公开与人民主权的行使

知情权是公民行使各项政治权利的前提和基础。我国宪法明确规定，"中华人民共和国的一切权力属于人民"，"中华人民共和国公民对于任何国家机关和国家工作人员，有提出批评和建议的权利；对于任何国家机关和国家工作人员的违法失职行为，有向有关国家机关提出申诉、控告或者检举的权利"。现实中，人民行使这些权利的前提是知情，而在让人民知情的众多渠道中，"政府信息公开制度应该说是一项不可或缺的重要制度设计，它具有规范性强、成本低廉、参与面广、效果明显等特点"。① 可以说，正是公民的知情权决定了政府信息公开这一制度的必然出现，而政府信息公开制度又是公民知情权得以实现从而有效行使人民主权的主要方式和载体，两者相得益彰，共同促进人民主权的行使，进而促进政治文明的深化。

3. 信息公开是民主与法治的应有之意

所谓民主，首先在于人民能够当家做主，在于能够最大限度地享有和行使参政议政权和对政府的监督权，从而减少政府失误，防止政府专断。正如前文所言，参政议政权和监督权的实现有赖信息公开和知情权保障。因此，政府信息公开是真正实现民主的先决条件，因为它能够开阔公众的视野，清晰公众的视线，使公众有更多的机会了解政府在做什么、在怎么做，并能够及时地参与决策过程，以多种方式表达自己的意见。从这个意义上说，社会主义民主的发展水平很大程度上取决于政府信息公开的程度。政府信息公开的程度愈高，公民实现政治参与和监督政府权力的可能性就愈大，而公民参与决策越活跃，监督越得力，各项民主权利的保障也就越充分，这两者构成一个良性循环，共同促成政治文明的繁荣。

所谓法治，必须是一种良法下的统治：良法必须以民主为前提，以人权保障为依归；法律下的统治必须是在公众的监督、约束之下，在国家权力规范、

---

① 周汉华. 政府信息公开条例（专家建议稿）的基本考虑 [J]. 法学研究，2002 (6)：80.

公开、明确地行使之中实现。这一切都离不开信息的公开透明，因此法治与信息公开具有天然的、不可分割的联系。政府信息公开是依法治国对行政机关"依法行政"的具体要求。现代行政权的核心是自由裁量权。如何保证行政主体行使很"自由"的权力但又不违背合理、公正原则，这是现代行政法的一道难解之题，① 也是依法行政的难点所在，而政府信息公开正是破解这一难题的钥匙。正如王名扬先生所说："公开原则是制止自由裁量权专横行使最有效的武器。"② 通过政府的信息公开，将与人民生活最息息相关的行政权纳入监督之中，为其设置边界，对政治文明的实现无疑具有重大意义。

综上所述，没有政府信息公开，就没有人权保障的进步，就没有人民主权的充分行使，从而也就没有民主、法治的环境，更不可能有政治的文明。因此，从政治文明的角度看，信息公开是政府应当承担的法定义务。

（四）电子化政府信息公开是转变政府职能，树立诚信、廉洁、高效、透明的政府形象的必然要求

2003 年初春的一场 SARS 疫情，使政治体制方面存在的缺陷暴露无遗。痛定思痛，人们开始反思如何建立一个诚信、廉洁、高效、透明的服务型政府。对此，信息公开必不可少。

1. 政府信息公开是增进公众信赖、维护社会稳定的有效途径

当前，政府的行政职能正由命令管理型向合作服务型转变，企业已不再是政府手里"拨一拨，动一动"的算盘珠子，个人更不再从摇篮到坟墓一切由政府安排，企业和个人的自由决策需要政府信息的公开。时代在变，那种视公众为"行政管理对象"，对其封锁信息以便管理的陈腐观念必须改变。如今，政府信息的秘而不宣或发布迟缓、失真只会助长公众对政府的不信任和猜疑，增加失落感甚至消极敌对情绪。而信息的公开则能使公众感受到平等的待遇和人格的尊重，并由此产生对行政主体的信赖和认同，进而有利于密切党群关系、干群关系，有利于妥善处理各种社会矛盾和冲突，维护安定团结的稳定大局。

这也符合系统论的原理：一个系统的稳定必须是在开放的环境下具有自组织能力的动态稳定。保持系统之间的信息自由流动，不但可以增强民众对政府的信赖和心理承受能力，而且能够从多方面弥补政府的不足，起到与政府工作良性互动的作用，使社会成员对于国家更加具有向心力和认同感。因此，政府

① 参见章剑生. 论行政程序法上的行政公开原则 [J]. 浙江大学学报：人文社科版，2000 (6)：101.

② 王名扬. 美国行政法 [M]. 北京：中国法制出版社，1995：552.

信息公开是增进政府与公众之间理解、信任、联系、交流，进而形成融洽氛围、造就稳定局面的有效途径。

2. 政府信息公开是科学决策和提高效率的必经之路

公开与参与是当代依法行政原则最为集中的体现。其中参与是政府科学决策的基础，而信息的公开又是公众有效参与的前提。如果一个国家政治生活的透明度不强，信息公开不充分，就会影响公众参与的积极性，造成公众信息反馈的不真实，进而导致政府经济和社会管理工作的不正常和低效率，甚至出现决策失误或失控，给国家和公众造成损失。信息的公开将给传统的粗放型、低效率的政府管理模式带来一场全新的变革：从内部看，信息公开有利于增强政府工作人员的责任感，有利于克服官僚政府中的不公正决策、不当迟延和奢侈浪费等弊病，有利于政府之间和政府内部的协调与沟通，从而达到信息资源的有效整合和利用；从外部看，信息公开有利于公众及时了解信息，形成正确的心理预期，避免因沟通不够引发的政策推行阻力。

3. 政府信息公开是抑制腐败的治本之策

政治权力就像一把双刃剑：一方面，它可以实现权力主体管理社会、服务公众的价值追求；另一方面，由于权力自身的特性和人性的复杂多变，又极易导致腐败。孟德斯鸠曾说："一切有权力的人都容易滥用权力，这是万古不易的一条经验。有权力的人们使用权力一直到遇有界限的地方才休止。"因此，期望通过政治精英和贤人政府的自律、自省来避免腐败，只能是幻想。唯有对症下药，建立行之有效的监督机制，才能从源头上抑制腐败。腐败现象的形成有两条非常重要的原因：一是权力高度集中，缺少制衡机制；二是权力的行使缺少透明度，容易搞暗箱操作或权钱交易。因此，从源头上防止腐败，一是要形成权力行使的合理制衡机制，避免掌握权力的人滥用权力；二是改变权力行使的方式，使其过程处于人民群众的监督之下。① 而政府信息公开，既有效避免了暗箱操作和腐败现象的出现，又在一定程度上丰富了政府机关权力制衡的机制，从而成为抑制腐败的治本之策。正如杰弗逊的名言，"阳光能够杀病菌，路灯可以防小偷"，唯有政府信息公开才能树立廉洁的政府形象。

（五）电子化政府信息公开是顺应国际潮流，尤其是WTO关于政府透明度原则规定的必然举措

当今之世，经济全球化已是大势所趋。"经济自由度"是国际社会衡量一个国家经济发展水平的重要标志。所谓经济的自由首先便在于获取信息的自

---

① 参见周汉华. 政府信息公开条例（专家建议稿）的基本考虑［J］. 法学研究，2002（6）：82.

由，只有随时把握稍纵即逝的市场信息才能自由地根据利弊权衡作出理性的调整。经济的自由必须以信息的公开和获取为先决条件，而与之相关的信息多集中于政府手中，因此政府信息公开普遍被世界各国看做是经济自由度提升的有效途径。由此我们不难看出政府信息对于一国发展所具有的分量，难怪有人将信息与水和空气并称为当今不可或缺的三大生活资源。

根据 WTO 有关政府透明度的规定，信息的公开已成为一项不可推卸的义务。如《技术性贸易壁垒协议》第 10 条、《服务贸易总协定》第 3 条，要求成员国政府设立信息查询点，供其他成员国和贸易商了解有关法律规定和相关信息。此外，为了相关规定的有效实施，WTO 还专设了贸易政策审议机构，定期审查成员方的贸易政策和实践，评价被审查缔约方政府透明度的发展状况，以保障和推进 WTO 成员方政府信息的公开。

二、电子化政府信息公开的可行性

（一）政府观念的转变为信息公开消除了思想障碍

在我国漫长的封建专制历史中，"民可使由之，不可使知之"[1] 的观念一直被历代君主奉为维护统治的金科玉律，"法藏官府，威严莫测"的思想也早在官员的脑海中根深蒂固。马克思曾一针见血地批判了封建官僚主义国家的神秘特征："官僚机构的普遍精神是秘密，是奥秘。保守这种秘密在官僚界内部是靠等级制组织，对于外界则靠它那种闭关自守的社会性质。因此，公开的国家精神及国家的意图，对官僚机构来说就等于出卖它的秘密。"[2] 中华人民共和国成立前长期的战争年代以及成立后肃清敌对势力的严峻形势，使得这种严格的保密传统得以延续，而计划经济体制既使政府没有公开信息的必要，也让公众没有获取信息的需要，这一"传统"因而始终难以根除，政府的信息公开在很长时间内进展缓慢。

20 世纪 80 年代的改革开放使政府信息公开的理念逐渐为党政最高领导层接受。我们知道，中国的改革从根本上说是一种政府推进型改革，任何较大的制度创新要得以存在和推广，必须得到政府部门的大力支持。因此高层领导的接受意味着政府信息公开已迈出了最为关键的一步，这一点从国外的立法实践中也可得到印证。在英国，正是由于政府的介入，才使得步履蹒跚上百年的信息公开法律的制定进程明显加快；在韩国，政府最初也非常不情愿制定政府信

---

[1] 《论语·泰伯》。

[2] 马克思，恩格斯. 马克思恩格斯全集：第 1 卷 [M]. 北京：人民出版社，1956：302.

息公开法，但面对公众日益高涨的需求和不断施加的压力，政府在反复考虑作出利益权衡之后，不得不放弃了这一姿态，转而积极地促进信息公开法律的出台。可以说，离开政府的积极参与和配合，信息公开立法很难取得突破。2007年《政府信息公开条例》的问世，说明我们已迈出了实质性的一步。

（二）公民维权意识的提升以及 WTO 的相关规定为信息公开增添了外在动力

改革开放不仅揭开了经济腾飞的序幕，更带动了公民维权意识的提升。在传统的计划经济体制下，民众只是政府手中的"算盘珠子"，从摇篮到坟墓一切听从政府安排，再加上几千年封建思想的惯性使然，民众的维权意识十分淡薄。当前的市场经济体制使公民从传统的束缚中解放出来，公民的自主意识、权利意识、政治参与意识逐渐增强，对政府信息的需求不断加大，要求信息公开的呼声也越来越高，这构成了我国政府信息公开的主要外部推动力量。此外，中国加入 WTO 使得外在动力进一步加大。

（三）飞速发展的网络建设为信息公开提供了实施平台

电子政府信息公开必然少不了网络的支持。近年来我国互联网事业的迅猛发展，已经为此做好了充分的准备。据 2004 年 1 月 15 日中国互联网络信息中心（以下简称为 CNNIC）在北京发布的《第十三次中国互联网发展状况统计报告》，截至 2003 年 12 月 31 日，中国网民总数已达到 7 950 万，较 2003 年 7 月第 12 次政府互联网统计报告，半年间增加了 1 150 万，中国互联网业发展稳步前行。此外，据行业主管部门估算，到 2005 年网络用户将达到 8 000 万户以上，到 2010 年网络用户达将到 2 亿户以上。这个数字意味着在 10 年之内互联网基本上可以普及每一个家庭。同时，随着互联网的普及，政府公务员和一般民众的网络知识水平也有了较大幅度的提高，这一切都为电子政府服务的普及推广奠定了坚实的物质基础。

三、电子化政府信息公开中的信息安全问题

电子化政府是利用现代信息技术，尤其是计算机网络技术建立起来的虚拟政府。电子化政府信息公开制度的建立与运行虽然会给政府信息资源的开发和利用以及公众的信息自由带来诸多方便和益处，但也使政府信息安全问题日益突出。其突出表现就是：大量无用信息、劣质信息或有害信息会渗透到政府信息资源中，对政府信息资源的收集、开发和利用造成干扰，影响政府信息资源传播的速度与效率，甚至对政府部门和社会公众产生危害。因此，我们必须关注电子化政府信息公开中的信息安全问题，以保证电子政府信息公开的安全、有效运行。

（一）信息安全概述

信息安全是指一个国家的社会信息化状态和信息技术体系不受外来的威胁与侵害。电子政务中的信息安全可以理解为：（1）从信息的层次看，包括信息的完整性（保证信息的来源、去向、内容真实无误）、保密性（保证信息不会被非法泄露扩散）、不可否认性（保证信息的发送和接收者无法否认自己所做过的操作行为）等。（2）从网络层次看，包括可靠性（保证网络和信息系统随时可用，运行过程中不出现故障，遇意外事故能够尽量减少损失并尽早恢复正常）、可控性（保证营运者对网络和信息系统有足够的控制和管理能力）、互操作性（保证协议和系统能够互相连接）、可计算性（保证准确跟踪实体运行达到审计和识别的目的）等。（3）从设备层次看，包括质量保证、设备备份、物理安全等。（4）从管理层次看，包括人员可靠、规章制度完整等。①《中华人民共和国计算机信息系统安全保护条例》把信息安全界定为"保障计算机及其相关的和配套的设备、设施（含网络）的安全，运行环境的安全，保障信息的安全，保障计算机功能的正常发挥，以维护计算机信息系统的安全运行"。因此，所谓计算机信息系统的信息安全是指防止信息被故意的或偶然的非法授权泄露、更改、破坏或使信息被非法系统辨识、控制，即确保信息的保密性、完整性、可用性、可控性。针对计算机信息系统中信息存在形式和运行特点，信息安全包括操作系统安全、数据库安全、网络安全、病毒保护、访问控制、加密与鉴别等七个方面。

信息安全问题关涉政治、经济、军事、文化等方方面面，在信息社会更是如此。由于信息化水平在地域上极不平衡，信息强国对于信息弱国已经形成了战略上的"信息位势差"，居于信息低位势的国家的政治安全、经济安全、军事安全乃至民族文化传统都将面临前所未有的冲击和挑战，互联网成为超级大国谋求跨世纪战略优势的工具。在信息社会，"信息疆域"不是以传统的领土、领空、领海来划分，而是以带有政治影响力的信息辐射空间来划分。"信息疆域"的大小、"信息边界"的安全，关系到一个民族、一个国家在信息时代的兴衰存亡。在信息社会，一个国家信息获取能力以及在社会中的"信息控制权"，将成为该国在国际竞争中能否赢得主动的关键所在。一句话，在信息时代，信息安全已成为国家安全和国际竞争的重要内容。

（二）我国信息安全存在的问题

应该看到，我国还处于"以工业化带动信息化"的阶段，信息社会还未成型。也正因为这样，我们在实现社会信息化的过程中，信息安全问题更为突

---

① 参见杨义先等. 信息安全综论［J］. 电信科学，1997（12）：3.

出。归结起来，我国电子政务中信息安全存在以下问题：

1. 信息安全意识淡薄

尽管有识之士不断提醒我们要注意信息安全问题，但我国公众特别是国家机关工作人员的信息安全意识仍不容乐观。1999 年政府上网工程启动以来，政府部门越来越重视网络系统建设，但是仍有很多地方对信息安全工作未引起足够的重视。现阶段，我国电子政务网络的开放程度不高，很多信息目前还没有上网，再加之公众乃至国家公务员对计算机犯罪的认识存在"误区"，认为并没有造成直接的人员财产损失，这都使得公务员和普通大众对信息安全问题关注不够，信息安全意识淡薄。

2. 信息安全技术还比较落后

信息安全问题很大程度上是信息技术之间的较量，即信息所有者与"黑客"之间的技术较量。信息所有者由于信息公开的需要和信息技术本身的缺陷而处于"守势"。信息技术本身的缺陷在我国突出表现为电子政务信息网络的缺陷。目前，我国绝大多数电子政务信息网络运行的是 TCP/IP，NetBEUI，IPX/SPX 等网络协议，而这些网络协议并非专为安全通讯而设计。利用这些网络进行服务，本身就存在安全隐患，加之使用者信息安全意识淡薄，管理者管理措施不力等原因，会造成一些常见的安全问题，如对物理通路的干扰；网络传送的数据被窃听；非授权用户非法使用，信息被拦截或监听；操作系统存在的网络安全漏洞；应用平台（数据库服务器、电子邮件服务器等）的安全，存在大量的安全隐患，易受病毒、黑客攻击；直接面向用户的应用系统存在的信息泄露、信息篡改、信息抵赖、信息假冒等。此外，计算机系统本身的脆弱性，使得它无法抵御自然灾害（如洪水、火灾、地震等）的破坏，也难以避免偶然无意造成的危害。加上系统所处环境的影响（温度、湿度、磁场、碰撞等），硬件设备故障，突然断电或电压不稳定及各种误操作等，这些因素都会损害操作系统设备，有时会丢失或破坏数据，甚至毁掉整个系统。

应该看到，我国信息技术和信息产业的发展与技术先进国家相比还比较落后，西方敌对势力正是利用这种"信息位势差"时刻威胁我国国家安全。同时，我国具有自主知识产权的信息设备和技术较少，如计算机芯片和微机主板等基本上都从国外进口。而欧美等发达国家对我国限制和封锁信息安全高密度产品，出口到我国的信息产品中多留有安全隐患。例如，某些国家在出口我国的操作系统、数据库管理系统或应用程序中预先安置从事情报收集、受控激发破坏的"特洛伊木马"程序，一旦发生重大情况，那些隐藏在软件中的"特洛伊木马"就能够在某种秘密指令下激活，造成我国电子政务关键系统的瘫痪。

3. 信息安全管理有待改进

一项对现有的网络攻击和入侵事件的统计报告显示：国外政府入侵的安全风险指数为21%，黑客入侵的安全风险指数为48%，竞争对手入侵的安全风险指数为72%，组织内部不满雇员入侵的安全风险指数为89%。这说明，电子政务信息安全不仅是技术问题还是管理问题。管理上的漏洞（如机房重地随意进出，微机或工作站管理人员在开机状态下擅离岗位，敏感信息临时存放在本地的磁盘上等）会使信息处于未保护状态，从而为外部入侵提供了机会。事实上，来自内部的安全威胁可能会更大，因为内部人员了解内部的网络、主机和应用系统的结构；能够知道内部网络和系统管理员的工作规律，甚至自己就是管理员；拥有系统的一定的访问权限，可以轻易地绕过许多访问控制机制；在内部系统进行网络刺探、尝试登录、破解密码等都相对容易。如果内部人员为了报复或销毁某些记录而突然发难，在系统中植入病毒或改变某些程序设置，就有可能造成更大的信息损失。

4. 信息安全法制还不完善

网络犯罪的增多与网络信息安全法制不健全和信息安全法制不完善是密不可分的。改革开放以来，特别是1990年以来，我国已颁布相当数量的信息安全方面的法律规范，如《计算机软件保护条例》、《关于维护互联网安全的决定》、《中华人民共和国计算机信息系统安全保护条例》、《计算机信息网络国际联网安全保护管理办法》、《商用密码管理条例》、《金融机构计算机信息系统安全保护工作暂行规定》、《计算机信息系统国际联网保密管理规定》、《计算机信息系统安全专用产品检测和销售许可证管理办法》、《计算机信息系统安全专用产品分类原则》、《公安部关于对国际联网的计算机信息系统进行备案工作的通知》、《中华人民共和国信息网络国际联网管理暂行规定》等。此外，1997年3月颁布的新《刑法》第285条、第286条、第287条，对非法侵入计算机信息系统罪、破坏计算机信息系统罪以及利用计算机实施金融诈骗、盗窃、贪污、挪用公款、窃取国家机密等犯罪行为都作出了规定。尽管相关法律、法规可谓不少，但与信息安全的要求相比我国信息安全立法还存在诸多问题。这些问题主要表现在：立法层次不高（现行相关立法大多只是行政法规或行政规章，刑法中虽有相关规定但仍缺乏保护信息安全的专门法律）；法律规定之间不协调；还存在很多"立法盲区"；立法理念和立法技术相对滞后等。此外，现行相关立法虽然规定了出入口制度和市场准入制度，确定了网络信息安全管理机构，明确了信息安全的法律责任，但是由于网络犯罪的隐蔽性和高技术性，侦破和举证工作十分困难。再加上其他原因，导致执法部门的打击力度有限，在法律实施上还不到位，一些违法案件还未得到及时处理。

（三）我国电子化政府信息公开中信息安全的对策

针对上述问题，结合我国电子化政府信息公开的需要，我们认为，当前在政府信息安全方面应做好以下工作：

1. 强化电子化政府环境下公务员的信息安全意识

保障信息安全，必须强化社会公众特别是公务员的信息安全意识。著名信息安全专家沈昌祥院士从国家安全利益出发，提出应把信息系统安全建设提高到研制"两弹一星"的高度去认识。① 对信息安全问题，我们必须高度重视。当前尤其要强化公务员的信息安全意识。要让公务员认识到电子化政府信息安全是电子政务正常高效运转的基础，是保障国家信息安全甚至国家安全的重要前提，从而牢固树立信息安全第一的思想。为此，我国各级政府部门要利用多种途径对公务员进行信息安全方面的教育。比如可以通过大众传播媒介，增强公务员信息安全意识，普及信息安全知识；可以组织各种专题讲座和培训班，培养信息安全人才，并确保防范手段和技术措施的先进性和主动性；可以开展安全策略研究，明确安全责任，增强公务员的责任心等。

2. 完善信息安全基础设施建设，运用技术手段为电子政府的信息安全提供保障

我国目前信息安全基础设施的建设还处于起步阶段，需要逐步完善。当前迫切需要建立的国家信息安全基础设施建设应包括：国际出入口监控中心、安全产品评测认证中心、病毒检测和防治中心、关键网络系统灾难恢复中心、系统攻击和反攻击中心、电子保密标签监管中心、网络安全紧急处置中心、电子交易证书授权中心和信息战防御研究中心等。其中，国际出入口监控中心和安全产品评测认证中心已初步建成。安全产品评测认证中心由安全标准研究、产品安全测试、系统安全评估、认证注册部门和信息安全专家委员会组成。

在电子化政府环境下，还应当鼓励有关部门和个人不断开发、积极采用各种硬件、软件技术手段来实现政府信息的安全性。目前可用来保障电子政府信息安全的技术手段主要有信息加密技术、数字签名技术、防病毒技术、防火墙技术等。信息加密技术是增强网络信息安全的有效手段，它是利用某种加密算法，将信息明文变换成密文进行发送，使截取者无法破译。采用信息加密技术，可实现电子政府中信息的安全传输。

3. 健全信息安全保护的组织机制

西方国家一般都建立有信息安全管理机构，美国安全委员会下设了国家保

---

① 参见崔丽，沈昌祥. 国家安全概念：对信息系统的安全应从"两弹一星"的高度去认识 [N]. 中国青年报，1999-06-18.

密政策委员会和信息系统安全保密委员会；英、法等国家建立了"国家信息安全委员会"；德国成立了"国家信息安全局"。信息安全管理机构的职责是：制定电子政府信息安全方针、政策与法规，确定实施电子政府信息安全方针、政策与法规的措施。国家信息化工作领导小组是站在国家的高度，对下级信息安全管理机构和政府机关内部信息安全管理机构进行指导和管理，对破坏信息安全的重大事件进行调查与处理等。我国已经建立了国家信息化工作领导小组，但它是个协调机构而非专门机构，远远不能满足信息安全的需要。因此，当务之急我们要做好信息安全的组织建设工作。

首先，要建立信息安全管理的专门机构。我国设置信息安全管理机构可采用两种模式：一是建立专门的信息安全管理机构；二是在现有的安全部门下设立信息安全管理分支机构。我们认为两种模式都可行，但考虑到信息安全工作的特殊性，建立专门的信息安全管理机构效果更好。应尽快设立国家信息安全局以全面负责国家信息安全管理工作，同时应在国家安全部、国家公安部、国家保密局等部门设立信息安全机构，接受国家信息安全局和本部（局）的双重领导。各地方政府应建立相应的信息安全管理的专门机构。

其次，要加强"网上警察"队伍建设，加大监视和打击网络犯罪的力度。我国于1983年成立了公安部计算机管理和监察局，1985年全国人大通过了《警察法》，其目的就是"监督计算机信息系统安全保护工作"。1998年又成立了公安部公共信息网络安全监察局，并逐步形成了一支"网上警察"。当前，公安部门的首要任务是吸纳高级信息安全人才充实到网上警察队伍，提高网上警察的快速反应能力和侦查、追踪水平等。

4. 重视保密管理，加强电子化政府信息发布的安全控制①

严格保密制度，强化保密监督，正确处理政府信息公开与保密的关系，加强对电子政府的保密管理是保证电子政府信息安全的一项重要的措施。电子政府的保密管理应做好以下三个方面的工作：（1）要合理划分政府信息资源的密级，对秘密信息实行严格控制。根据开放与保密的程度不同，政府信息资源可分为公开信息、政府部门内部交流信息和国家秘密信息。公开信息是指政府信息资源中可以被社会公众共享的、需要增加透明度的信息。这类信息可由政府部门在网上主动发布或应公众的要求通过网络向公众提供。政府部门内部交流的信息可通过政府部门内部网进行交流。涉及国防、国家安全和外交利益的信息，对国家利益和社会稳定有重大影响的信息，涉及公民隐私和商业秘密的

---

① 参见娄策群. 保障电子政府信息安全的政策选择 [J]. 情报科学，2002（5）：450.

信息都属于国家秘密信息，不得在与国际网络联网的计算机系统中存储、处理、传递。涉及国家秘密的计算机信息系统不得直接或间接与国际互联网或其他公共信息网络相连接。如果政府部门的国家秘密信息需要进入计算机系统进行处理、传递，则要单独创建一个设密的计算机系统，而且设密的系统与上网的系统之间不能有物理的连接。（2）政府部门要制定并执行严格的信息公开与保密审批制度，建立电子政府上网信息保密管理责任制。凡向公众发布政府信息，必须由相应的部门领导审批。政府部门和个人在网上开设电子公告栏、网络新闻组等，应由相应的保密工作机关审批，明确保密要求的责任，并不得在电子公告栏、网络新闻组上发布、谈论和传播国家秘密信息。政府部门使用电子邮件进行网上信息交流，应遵守国家的有关保密规定，不得利用电子邮件传递、转发和抄送国家秘密信息。实行谁上网谁负责的电子政府上网信息保密管理责任制，哪个部门上网，哪个部门就要负责保密工作。哪个部门把保密信息放到了网上，就要追究哪个部门及其领导的责任。（3）加强保密监督工作。各级保密工作应有相应的机构或人员负责计算机信息系统国际联网的保密工作，应当督促电子政府部门及其他有关单位建立健全信息保密管理制度，监督、检查国际联网保密管理制度规定的执行情况。对于没有建立信息保密制度或责任不清、措施不力、管理混乱、存在明显威胁国家秘密信息安全隐患的政府部门或单位，保密工作部门应责令其进行整改。政府部门和有关单位应接受并配合保密工作部门实施的保密监督检查，发现泄密情况，应立即向保密工作部门报告。

5. 进一步完善我国信息安全保障的法律体系

完备的信息安全法律、法规是有效保障电子政府信息安全的重要措施。在电子政府运行与管理中，必须完善法制，实行法治。目前，我国虽然已经颁布了一些与信息安全有关的法律、法规，但仍很不完善。我们认为，我国今后的信息安全立法重点应在以下几个方面：一是制定网络法，对网络中计算机硬件与软件的保护、网上信息的保护、用户数据的保护、利用网络传播有害信息的处罚等作出相应规定，规范人们的网络行为，以保证信息网络的安全运行和网络信息的充分合理利用；二是尽快建立并逐步完善电子公文法律制度，确定电子公文的法律效力，规定电子公文发送与接受的规则；三是进一步完善知识产权法，尤其是要对电子政府专用软件、电子公文、政府数据库产品、政府网站域名的知识产权保护作出更加具体而合理的法律规定；四是制定专门的电子政府信息安全法，对电子政府中的信息安全行为及保障措施、破坏电子政府信息安全的处罚等作出规定。同时，应尽快制定和颁布个人信息资料保护法、数据库保护法、信息网络安全性法规、预防和打击计算机犯罪法规、电子凭证

（票据）法等，以完善我国的网络信息安全法律体系，使电子政务信息安全管理走上法制化轨道。此外，执法部门还要进一步严格执法，提高执法水平，确保各项法律、法规的实施。对于各种违法犯罪行为要严加追究，绝不姑息，对于各种隐患要及时加以预防和杜绝。

第二章　政府信息公开法在信息法上的地位

第一节　信息法的体系

20 世纪 80 年代，全球开始了以信息技术为代表的新技术革命，把人类全面推进信息时代。鉴于这次革命中信息技术的突出作用，有人将这次革命称为"第三次产业革命"或"信息产业革命"。从财产及产权法的角度看，这次革命与前两次产业革命在财富的增长方式上有明显的不同。在前两次革命中，有形财产是最重要的财产，为经济的发展和社会的繁荣作出了重要贡献，但在第三次产业革命中，有形财产在经济社会发展中的地位明显降低，财富的增加和社会的发展转而主要依靠信息的利用，信息成为这个时代最重要的财产。

随着信息财产价值地位的提升，法学研究纷纷向信息靠拢。专利、商标、文学艺术作品被抽象成信息，知识产权客体理论得到了发展；物的实物性被信息化，物权客体的范围越来越清晰；财产法出现了理论统一趋势。即便这样，由信息带来的理论冲击仍在向非财产法领域扩散。不只在私法领域，隐私权发展出信息隐私权，个人资料保护发展出本人资料权，即使在公法领域，官僚政府也因信息公开而逐渐向"阳光政府"大步迈进。信息在经济、政治、文化、法治等方面的作用越来越明显，成为人类文明发展和进步的核心动力。

信息在人类社会生产和生活过程中一方面发挥着重要作用，另一方面却带来了种种问题，急需法律规制。由于一国法律体系的部门法分散结构以及基于这种分散结构的法学学科体系，难以充分、妥善地调整和分析各种信息法律关系，国内外均有学者提出"信息法"（Information Law）概念，力图从研究或法律部门的角度全面把握由此而带来的种种问题。

目前，国内对信息法的研究主要集中在具体制度层面，而对信息法基础理论的研究相对薄弱，特别是涉及信息法的地位与学科体系问题。信息法的地位是指信息法在我国的法律体系中处于什么样的位置，即信息法是从属于法律体系中的某一个法律部门，还是作为一个独立的法律部门。信息法的体系是指信息法的基本内容及其相互联系。

信息法是否构成独立的法律部门，总的来看，学者们有两种截然相反的主张即否定说和肯定说。否定说认为，信息法不是一个独立的法的部门。这种观点认为信息法与其他新兴部门法一样，是跨越几个传统部门法的研究体系，本身并不构成独立的法律部门。否定说也各有不同的认识，以对信息法学的不同定性为标准，否定说又可分为三种观点。第一种观点是既否认信息法的部门法地位，同时也否定信息法学的独立学科地位，而只是将信息法作为一种法学研究方法对待。这种主张的理由是信息法突破了公法与私法的界限，并且由于信息传播的无国界还可能突破国内法与国际法的界限。① 第二种观点将信息法作为一种交叉学科对待，认为信息法是涉及宪法、行政法、刑法、民法等部门法的交叉学科（cross-sectional discipline），包括个人资料保护法、知识产权法、数据库保护法、电子传播法、媒体法、信息公开法和政府信息公开法，等等。② 第三种观点认为信息法是一个新兴的法学学科，与第二种观点的不同之处在于对调整对象的范围认识不同。这种观点认为，信息法不但包括围绕着信息生产、收集、处理和利用而发生的社会关系，还包括在信息技术活动和信息产业过程中以及其他一切涉及信息的活动领域中所产生的社会关系。

肯定说认为，信息法是有自己独特的调整对象的，它调整在信息活动中产生的社会关系，即信息关系，因此，信息法是一个独立的法律部门。③ 依调整对象的不同，信息法又有广义和狭义之分。广义说认为，信息法是为调整在信息环境中产生的、为实现信息过程而进行的信息活动中产生的各种社会关系的法律规范的总称，其调整对象是信息技术及其产业发展过程中产生的一系列社会关系和社会问题。④ 狭义说认为，信息法的调整对象是信息在生产、传播、处理、存储应用、交换等环节中所产生的各种社会关系。规范主体资格和主体行为，确立在信息活动中不同的信息主体之间所形成的各种权利义务关系，应作为信息立法的主旨。⑤

本书认为，信息法是一个新兴的独立的法的部门，信息法学并不仅仅限于一种研究方法而是一个独立的法学学科。人们一般认为，法的调整对象是指法所作用的一定范围内的社会关系。基于这种认识，产生了两种划分部门法的观

---

① 参见周林. 知识产权与信息法 [OL]. 中国法学网，[2004-04-18]. http://www.iolaw.org.cn/.

② 参见周林. 知识产权与信息法 [OL]. 中国法学网，[2004-04-18]. http://www.iolaw.org.cn/.

③ 参见张守文，周庆山. 信息法学 [M]. 北京：法律出版社，1995：56-57.

④ 参见黄瑞华. 信息法 [M]. 北京：电子工业出版社，2004：34-35.

⑤ 参见毕运林. 论信息立法 [J]. 政法论丛，1998 (4).

点：一种观点认为特定的社会关系是部门法的划分标准；基于这种认识的另一种观点则认为，应当按照法所调整的"社会关系的性质"而对部门法分门别类。① 这两种观点学理上称为"单一标准说"。然而，社会关系是宏观和抽象的，这种宏观和抽象性使得无论依照社会关系的"性质"还是"内容"都无法准确划分部门法，因此有人认为部门法的划分还需要辅之以其他的标准，这种观点被称为"主辅标准说"。"主辅标准说"确立了"以调整对象为主，以调整方法为辅"的划分部门法的标准。本书认为，社会关系是法的一般调整对象，是抽象的；人们的行为是法的具体调整对象，是具体的。对于部门法划分具有决定意义的法的调整对象应该以具体的调整对象——行为为标准，而非仅仅依照法的一般调整对象——社会关系。现代社会分工越来越精细，人们的行为也日趋专业化，如专业从事政治活动、经济活动、军事活动、文教活动以及体育活动等。因此，各国立法者顺应这种趋势，将传统行政法、民法和刑法乃至程序法的规范规定在同一部法律规范之中，从而达到对某一社会领域或具有某种相同内容的社会活动加以统一调整的目的，德国调整网络的《多媒体法》就是显例。这不仅方便司法，也有利于人们清楚地了解和掌握其活动领域内的法律。因此信息法作为调整有关"信息"行为的法律，有独特的调整对象，是一个独立的部门法。否定信息法是一个独立的部门法的观点很多，综合起来看主要有以下几种理由：第一种理由认为，信息法没有特定的调整对象。这种观点遭到了研究信息法的大多数学者的反对。② 本书认为，信息法的调整对象可以分为信息权属关系、信息交易关系、信息保护关系、信息公开关系和信息管理关系。第二种理由认为，构成信息法的各种单行法规是独立的法律部门，比如说知识产权法、个人信息保护法、保密法等，因此，信息法就不应该是独立的部门法。本书认为，知识产权法、个人信息保护法、保密法等都有特定的调整对象，可以形成独立的法律部门。但是，它们的调整对象和作为信息法的组成部分的其他法的调整对象，同属于针对信息行为和形成的信息关系的范围，具有一致性。所以，不能因为承认了这些单行法规的部门法地位而否定信息法的部门法地位。正如毛泽东同志指出："在一定场合为普遍性的东

---

① 转引自史际春. 经济法的地位问题与传统法律部门划分理论批判 [M] //经济法研究：(一). 北京：北京大学出版社，2000：141.

② 参见张守文，周庆山. 信息法学 [M]. 北京：法律出版社，1995：56-58；黄瑞华. 信息法 [M]. 北京：电子工业出版社，2004：39-42；马海群. 信息法学 [M]. 北京：科学出版社，2002：8-10；王志荣. 信息法概论 [M]. 北京：中国法制出版社，2003：100-110.

西，而在另一一定场合则变为特殊性。反之，在一定场合为特殊性的东西，而在另一一定场合则变为普遍性。"①

与之相适应，信息法学是一个独立的新兴法学学科。作为信息法学研究对象的信息法，是一个以信息关系为直接调整对象的独立法律部门。所谓信息关系，是指在信息的确权、保护、公开、管理和交易过程中产生的各种社会关系。信息关系以信息为客体，以信息生产者、信息处理者和信息利用者的权利义务为内容，其涉及的领域横跨私法和公法。依据所包含的利益不同，信息关系可分为信息权属关系、信息保护关系、信息公开关系、信息交易关系和信息管理关系。信息确权关系、信息交易关系属于传统私法领域，主要解决信息作为财产利益和人身利益的保护和利用问题。信息确权关系主要包括知识产权关系和其他信息产权关系，属于静态的信息财产关系；信息交易关系，是指以信息作为交易客体而形成的平等主体之间的社会关系，计算机信息交易是典型代表。信息保护关系跨越私法和公法两大领域，是指因信息保密而发生的各种社会关系，包括国家秘密保护关系、商业秘密保护关系和个人信息保护关系。信息公开关系属于公法领域，是指政府在公开公共信息过程中所形成的社会关系。信息管理关系属于公法领域，是指为保证信息的品质、安全，以信息处理为直接管理对象而发生的社会关系，主要包括档案信息管理关系、信息安全关系等。

本书认为，根据上述信息行为和信息关系的认识，信息法的体系应当由以下五个部分组成：信息产权法、信息交易法、信息保护法、信息公开法和信息管理法。而国家鼓励和约束信息生产的措施属于政策范畴，不是信息法的组成部分。

一、信息产权法

信息产权法以保护静态的财产性信息为目的，除传统的知识产权法外，还包括近年来出现的（无创作性）数据库保护法。"无创作，无版权"一向是德国知识产权界和我国知识产权界的教条。1996 年欧盟发布的数据库保护指令，对提供毫无创作的数据库以"准版权"或"特殊权"保护。"无创作，无版权"这条"定律"如何被破除，为何要保护毫无创作的数据库，在传统的知识产权理论范畴乃至整个传统民法理论领域范畴内都难以获得圆满解释，给两

---

① 毛泽东. 毛泽东选集：第 1 卷 [M]. 北京：人民出版社，1991：318.

国知识产权界带来了一片困惑。① 因此，在 20 世纪 80 年代由澳大利亚学者彭道顿（M. Pendleton）先生和我国学者郑成思先生提出的信息产权理论，② 重新成为知识产权界的讨论热点。学者或将数据库保护法理解成广义的知识产权，认为即便数据库没有像版权作品那样的独创性，但仍是脑力劳动的产物，在一定程度上仍具有微量创作性；或将数据库保护法视为信息产权法的组成部分，认为信息产权不但包括以创作性信息为客体的知识产权还包括无创作性的信息产权。不论论争的最终结果如何，信息产权一词已为越来越多的学者所接受。

二、信息交易法

信息交易法以保护动态的财产性信息为目的，近年来受到越来越多的国家和地区的重视和关注，其中以 1999 年美国统一州法委员会推荐的《统一计算机信息交易法》（UCITA）最为引人注目。UCITA 于 2000 年和 2002 年做了修订，并为马里兰和弗吉尼亚两个州通过。1999 年 4 月 7 日，共同起草 UCITA 的美国国家统一州法委员会和美国法学会宣布，计算机信息交易的法律规则不会作为《统一商法典》第 2B 编发布，他们已花费多年努力起草独立的计算机信息交易法典。信息产业在过去 10 年中呈几何级数发展，在规模上已超过了大部分制造业。信息交易的数量和美元价值已十分巨大。网络、信息技术和商务将成为美国未来经济繁荣的主要因素。在一国经济从以实物贸易和服务为中心转向信息经济时，对支持这些要素的可预期的连续的法律规则的需求显著增加，而调整这些要素的明确、统一规则的缺乏导致的不确定性、不可预期性和高昂的成本花费表明，再次采用以《统一商法典》为代表的那种法典化已显得不合时宜。③

UCITA 是一套可被普遍接受的关于计算机信息许可合同的规则，适用对象广泛，不但包括计算机软件还包括其他可以清晰识别的计算机信息形式，例如计算机化的数据库和计算机化的音乐。UCITA 还规范进入计算机信息网站的访问合同（Access Contracts）。UCITA 还适用于储存设备，如仅记载计算机信息的磁盘和光盘。当然，UCITA 不适用于传统合同，即使是譬如电影、书

---

① 参见周林. 知识产权与信息法 [OL]. 中国法学网，[2004-04-18]. http：//www. iolaw. org. cn/.

② 参见郑成思. 知识产权与信息产权 [J]. 工业产权，1988 (3).

③ 参见美国统一州法委员会官方网站，http://www. nccusl. org/nccusl/DesktopDefault. aspx,2004 年 5 月 7 日访问。

刊、杂志或报纸等发行的许可合同。此外，对于电影创作，与自由撰稿人签订的新闻报道合同，即使其主要由计算机信息组成，也不受 UCITA 调整。另外，医生、律师、会计等提供的专业服务，即使与被服务对象之间以计算机信息形式交往，也不适用 UCITA 的规定。由此我们可以清晰地看到，作为信息交易法适用对象的信息仅仅是"财产性计算机信息"，这样的信息只能是具有直接财产价值的计算机信息，不包括其他媒介形式的信息。

基于计算机信息这样特殊的调整对象，UCITA 形成了一系列有别于传统合同法的规则，使其难以纳入现行合同法体制。这些规则包括大众市场许可证（Mass Market License）、访问合同（Access Contract）和认证程序（Attribution Procedure），等等。UCITA 为财产性信息交易立法打下了基础，使"信息交易法"从概念层次转化为现实。

需要说明的是，实质意义上的信息交易法决不仅仅适用于计算机信息，应该适用于一切可识别性财产信息。也就是说，与信息产权法上的财产性信息有实质统一性，凡是信息产权的客体都可以作为信息交易的对象。

三、信息保护法

信息保护法以人格信息或秘密信息为保护对象，目的是为了保护特定主体的特殊利益，包括个人资料保护法、商业秘密保护法和国家秘密保护法三个部分。个人资料保护法是以保护资料本人的人格利益为目的的民事特别法，产生于 20 世纪 70 年代。美国 1970 年公布的《公平信用报告法》，是美国个人资料保护立法的开端，德国黑森邦 1970 年的资料保护法则拉开了欧洲个人资料立法的序幕。最早的关于公私部门处理个人资料的国家级成文法典是 1973 年瑞典的《资料法》，在此之后，德国、英国以及欧美其他国家相继制定了资料保护法。我国台湾和香港地区也分别于 1995 年和 1996 年颁布实施了"电脑处理个人资料保护法"和《个人资料（私隐）条例》。迄今个人资料保护法已有 30 多年历史，早已发展出独具自身特色的原则和制度体系，成为民法的新兴特别法和研究领域。可惜的是，国内并没有给予足够的重视，人们的认识仍停留在英美法的隐私权制度上，究竟什么是隐私，什么是隐私权，其与德国的"隐私领域"是何种关系，与一般人格权又是什么关系？就国内目前的研究来看，并没有给出令人满意的答复，而将个人资料保护问题归结为隐私权或者所有权，则完全是"空中楼阁式"的天才想象。

商业秘密保护法是以商业秘密为保护对象的法律规范的总称。由于商业秘密可以为秘密持有人带来财产利益和竞争优势，又极易遭受侵害，现代以来特别是第二次世界大战后，陆续有国际条约和国家明确规定对商业秘密进行保护，例如 TRIPS 协议第 39 条，美国《统一商业秘密法》和韩国《商业秘密保护法》。商业秘密是否具有一定财产价值，就目前国内外的通说来看是肯定的。但我们认为，商业秘密并不像其他财产信息那样具有直接的财产价值。第一，商业秘密以保密为前提，不具备财产信息的自由流通性。第二，商业秘密的价值在于持有人根据商业秘密获得的竞争优势和利用生产经营获得的财产利益，这种价值难以进行评估。第三，商业秘密特别是企业服务技巧等信息，通常是企业形象和商誉的组成部分，不当然构成直接财产利益。商业秘密是不是财产利益，有待进一步研究，就目前来看，商业秘密不适用有形财产法，至于是否适用知识产权法，恐怕也比较困难。因此，各国多通过反不正当竞争法、侵权法或专门立法保护商业秘密。

国家秘密保护法又称国家保密法、保守国家秘密法，简称保密法，是以国家秘密为保护对象的法律规范的总称。国家秘密是指关系国家安全与利益，依照法定程序确定，在一定时期内只限于一定范围内人员知道的信息。由于国家秘密与一国国防、安全、战略、经济等方面的重大利益密切相关，世界各国均通过立法对国家秘密进行保护。从国内外情况看，各国均形成了以国家保密制度的专门行政法规为核心，结合刑事法律中相应的条款以及规章、政令共同形成国家保密法律体系，① 而政府信息公开法也构成各国国家保密法的重要渊源。

信息时代的到来对个人资料、商业秘密和国家秘密的安全问题提出了严峻挑战。如何应对由信息处理和传播技术带来的一系列信息保护问题，成为各国关注的焦点。统一研究信息保密问题，有利于形成信息保护的全局观念。何况个人资料、商业秘密和国家秘密有时可能交叉，并不是非此即彼。②

四、信息自由法

信息自由法是以保护涉及公共利益的信息的公开、自由获取和传播为目的的法律规范的总和，主要包括信息公开法和信息传播法两个方面。近现代信息公开立法肇始于 1766 年瑞典的《新闻自由法》，《新闻自由法》赋予报刊自由转载公文的自由。此后信息公开制度缓慢发展，直至第二次世界大战以后，特

---

① 参见保密法比较研究课题组. 保密法比较研究 [M]. 北京：金城出版社，2001：2.

② 在哥本哈根决议中，国际工业产权保护协会 AIPPI 认为，TRIPS 协议第 39 条有关商业秘密必须具有"商业价值"的规定应该取消，如果取消，则个人隐私、个人档案、数据等，均可以作为商业秘密进行保护。此外，我国国有企业的商业秘密在过去常被作为国家秘密保护，而这种保护模式的思维惯性在今天仍然存在。

别是进入 20 世纪 90 年代才得到长足发展，在世界范围内获得普遍承认。例如 1951 年芬兰《公文公开法》、1966 年美国《信息公开法》、1970 年丹麦《公众利用政府行政档案文件法》、1971 年挪威《信息自由法》、1978 年法国《自由获得行政文件法》、1990 年意大利《行政程序与获得行政文件权利法》、1991 年荷兰《政府信息公开法》、1992 年匈牙利《数据保护与公共利益数据公开法》、1992 年乌克兰《信息法》、1993 年葡萄牙《获得行政文件法》、1994 年贝利兹《信息自由法》、1994 年俄罗斯《信息、信息化与信息保护法》、1996 年韩国《公共机关信息公开法》、1997 年泰国《官方信息法》、1998 年阿根廷《信息自由法》、1999 年尼日利亚《信息自由法》、2000 年南非《信息公开促进法》、2001 年波兰《信息自由法》、2002 年墨西哥《信息自由法》。① 几乎每年都有新出台的信息公开法。

信息传播法也称大众传播法，是以大众传播为调整和保护对象的法律规范的总和。大众传播（mass communication）是指由一些机构和技术所构成的专业化群体，凭借这些机构和技术，通过技术手段（如报刊、广播、电影和电视等）向为数众多、各不相同而又分布广泛的受众传播符号信息的过程。② 由于大众传播在社会观念、社会道德、政治观点、公序良俗等社会意识形态形成过程中有重要作用，加上新出现的网络传播形式带来的问题急需法律调整，我国十分重视信息传播立法工作。现行《出版管理条例》、《报纸管理暂行规定》、《期刊管理暂行规定》、《电子出版物管理规定》、《出版管理行政处罚实施办法》、《印刷业管理条例》等一系列法规、规章，虽然立法层次不高，却在信息传播自由保障方面发挥着重要作用。

五、信息管理法

信息管理法是以信息管理和保护信息安全关系为调整对象的法律规范的总和。所谓信息管理是指信息的收集、储存、传递、利用、编辑、封锁、接收等操作。所谓信息安全是指信息被处理时的安全和已储存信息的安全。以信息管理和信息安全为调整对象的信息管理法主要包括两个法律部门：档案法和信息安全法。档案法以档案信息和档案数据库的管理为调整对象。根据《中华人民共和国档案法》的规定，档案是指过去和现在的国家机构、社会组织以及个人从事政治、军事、经济、科学、技术、文化、宗教等活动直接形成的对国

---

① 参见周汉华. 政府信息公开条例专家建议稿 [M]. 北京：中国法制出版社，2003：41-42.

② 参见周庆山. 信息法教程 [M]. 北京：科学出版社，2002：152.

家和社会有保存价值的各种文字、图表、声像等不同形式的历史记录。从信息法的视角看，档案就是信息，是对国家和社会有保存价值的信息。这种信息有三个方面的特征：（1）是各种主体的活动直接形成的历史记录；（2）是对国家和社会有价值的信息；（3）档案信息的存在形式不限。一般而言，档案信息要根据国家档案管理部门或地方各级档案管理部门的规定，归档保存。档案的公开、利用、买卖、处理和销毁等有一整套的管理制度和方案。这些在《中华人民共和国档案法》和《中华人民共和国档案法实施办法》里有明确的规定。但是，随着信息处理和传播技术的发展，档案法在某些档案管理关系中已显得无所适从，例如档案信息化引起的"原件"问题、归档问题、销毁问题等。这些问题都需要从信息法的角度重新考察和研究。

六、信息安全法

信息安全法以保护信息安全为目的，在信息法中占有举足轻重的地位。在如何保护互联网上的信息安全这一问题上，各国的具体做法各异。有的国家采取技术管制的方式，控制计算机网络国际联网出入口信道，如沙特阿拉伯、新加坡和我国；有的国家通过制定专门调整计算机互联网络的国内立法的方式进行管制，如美国、澳大利亚；还有的国家则积极尝试和推进网络业界的行业自律，以此实现网络管制的目的，比如英国。在信息安全立法方面，一类是通过对传统的刑法进行修改实现保障信息安全的目的，美国 1984 年通过了《仿造信息存取手段及计算机欺诈与滥用法》，对联邦刑法进行了修改。加拿大 1985 年通过刑法修正案，也将非法使用计算机和损害资料的行为归为犯罪。还有一类是制定新的信息犯罪法规，通过单独立法来集中打击信息犯罪活动，实现信息安全。这些法律针对信息立法中的一些专门术语作了严格的定义，以杜绝罪犯借玩弄技术术语逍遥法外的现象。从世界各国的信息安全立法来看，绝大部分发达国家都是通过信息安全立法来维护国家的信息安全。目前，我国虽然出台了一些有关信息安全的条例和规定，如《电信条例》、《互联网电子公告服务管理规定》、《互联网信息服务管理办法》等，但这些条例和规定比较分散，不系统，缺乏统一性；立法层次不高，缺乏权威性；主题和内容混杂，缺乏保护信息安全的针对性，尤其是在国家信息安全、通信信息管理等方面的规定不健全；责任方式多样，缺乏刑罚的惩治性。因此，有人大代表提出议案呼吁：我国非常有必要制定一部立法层次高、内容比较全面而又系统的国家信息安全法。建议从信息安全管理、信息安全标准、信息服务中的安全问题、电子商务中的信息安全问题、电子政务中的信息安全问题、信息安全与公民隐私权的保护六个方面加以立法。①

笔者认为，信息安全法主要是维护信息安全，防止利用互联网实施各种犯罪活动。从法律性质上说，属于传统刑法的范畴。我国有代表提出议案建议国家尽快制定相关法律，规范互联网行业秩序，加强信息安全监管力度，打击各种犯罪行为，促进我国信息网络健康发展。也有代表进一步建议将"司法机关"明确界定为"人民法院、人民检察院、公安机关、国家安全机关"。② 据悉，我国国务院信息化办公室正在起草信息安全条例。草案的主要内容是防范、惩处互联网中存在的违法犯罪行为，以维护国家安全。

值得一提的是电子签名法和信息安全法的关系问题。我国电子签名法于2004年8月28日公布，并于2005年4月1日正式实施。这是一部规范我国电子商务的基础性法律，是电子商务立法的里程碑。有一种意见认为，电子签名法是信息安全法的一部分。③ 笔者认为，电子签名法和信息安全法在性质、立法目的与功能方面存在着十分明显的差异。电子签名法是电子商务法的一部分，属于私法范畴，信息安全法属于刑法范畴；电子签名法是确认数据电文的归属并保障数据电文在传递中的安全，但是，这种安全是电子商务的安全，换句话说是交易的安全，在此情况下，数据电文只是电子交易要达到目的的一个手段，而信息安全法直接以信息为保护客体，其基本目的在于防范犯罪行为。

还有一个问题就是信息安全法和个人信息保护法之间的关系。有人主张对个人信息、个人隐私的保护也应该纳入信息安全法的范畴，换句话说，个人信息保护法是信息安全法的一个部门法，并认为欧盟1995年通过的《关于个人资料处理及自由流通个人保护指令》即是突出的一例。该指令第17条第1款规定，各成员国应该规定，资料控制者必须采取适当的技术和组织措施以保护，特别是在处理涉及通过网络传输资料情况下的个人资料，免受意外或非法的破坏、意外遗失、更改、未经授权的披露或访问，并保护其免受其他非法形式的处理。第2款规定，考虑到技术发展与其实施的成本，保管人采取的安全措施必须与资料的性质和处理的风险相适应。④ 的确，欧盟1995年通过的

---

① 参见 http://news.sohu.com/37/70/news206907037.shtml，访问日期 2004 年 9 月 21 日。

② 参见 http://www.sxet.com.cn/home993.html，访问日期 2004 年 9 月 21 日。

③ 参见 http://news.sohu.com/37/70/news206907037.html，访问日期 2004 年 9 月 21 日。

④ 原文：Having regard to the state of the art and the costs of their implementation, such measures shall ensure a level of security appropriate to the risks represented by the processing and the nature of the data to be protected.

《关于个人资料处理及自由流通个人保护指令》对资料控制者赋予保护个人信息的义务，但是，这并不能说明个人信息保护法就是信息安全法的一个部门法。个人信息保护法是以保护个人人格权益为目的，是行政法和民法的交叉法，与作为刑法的部门的信息安全法有着显著的不同。

在人类经过的几十万年的狩猎经济中，人们没有所有权观念。在农业社会造物主恩赐给人类的第一笔财产——土地是社会核心经济资源，与之相对应，土地法成为分配社会经济资源的核心法则；在工业社会，人们逐步到城镇谋生，机器取代了土地成为最重要的财产，因此，动产法取代了土地法的核心地位，迅速发展起来并成为社会经济资源分配的核心法则；在信息社会，信息成为社会基础经济资源。信息法是以信息客体建立起来的法律体系，由于信息能承载财产、人格、国家安全、参政监督等不同性质的利益，而且信息管理和安全保护也存在一些特殊的规则和制度，在信息社会这一大背景下，信息法比以往的土地法和动产法要复杂得多。围绕信息而发生的大量的迫切社会问题，实有必要系统立法加以解决，以适应信息化在中国的进一步发展。信息法终将发展成为受到社会关注的完善的法律部门，信息法学也将成为法学学科中的显学。

第二节　政府信息公开法与个人资料保护法

一、政府信息公开法与个人资料保护法

（一）政府信息公开法与个人资料保护法互为先导

政府信息公开法是近现代民主政治的产物，在民主政治建设和反腐败过程中发挥着十分重要的作用。各种社会组织和个人根据政府信息公开法要求公开各种政府文件、会议或者咨询委员会的建议，使政府运作处于民众的不断监督之下，难以暗箱操作、肆意妄为。

对当代各国政府信息公开制度影响最大的是美国的信息公开制度。美国现代信息公开制度起初并不要求向所有的公民和组织提供政府信息，1946年美国行政程序法第3节在规定公众可以得到政府的文件的同时，规定政府可以"公共利益"、"正当理由"为由拒绝公开政府文件。由于公共利益和正当理由都是含义非常不确定的词汇，行政机关经常以之为借口拒绝提供文件。而行政程序法也没有规定救济措施，行使知情权的人没有法律上的强制手段。这种严重缺陷在一定程度上导致了1966年信息自由法的出台。1966年信息自由法可谓美国信息公开制度的里程碑，该法规定政府文件公开是原则，不公开是例

外，一切组织和个人都可以在不说明任何理由的情况下要求公开政府文件。如果政府拒绝公开被要求的文件，要承担举证责任，并可能面临司法审查。根据信息自由法，联邦政府应该公开除法律明确规定免除公开以外的一切联邦政府文件，但联邦政府的会议、向联邦政府提供咨询的委员会的文件或他们举行的会议是否公开并不受信息自由法的调整。于是，1972年、1976年美国又相继制定了《联邦咨询委员会法》和《阳光中的政府法》，前者解决向联邦提供咨询的委员会的会议与文件的公开问题，后者适用于委员会制的联邦政府机关的会议及会议记录的公开。至此，美国基本完成了联邦政府信息公开制度的全面建设，各州亦纷纷效仿联邦的做法制定各自的政府信息公开法。

政府信息公开法出台后，美国国会越来越认识到这样一个问题：虽然政府信息公开法保证了人民获取政府信息的自由和人民对政府行为及决策的了解、监督和参与权，但是，缺乏个人自由的保护以及联邦对个人信息的过度控制，仍然阻碍着民主政治局面的形成。为避免政府对个人信息的过多控制，规范政府收集、处理和利用个人资料的行为，国会于1974年通过隐私权法。① 该法归入美国法典第五编"政府组织与职员"的第552a节（第552节是关于行政程序的规定）。1974年隐私权法有两个重要意义：第一，规范了政府收集、处理和利用个人资料的行为，保障了个人资料的政府利用在法制轨道上进行，避免了个人的人格利益及其他利益因为个人资料而受到损害。第二，个人可以根据隐私权法查阅、修改、删除自己的资料，这为公民取得政府信息提供了新的依据和途径。因此在一定意义上，隐私权法成为除《信息自由法》、《阳光中的政府法》和《联邦咨询委员会法》以外，美国政府信息公开制度的又一重要法案。

有趣的是，与美国相比，英国政府信息公开法制的发展刚好是"逆运经脉"。英国政府信息公开法制首先是从个人资料保护法等几个特殊领域获得突破的。由于历史原因，英国有深厚的保密文化传统。大臣责任制、王的特权、官方保密法等宪法惯例和制定法都倾向于拒绝公开政府文件和保密。在20世纪70、80年代以前，英国始终缺乏对信息公开应有的关注。进入20世纪80

---

① 美国法制上的隐私权并不等同于目前国内一些学者认识到的隐私权。美国法上的隐私权是指人格自由发展的权利，其范围之广无所不包，凡举诉讼之进行、证据之收集、刑罚之执行、堕胎是否违宪、安乐死是否合法，乃至个人资料之运用、政府记录之保存，皆可拿隐私权做发挥的题目，几乎包括所有个人活动。

年代，连续发生的一系列案例，使人们开始反思传统保密文化的价值和意义。① 这种反思，首先在 1984 年《资料保护法》获得了突破。1984 年《资料保护法》赋予活着的自然人查阅、修改其个人资料并获得复本的权利。该法规定个人在因其个人资料的非法披露、删除或者丢失遭受损害时，可以向资料使用者请求赔偿。继 1984 年《资料保护法》后，英国政府相继出台了 1987 年《获得个人档案法》、1988 年《获得医疗报告法》和 1990 年《获得健康报告法》，使个人逐渐取得对自己资料的控制权。1998 年《资料保护法》进行修订，将法律的适用范围扩及非自动化处理的部分人工个人资料，加强了对个人资料本人的保护。

虽然个人资料保护法并不是专门的政府信息公开立法，但却是英国政府信息公开制度的重大突破。根据 1984 年《资料保护法》，资料本人有获得告知资料记录存在的权利、修改删除错误资料的权利、资料本人只要提供有关自己的身份证明和工本费用即可获得自己之个人资料记录复本的权利。除此之外，资料本人因资料不正确、丧失、毁损、透露或取用而受到损害和精神痛苦时，可以向资料使用者请求损害赔偿。这些规定以明确的立法形式突破了英国保密文化的壁垒，赋予公民接近政府控制其个人资料的权利，给民主政治吹来了清新的空气。但是，对 1984 年《资料保护法》所带来的突破不应给予过高的评价，应当注意到产生该法的其他原因。电脑处理个人资料带来的问题以及欧洲大陆开始保护个人资料的趋势，是英国不得不进行资料保护立法的重要原因。1984 年《资料保护法》的制定有两个重要目的：一是保护个人不受因个人资料而引起的各种侵害；二是满足欧洲议会 1981 年《有关个人资料自动化处理保护个人公约》的要求，保证英国信息处理业顺利进军欧洲市场。所以，资料保护法与其说是"信息公开运动"的产物，不如说是保护个人自由和促进经济利益过程中的派生品。1984 年《资料保护法》出台后，英国仍走过 16 年的漫长道路才最终通过了《信息公开法》。

政府信息公开法与个人资料保护法关系密切，没有政府信息公开法，公众对行政活动缺乏了解，不可能有效参与国家和社会事务的管理，民主政治受到妨碍；没有个人资料保护法，个人自由得不到保障，民主政治同样受到损害。因此，不论是从政府信息公开法导出个人资料保护法，还是从个人资料保护制度发展出政府信息公开法，都是现代民主法制建设和保护个人自由的必然选择。

---

① 参见张明杰. 开放的政府——政府信息公开法律制度研究 [M]. 北京：中国政法大学出版社，2003：50.

（二）知情权与资料权的竞合与冲突

政府信息公开制度的一个重要基础是知情权。知情权（right to know）又称了解权、知悉权或知的权利，就广义而言，是指收集、接受和传递信息的自由，是从政府或其他来源获知有关情况的权利。狭义的知情权是指从政府获得政府记录信息的权利。① 知情权早期的权能形态表现为自由权，是完全防御性的权利，其行使仅在收集、接受或传递信息受到妨碍时才能进行。随着政府信息公开法制的发展，知情权逐渐获得请求权的性质，公众可以主动请求取得政府信息。虽然知情权适用于一切政府信息，但受公共利益需要这一行使基础的限制，一些不涉及公共利益的个人资料难以通过知情权进行保护。对于这一问题，各国选择构建新的权利制度予以解决。这种新的权利，本书称之为资料权。

作为个人资料保护法核心制度和基础的资料权，是指资料本人支配、控制其个人资料的权利，其权能主要包括同意权、获得告知权、查阅权、修改删除权、自动化决策权、获得复制本权和损害赔偿请求权等。同意权是指收集、处理或利用个人资料应当获得资料本人的同意，未经资料本人同意不得收集、处理、利用或向第三人披露其个人资料。获得告知权是指在资料处理主体收集、处理和利用个人资料时，资料本人享有的获得告知相关信息的权利。查阅权是指资料本人有权查阅其个人资料的权利。修改删除权是指资料本人对资料处理主体储存的片面、过时、错误的个人资料请求修改删除的权利。自动化决策权是指资料处理主体不得仅根据自动化设备处理资料所获得的结果就作出对资料本人有重大影响的决定，如果作出了该种决定，应尽快通知资料本人，资料本人有权在合理期限内通知资料处理主体作出新的决定。获得复制本权是指资料本人有权在支付了必要费用后取得其个人资料记录的复制本。损害赔偿请求权是指资料处理主体违反资料保护法给资料本人造成损害时，资料本人得请求物质损害赔偿和精神损害赔偿的权利。资料权的以上权能不仅可以适用于一般的公民和法人保存的信息，对政府信息同样适用。因此在取得政府信息这一功能上，资料权与知情权有时发生竞合，这种竞合同时也是政府信息公开法与个人资料保护法的竞合，这里有必要就两种权利做一番比较。

1. 渊源上之比较

从渊源上看，知情权既是宪法权利也是法律层面上的权利。知情权是现代民主国家确立的一项基本权利，是主权在民、民享政府的必然要求和选择，因此常被认为是一项宪法权利。在美国，虽然联邦宪法上没有明确规定"right to

---

① 如无特别说明，本章讨论的知情权仅限于狭义。

know"，但第一修正案关于言论自由和出版自由的规定，自 1980 年 Richmond Newspaper Inc. v. Virginia 一案后通常被认为是知情权的宪法渊源。在德国，1949 年基本法第 5 条第 1 款规定："任何人均有以语言、文字及图书，自由发表及散布意见的权利，并有自一般可开放的来源获得信息而不受阻碍的权利。"这个权利被称做信息自由权，是独立于言论自由、出版自由的权利，有学者亦认为这是知情权第一次在宪法上获得明确的承认。此后，各国学说、判例多将言论自由、出版自由、信息自由视做知情权的宪法渊源。除宪法外，各国的政府信息公开法也多规定有知情权，只是在名称上并不统一，而且在具体内容上也颇不相同。

与知情权类似，资料权的渊源同时存在于宪法和法律层面。在宪法上，资料权以信息自决权为渊源。信息自决权的概念最早见于德国联邦宪法法院 1983 年所作的宣告《人口普查法》部分违宪的判决。根据信息自决权，每个人皆有权决定是否将其个人资料交付并提供给他人、社会组织或国家机关利用。学者指出，信息自决权使每个人对涉及自己资料提供、利用之决定过程，皆有积极参与及形成自我决定之可能，并抗拒他人恣意干涉。唯有如此，作为主体性之个人，其人性尊严才不致受贬损。① 信息自决权的这种要求直接被个人资料保护法所肯定。各国个人资料保护法虽然没有采用统一的资料权概念，但是都对资料权的各种权能作出了相应的规定。例如，英国 1998 年资料保护法第二部分的规定，德国 1990 年联邦资料保护法第二部分第二章以及第三部分第二章的规定。

资料权与知情权是否有共同的宪法渊源？我们认为，资料权与知情权在保障并促进言论自由、信息自由或出版自由这一点上有共同功能，以这些基本权利为共同宪法渊源亦未尝不可。虽然资料权侧重保护个人利益，知情权侧重保护公共利益，分别归属于私权与公权，但这种归属不应成为不可逾越的鸿沟。私权在某种程度上具有公权的性质，公权在某种程度上具备私权的性质，都是可以的。②

2. 权利要素之比较

从主体上看，知情权以一切公民和组织为权利主体，知情权的主体不但包括本国公民，公司和外国人也可享有知情权。知情权的义务主体仅限于政府和

---

① 参见陈起行. 资讯隐私权法理探讨——以美国法为中心 [J]. 政大法学评论，2006（64）。

② 参见 [日] 美浓部达吉. 公法与私法 [M]. 北京：中国政法大学出版社，2003：158.

政府出资建立的公益组织，除此之外，其他组织和个人不负有向公众公开文件和记录的义务。资料权以资料本人为权利主体，资料本人是指产生个人资料并可为该个人资料识别的自然人。资料本人是否包括外国人，存在争议。根据美国 1974 年《隐私权法》第 a（2）条规定，资料权的主体仅限于美国公民和在美国有永久居留权的外国人。欧盟 1995 年《关于个人资料处理及自由流通个人保护指令》将外国人适用于本国法与否视为是否符合指令第 25 条所谓的"适当程度"之一。① 我们认为，资料保护法应该对外国人的个人资料实施同等保护。但是，并不是说个人资料本人就包含"外国人"。个人资料保护法是内国法，不能将外国人包含在"本人"的范畴，而是通过涉外条款对外国人的个人资料实行平等保护。资料权以资料本人以外的一切收集、处理、利用个人资料的组织和个人为义务主体，不但包括政府，还包括非政府组织和个人。

从客体上看，知情权以政府文件、会议、记录等信息为客体，这些信息为政府现有的信息，政府不负有主动收集信息并提供的义务。资料权以个人资料为客体，至于资料在谁手中，并不影响权利的行使。

3. 功能上之比较

知情权是近现代民主政治的产物，其通过促进政府信息的公开来达到提高公众参政议政、保障公共利益、促进经济增长、防止腐败和提高行政效率的目的。资料权是信息社会人格利益和个人自由保护的重要手段。没有资料权，个人丧失对其资料形象的控制，不但直接受到人格利益上的损害，还可能承受其他损害。资料权在保护个人自由和促进信息公开方面的功能也为越来越多的人所认识。

由于功能上的部分重叠，资料权与知情权时常发生竞合和冲突。在资料本人通过资料权请求公开政府信息的场合，资料本人是否可以同时依知情权请求公开其个人资料存在疑问。美国司法部曾经作出一个解释，司法部认为个人向行政机关请求提供自己的记录时，只能根据隐私权法的规定。如果个人根据情报自由法要求得到自己的记录时，行政机关可以拒绝。根据这个解释，隐私权法中全部不公开的规定都适用于情报自由法。这个解释受到国会中一部分议员特别是参议院肯尼迪的反对。司法部后来修改了自己的解释，认为在个人向行政机关请求自己的记录时，行政机关可以在情报自由法和隐私权法中，选择适用对请求人最有利的法律。② 由此可见，只要对当事人有利，没有必要严格区

---

① 参见邱建勋. 从电子商务之面向探讨网络隐私权 [D]. 台湾中正大学电讯传播研究所研究生毕业论文.

② 参见王名扬. 美国行政法 [M]. 北京：中国法制出版社，1995：1095.

分知情权与资料权,资料权在某种程度上具备对抗政府的权利并不违反其私权性质,而知情权在某种程度上具备保护个人利益和自由的功能也不违反其公权性质。从篇章体例上看,美国1974年隐私权法是行政程序法的组成部分,该法关于资料本人向政府请求其个人资料的权利,既可以理解成资料权,又可以理解成知情权,两者之间并没有严格的界限。赋予资料本人自由选择的权利,有利于保护其取得自己资料的利益。

除竞合外,资料权与知情权也有发生冲突的情况。在资料本人要求保密而其他人要求公开相关个人资料时,这种冲突尤为激烈。这一问题如何解决,各国尚未有一致的看法。下面仅以美、日两国的原则分歧为例作一番讨论。美国1966年《信息自由法》就这一冲突确立了公开原则并规定了严格的适用条件。首先,应当查明公开是否明显地侵害了资料本人的隐私利益,而请求公开的人是否为了公共利益;其次,请求公开的人代表的公共利益和隐私权利益互相比较,前面这种利益是否具备足够的力量,以致公开这类档案;最后,只有公开的利益等于或大于个人的隐私利益时,才能公开被请求的个人资料。美国国会在这一问题上明显地偏向于信息公开,其"明显损害隐私"的要求受到了来自各方面的批评。与美国不同,日本1999年公布的《信息公开法》确立了不公开原则。日本《信息公开法》第5条第1款规定,"有关个人的信息,依该信息所包含的姓名、出生年月日及其他记述,得以识别出特定个人者(包括借由与其他的信息相互对照,而得以识别出特定个人者在内),或为虽无法识别出特定个人,但因公开仍有可能损害个人权利利益的",属非公开的对象。由于知情权和资料权都是现代法制国家重点保护的对象,立法者在立法时担心顾此失彼,在保护一方的同时又损害了另一方,如何平衡利益冲突实难把握,因此,采取不同的甚至是截然相反的原则也就不足为怪了。采取不同的原则,利弊得失不同。美国采公开原则,促进了信息自由流通,却在个人资料保护力度上显得薄弱;日本立法虽严密保护了资料本人的不公开利益,却可能阻碍信息的自由流通。如何平衡公开与不公开的利益并作出选择,仍然是有待深入研究的问题。我们认为,上述美国信息自由法规定的公开原则和利益衡量规则较为可取,但操作时还应结合个案的具体情况进行综合考虑。例如请求人不能得到要求的文件时,是否也可以达到他的目的;请求人是否有其他信息来源;行政机关在当初取得文件时,是否对提供信息的人答应保密;请求人要求得到的文件,在一般情况下能够公开的范围,删除文件中可以辨识个人的情况后公开,是否不致侵犯个人的隐私权等。①

---

① 参见王名扬．美国行政法 [M]．北京:中国法制出版社,1995:996.

二、政府信息公开法与商业秘密保护法

（一）商业秘密及其地位

商业秘密在古代社会以祖传秘方、家传绝技、拿手好戏等形态存在，但并没有获得法律上的保护。近代法律意义上的商业秘密首先受到一些国家判例法的保护，进而又得到其制定法的响应。对商业秘密的保护基本是在 18 世纪信托关系产生并与信托有关的法律关系引起法学界重视后，才陆续见之于一些判例。1817 年英国首例判例中判决被告对一种治疗痛风用的配方的私自适用构成了对原告的侵权行为，责令被告支付赔偿。① 至此，商业秘密始获得普遍的法律保护。

虽然商业秘密在人类进入工业社会初期就获得了保护，但是商业秘密是不是一种知识产权，需不需要作为一项知识产权来进行保护，历来存在争议。这主要是因为商业秘密本身的一些性质不同于其他智力成果，而且是否商业秘密难以认定和评估。根据 TRIPS 协定第 39 条第（1）项的规定，商业秘密必须符合如下要件：（1）具有秘密性。秘密性是指"作为一个整体或作为其各部分的具体构造或组合，不为通常触及此种信息的领域内的人们普遍知悉或者容易获得"；（2）具有商业价值。TRIPS 协定所指的商业价值必须是因为信息本身的秘密性给持有人带来的价值；（3）具有保密措施。TRIPS 协定要求"合法控制该信息的人根据情况采取了合理的保密措施"。

秘密性是商业秘密的首要构成要件，没有秘密性，商业价值和保密措施两项要件无从谈起。由于商业秘密是通过自己保密的方式进行保护的，保密的时间越长，这种权利存续的时间就越长，因此商业秘密并不像专利商标那样具有时间性和地域性，其内容往往不被别人知悉，因而许多国家不将其作为权利客体和不承认其为财产权利。1989 年乌拉圭回合谈判期间，印度政府提出商业秘密不是一种知识产权形式，财产性信息的许可不属于许可协议，而巴黎公约第 10 条之二对不正当竞争的规定就足以保护商业秘密，并且根据合同和民法的保护也优先于知识产权规则，② 因此，这些国家认为，没有必要将商业秘密上升为一项知识产权进行保护，利用传统民法和反不正当竞争法保护商业秘密足已。

由于商业秘密的存在不以公开为必要，商业秘密可以包含公共领域中的信

---

① 参见吕鹤云等.商业秘密法论［M］.武汉：湖北人民出版社，2000：3.

② 参见孔祥俊.WTO 知识产权协定及其国内适用［M］.北京：法律出版社，2002：289.

息，由此如何区分商业秘密与公众可以公开获取的信息，就成为商业秘密保护中的重大难题之一。TRIPS 协定采取界定未披露信息的方法解决这一难题。根据 TRIPS 协定，凡是符合上述三要件的信息，不管其是经营信息还是技术信息或是其他信息，只要未披露，都能获得 TRIPS 协定的保护。由于 TRIPS 协定是其成员国贸易法律制度的最低要求，这一解决方案随着世界贸易组织成员的增加，逐渐成为放之四海而皆准的标准。商业秘密在工业中的重要地位第一次获得了国际承认。

（二）商业秘密保护法与政府信息公开法

鉴于商业秘密在现代工业社会和信息社会的重要作用，加强商业秘密保护已成为国际潮流。除国际立法外，这种趋向表现在内国法上，主要有以下几点：

1. 商业秘密获得知识产权法的保护。TRIPS 协定的全称为"与贸易有关的知识产权协定"，它是 1994 年世界贸易组织成立时最终法律文件的一部分。商业秘密在这一文件中得到明确规定和保护，不但使商业秘密保护进入全球保护的新纪元，也确立了商业秘密的知识产权地位。

2. 商业秘密获得专门立法的保护。早期的商业秘密保护主要是通过判例法进行的，后来劳工法、反不正当竞争法、反垄断法乃至民法对商业秘密均有零星分散的规定和保护。但随着 1939 年美国《侵权法重述》的发布，分散保护的模式逐渐出现了统一立法的模式。而美国 1929 年制定的《统一商业秘密法》，现已获得半数以上州的通过。大陆法系至今仅有韩国集中统一制定了《商业秘密保护法》，而加拿大、瑞典和我国台湾地区已提出了专门的商业秘密法草案。①

3. 商业秘密获得刑法的保护。通过努力，商业秘密保护制度逐渐得到建立和完善，但是在这个信息处理与传播技术高度发达的时代，仅在民法、经济法的层面上保护商业秘密已显得苍白无力，各国开始重视商业秘密的刑法保护。例如美国 1996 年的《商业间谍法》，该法是专门针对侵害商业秘密的经济间谍行为而作出的。此外，希腊《反不正当竞争法》里的刑事处罚条款和我国 1997 年刑法的侵犯商业秘密罪都是对商业秘密的专门刑法保护。

在我国，除上述刑法规定外，反不正当竞争法也专门规定了商业秘密保护，而且对商业秘密的界定与通行的国际规定基本一致。因此，有学者欣喜地宣布，我国在商业秘密的立法保护上已走在国际前列。可是，在我国商业秘密的保护仍不周到。郑成思先生指出，我国商业秘密保护法没有强调如何保护向政

---

① 参见周林彬等．比较商法导论［M］．北京：北京大学出版社，2000：631．

府主管部门提供的商业秘密,而这个问题已在 TRIPS 协定上得到了部分解决。①

在商业秘密保护法领域,发达国家在技术转让领域的公共管理的作用,引起了广泛争议。某些发展中国家强烈指出,大多数西方国家通过实行食品和药品的行政管理制度,积累了大量的数据财富,这些数据包括有关制造新药品、农业化学药品对消费者或环境影响的技术程序。而发达国家在通过政府信息公开法将这些信息提供给本国国民的同时,却利用例外条款排除发展中国家的要求,② 这使发展中国家的企业极易处于商业秘密泄露的危险中。对此,TRIPS 协定第 39 条第 3 项尝试为这一问题提供解决方案。第 39 条第 1 项要求 TRIPS 协定的成员根据第 39 条第 3 项的规定保护向政府或者政府机关提交的信息。根据第 3 项的规定:"当成员要求提交未披露的试验数据或者其他数据,作为批准使用新化学成分的药品或者农用化学产品上市的条件时,如果该数据的原创活动包含了相当大的努力,则成员应该保护该数据,防止不正当的商业使用。此外,除非有保护公众的必要,或者已经采取措施保证该信息不被不正当地商业使用,否则成员应当保护该数据不被披露。"显然,TRIPS 协定第 39 条要求,成员国的行政机关原则上不应该披露为获得销售许可而提供的付出大量劳动所获得的商业秘密,如想根据政府信息公开法向第三人披露商业秘密,必须满足"保护公众的必要"或者"采取措施保证不被用于不正当商业使用"这两个条件之一。

与 TRIPS 协定第 39 条保护商业秘密的意旨相同,在各国的政府信息公开法中,商业秘密向来是豁免公开的对象。因为,各国普遍地意识到,不当地公开商业秘密,至少可能产生两种不利的结果:首先,损害信息所有者的利益,导致其以后不愿再向政府提供这类信息,在没有强制的最低限度内,不愿提供这类信息,或者尽量隐瞒这类信息,对政府工作带来不利。其次,公开这类具有财产价值的信息不利于企业之间的自由竞争,发挥各自的专长和创造精神,而这种竞争对发展经济起到促进的作用。③ 正是在这种认识下,各国通常在信息公开法里使用"本节不适用于下列事项"、"豁免文件"、"豁免披露的信息"和"免除情形"等用语,④ 以强调商业秘密是信息公开的例外。但是,

① 参见郑成思.知识产权法[M].北京:法律出版社,2003:397.

② 参见孔祥俊.WTO 知识产权协定及其国内适用 [M].北京:法律出版社,2002:325.

③ 参见王名扬.美国行政法 [M].北京:中国法制出版社,1995:984.

④ 参见美国《信息自由法》第(b)条,澳大利亚信息自由法第四部分,英国《信息自由法》第二部分以及欧盟《关于公开获取欧洲议会、委员会和理事会文件的规则》第4条。

这种行文缺乏必要的限制和解释，容易产生误导，似乎凡是商业秘密都可以不分时间、地点和条件，一律豁免公开。从制度构成上讲，现代政府信息公开法律制度包括公开制度和保密制度两个方面，前者从正面规定了政府信息公开的范围，后者从反面规定了政府信息公开的范围。商业秘密虽可作为豁免公开的对象，使政府可公开的信息范围更为明确，但在必要情形下也是可以公开的。

相比之下，倒是 TRIPS 协定规定了可公开的商业秘密的范围及公开条件。根据文义解释，TRIPS 协定第 39 条有如下重要内容：（1）政府控制为上市而提供给政府的新化学成分的药品或者农用化学产品的试验数据或者其他数据（即商业秘密），如果是相当的努力劳动的成果，原则上应该保护，不得随意公开。（2）这些商业秘密可以公开，但是必须符合"保护公众有必要"或者"采取措施保证不被用于不正当商业使用"中的任一条件。（3）在发生需要向公众或是第三人公开的情形下，政府具有自由裁量权，可以选择公开还是不公开。因此，根据第 39 条，即使是各国政府必须要保护的商业秘密，在与公众利益或知情权发生严重冲突时，仍然要公开，这是必须确定的，当然在公开时应当适用利益衡量原则。首先，应当确定是否为公共利益而请求公开或有必要为公共利益依职权主动公开。其次，应当确定不公开的利益的范围和大小，公开是不是会严重妨碍政府以后获得类似信息，或者严重不利于秘密提供人的商业竞争地位。最后，两相比较，利益优者获得保护。之所以仍然采取利益衡量原则的一个重要原因在于利益本身的性质。不公开并不完全是为了保护商业秘密权利人，确保政府工作的顺利开展和公平的市场竞争环境有时也需要信息的保密。这种不公开利益显然不是私人利益可以概括得了的，利益衡量的实质在于"知的公共利益"与"保密的公共利益"的比较与取舍。

从信息法的角度看，商业秘密的公开与保密之间的冲突，使得商业秘密保护法与政府信息公开法在商业秘密保护这一问题上的协调显得十分重要，而公开与保密之间的界限划分，通常能使各自的信息保护范围更加明确，这不但是理论研究必须注意到的视角，更是法律体系和谐统一的前提和立法技术的要求。将来我国进行商业秘密保护立法时，应当注意两者之间的这种关系，除规定商业秘密在一般情况下豁免公开外，还应规定在特殊情况下排除豁免的适用。只有这样才能同时保障商业秘密和知的公众利益，并建立起完善的信息公开制度和商业秘密保护制度。

三、政府信息公开法与国家保密法

国家秘密是关系到一国国家安全和利益的秘密信息，由于其在国家安全、外交及军事利益、经济利益等方面对一国的重要意义和影响，自古以来各国都十分重视对国家秘密的保护。在中国的奴隶社会时期，不但祭祀、占卜、问神、官家文书等国家秘密不能公开，即便是法，在"刑不可知，则威不可测"的政策下也不向百姓公开。在这种政策下，奴隶主贵族不但可以对其封地内的奴隶为所欲为，对非贵族出生的地主也肆意迫害。随着奴隶社会的解体，作为国家秘密的法的公开，成为新兴地主阶级的迫切要求。公元前536年，子产在郑国铸刑书，公元前513年赵鞅铸刑鼎，其后邓析私造竹刑。在刑书、刑鼎、竹刑的制定前后，法律的公开与否，成为重大的政治问题，刑法一旦公开将限制奴隶主贵族的特权，这引起了奴隶主贵族的普遍恐慌。叔向批评子产说，"昔先王议事以制，不为刑辟，惧民之有争心也……民知有辟，则不忌于上……"又说："民知争端矣，将弃礼而征于书。锥刀之末，将尽争之。乱狱滋丰，贿赂并行。终子之世，郑其败乎？"并上升到国家兴亡的层面上，危言耸听地说："国将亡，必多制。其此之谓乎！"子产则说："侨不才，不能及子孙，吾以救世也。"意思是，铸刑书正是为了挽救郑国危亡。① 子产所说并非空穴来风，法律是否公开是法制的前提，直接影响到法制的建立和完善，而法制正是新兴封建国家赖以生存壮大的重要依托。由此可见，政府信息的公开与保密问题早在古代奴隶社会就引起了广泛的争议，已上升到国家兴亡的高度进行讨论。

近现代以来，随着民主制度的建立，政府信息公开的必要性为越来越多国家所认识。第二次世界大战以后，各国开始以专门成文法的形式确立自己的政府信息公开制度。由于信息公开和保密是一对对立统一的矛盾，公开的信息越多，保密的就越少，保密的越多，公开的就越少，公开信息的范围从反面来讲就是不需要保密的信息的范围，因此，有必要从正反两个方面界定政府可公开信息的范围，各国政府信息公开制度也多由公开制度与保密制度两个部分组成。鉴于美国政府信息公开制度在现代政府信息公开制度中的地位，下面以之为例进行讨论。

美国系统规定政府信息制度最重要的立法是1966年的《信息自由法》(Freedom of Information Act)，该法确立了公众取得联邦政府各部门文件的权利和政府信息公开的基本原则。此后，1972年通过的《联邦咨询委员会法》(The Federal Advisory Committee Act) 和1976年通过的《阳光中的政府法》(Government in the Sunshine Act)，前者规定了向政府提供咨询的委员会的会议和文件的公开，后者规定了合议制联邦政府机关的会议公开。这三部法律构成了美国当代联邦政府信息公开制度的主体。

---

① 参见张国华. 中国法律思想史新编 [M]. 北京：北京大学出版社，1998：41-44.

在这三部法律中，除《联邦咨询委员会法》外，都在贯彻政府信息公开原则的同时，明确规定了豁免公开的各种例外信息，而《联邦咨询委员会法》就咨询委员会会议和文件的公开及保密也分别适用前面两部法律的规定。《信息自由法》规定了三类应当公开的文件：联邦政府应当主动在联邦登记上公开的文件；联邦政府不在联邦登记上公布，但应当主动公开并提供给公众查阅的文件；公众可以根据《信息自由法》不说明任何理由地请求获得的政府文件。对于前两类，公开文件的内容和范围都是法定的，前者包括关于机关的组织、机关的职能和工作方法、程序规则、政策法律和实体规则的文件以及它们的修改和有关的其他文件；后者包括关于行政裁定和理由、政策的说明和解释、对公众有影响的行政职员手册和指示以及合议制行政机关的表决记录。第三类文件原则上没有范围限制，公众都可以请求，因此是公开范围最广的文件。公众在交纳了必要的工本费，说明需要寻找的文件的大致信息，即可按程序从受理申请的机关获得相关的文件。为避免公开文件的范围过于宽泛，《信息自由法》规定了9项免除公开的例外。这9项内容具体是：（1）国防和外交政策；（2）机关内部人员的规则与习惯；（3）其他法律规定的保密信息；（4）商业秘密和商业或金融信息；（5）机关内部和机关之间的备忘录；（6）人事的、医疗的档案和类似档案；（7）执法机关的记录和信息；（8）关于金融机构的信息；（9）关于油井的地质和地球物理的信息。在上述9项内容中，第（1）、第（2）、第（3）和第（7）项都直接与国家秘密的范围有关。《阳光中的政府法》就合议制行政机关的会议以及会议记录的公开作了一般规定，同时也规定了与《信息自由法》相类似的10项免除公开的理由，这些理由中亦多涉及国家秘密。

由于信息公开与否涉及多种保密利益，有时是国家利益，有时是私人利益，有时是商业利益，甚至是几种利益的综合利益，在实践中，要求公开的信息是否属于免除公开的范围通常仍然是争论的焦点，争论推动了信息公开法的发展，使得国家秘密的范围和保护方法逐渐清晰起来。

争论之一，对其他法律规定的保密事项，可不可以请求公开。除《信息自由法》规定的免除事项外，其他法律也规定有不公开的事项，而1966年《信息自由法》也认可其他法律的这种规定。由于其他法律的范围过宽，政府经常利用这种规定排除《信息自由法》的适用，引起了各方的不满。在1975年罗伯逊诉航空局一案中，最高法院推翻上诉法院支持公开的判决。最高法院认为不论条文本身或立法的历史，都没有包含上诉法院对条文解释的意义。《信息自由法》不要求制定免除公开的文件或类型，也没有限制行政机关自由裁量的程度，一切其他法律要求保密的事项，都在《信息自由法》免除公开的范围之内。这个判决引起国会的极大反感，直接导致了1976年《信息自由法》的修改。① 1976 年《信息自由法》修改后，规定了适用其他法律免除公开事项的三个彼此独立的条件：（1）法律规定必须保密，没有自由裁量的余地。对《信息自由法》规定的 9 项免除公开的例外，政府并非必须保密，政府有自由裁量的权力。在认为可以公开时，政府仍然可以公开。这在最大范围内保障了公众的知情权。其他法律如果排除了政府的自由裁量权，说明所涉及的信息属于绝对不能公开的事项，对此《信息自由法》也予以认可。（2）规定了不公开的标准。这项规定实际上是国会授权自己可以规定不公开的标准，行政机关必须严格按照标准执行，没有自由裁量的余地。（3）指明不公开的特定类型。法律也可规定某一类型的文件不公开。例如，内地税局中关于纳税人财产的报告，社会救济机构中关于受救济人财产状况或医疗记录的报告，大陪审团得到的某些文件等，都可以拒绝公开。②

争论之二，政府是否可以"撒谎"。《信息自由法》规定 9 项免除公开的例外，在很大程度上保护了各种秘密，也给国家秘密的保护提供了周到的保护制度。可是，有些文件，即使不公开，只要政府提出了拒绝公开的理由来免除公开，就会提供线索暴露文件的内容，因此对此类文件，1986 年《信息自由法》修改时增加了新的保护措施，称为"除外"（exclusion），国内有学者把适用除外的信息称做"特别例外信息"。③ 对于特别例外信息，可以适用完全不同于"免除"（exemption）的保护措施，即政府对信息文件是否存在可以完全否认，即使事实上存在这样的文件，也可以对外宣称"不存在"。由于"特别例外信息"对公众知情权构成极大的限制，《信息自由法》只承认三种除外文件：（1）妨碍执法程序的文件；（2）泄露刑事程序中的秘密信息来源的文件；（3）联邦调查局关于间谍、反间谍和国际恐怖主义的文件。这些文件都属于国家秘密的范畴。

由于信息公开制度与保密制度难以分开，信息公开法与信息保护法在很多时候都是重合的。一些学者认为，实质上的信息保护法的重要渊源之一就是政府信息公开法，而对一国保密法的认识，应该建立在对该国保密制度与政府信息公开制度的同时考察之上。④

---

① 参见王名扬. 美国行政法［M］. 北京：中国法制出版社，1995：981-982.

② 参见王名扬. 美国行政法［M］. 北京：中国法制出版社，1995：983.

③ 参见张明杰. 开放的政府——政府信息公开法律制度研究［M］. 北京：中国政法大学出版社，2003：147.

④ 参见保密法比较研究课题组. 美国保密法律制度［M］. 北京：金城出版社，2000：6.

　　本章第二节对信息公开制度中不公开信息范围的探讨，实际上已经给秘密的范围划出了一条明确的界限。从信息法的角度看，秘密主要包括三类，即个人隐私、商业秘密和国家秘密，各国信息保护制度正是围绕着这三类秘密展开的。对于这三类秘密，由于既有一些统一适用的规则，例如利益衡量原则；也有各自独特的保护方法，例如国家秘密的"除外"保护措施，除资料保护法、商业秘密保护法、国家安全法等专门立法外，各国还在其他法律制度中对这三类秘密进行保护，而政府信息公开法正是其主要渊源。从这一点考察和关注政府信息公开法与信息保护法十分重要，它基本反映了一国政府信息公开制度和信息保护制度的存在和发展现状。其实，除第二节讨论的这些问题外，政府信息公开法与信息保护法之间还存在着许多不同，由于这些不同在实践中对于两者之间关系的理解并不是那么重要，这里就不再多费笔墨。

第三章 政府信息公开法概述

随着信息革命的深入，经济全球化的日益发展，各国之间对于资源的竞争日益激烈，信息作为一种具有极其重要价值的资源日益成为各国争夺的对象。与此同时，信息革命带来管理技术的大变革，这主要表现在信息管理技术的出现和大发展，现代管理日益转向以信息为中心的管理，社会各个领域内都渗透着信息的管理。更为重要的是，世界各国都出现了政府决策与管理的信息化。在此背景下，政府信息资源公开的立法，不仅能使公众获得更多利用政府信息的机会，保证公众可以更方便而且平等地享用巨大的政府信息资源，而且从长期来看可以形成信息流通的良性循环，促使国家经济的更快增长，最终增强国家实力。因此可以说，政府信息公开法的制定，不仅仅是一个单纯的法律的制定，而且是促进政府依法行政，增强国家竞争力的一个重要步骤。以下我们具体来看有关政府信息公开法的概念、性质及其产生的背景。

第一节 政府信息公开法的概念和性质

一、政府信息公开法的概念

所谓政府信息公开法是指调整行政机关通过公众便于接受的方式和途径公开其政务运作过程，公开有利于公众实现其权利的行政信息资源，允许公众通过查询、阅览、复制、下载、摘录、收听、观看等形式，依法利用政府所拥有的行政信息的法律规范的总称。对政府信息公开法概念的把握应注意以下几点：

1. 政府信息公开的主体是行政机关

政府信息公开法所规制的信息指的是行政机关所拥有的信息，而不是其他国家机关所拥有的信息。这里需要明确的是作为"信息"的定语——"政府"一词的含义。

从行政学意义上看，一般所称的政府有广义和狭义两种理解。广义的政府指一个国家所有的公共权力机构，包括了行政机关、立法机关、司法机关、国家元首、军事机关等；狭义的政府则单指排除了其他公共权力机关的行政机关，也称为行政部门。根据对政府一语含义的不同，在西方国家政府信息公开法立法实践中也呈现各种不同的形态，大致可以分为两种体例：第一种是广义政府信息模式，即将政府信息公开的范围扩充至立法机关、司法机关等国家公共权力机关。比如欧盟有关政府信息公开的规定。第二种是狭义政府信息模式，即政府信息公开的范围仅限于行政机关所掌握的信息，而不包括其他国家公共权力机关所掌握的信息。当然，这种对信息公开主体的限制是建立在其他国家公共权力机关信息公开制度业已确立的基础之上。比如在美国，由于国会立法很透明，立法过程按照法律规定已经向公众充分地开放，而且宪法中也授权国会可以限制某些信息的公开，并且法院的审判过程也向公众开放，因此美国的信息自由法针对的主要就是行政机关。① 又如在日本，根据日本宪法第57 条第 1 款已经建立了国会的会议公开制度，同条的第 2 款建立了议事录的公开制度，第 82 条建立了审判公开制度。而在日本宪法中对于行政信息的公开却只规定了行政机关对国会报告这样一种间接的公开方式，因此在 1999 年5 月 7 日正式通过、2001 年 4 月正式实施的日本《信息公开法》中确立的信息公开制度就是针对行政信息的公开。② 除了这两种之外，有些国家在制定信息公开方面的法律时，跳出了"政府"一词的限制，将信息公开的范围加以扩大和泛化，比如新西兰 1982 年制定的官方信息法中就将公开信息的主体范围扩大到了所有国家机关并且包括行使公共权力的其他组织。法国信息公开制度中被列为信息公开法适用对象的政府机构包括：（1）国家行政机关；（2）地方公共团体；（3）公共设施法人；（4）被委托管理公共服务的私法上的团体组织。而韩国 1996 年《公共机关信息公开法》则不仅适用于各级行政机关，还适用于立法机关、司法机关、宪法法院、中央选举委员会、政府持股超过 50％的企业、所有的公立学校、129 家根据特别法设立的机构、93 家中央政府或者地方政府出资超过 50％的机构、34 家医疗机构、1 005 家中央或者地方政府提供过财政支持的机构等。③ 更有甚者，南非在 2000 年制定的信息公开促进法中不但将所有国家机关和行使公共权力的组织确认为信息公开的主体，甚至连一般的企业或者私法团体也同样适用信息公开促进法的规

① 参见周汉华. 美国政府信息公开制度 [J]. 环球法律评论，2002（秋季号）.

② 参见朱芒. 开放型政府的法律理念和实践——日本的信息公开制度 [J]. 环球法律评论，2002（秋季号）.

③ 参见周汉华. 外国政府信息公开制度比较 [M]. 北京：中国法制出版社，2003：356.

定："……比绝大多数的信息公开法更大胆，进入了没有清楚的边界的私人机构信息的领域。"①

2. 有权要求政府信息公开的主体是任何人，也就是说定义中的"公众"是指任何非法定排除的主体

许多国家政府信息公开法中规定任何人都有权要求政府信息的公开，这里的"任何人"不仅仅包括本国的公民，也包括外国人。根据世界确立了政府信息公开的国家看来，一般都规定了有权要求政府信息公开的主体包括外国人，比如瑞典、芬兰、丹麦、挪威、德国等。除了包括外国人之外，有些国家甚至还规定应包括社团，比如日本的《信息公开法》中就用"任何人"一词作为信息公开请求权的主体，这里的"任何人"不但包括了外国人，还包括了社会中的社团。② 又如在美国，其《信息自由法》中也规定了"任何人"都可以提出信息公开申请，并规定"任何人"用语包括了个人（包括外国公民）、合伙组织、公司、协会、外国与国内政府机关。需要指出的是美国《信息自由法》中排除了联邦政府机关以及逃犯申请政府信息公开的权利。

这里还需要附带指出的是，有权要求政府公开信息的人不但有权要求政府公开与自身利益相关的政府信息，而且还应该有权要求政府公开虽然与其自身切身利益无直接关系，但却与公众利益有密切关系的相关信息。也就是说，请求权人提出信息公开的请求无须以保护自身利益为前提，可以以公共利益为理由要求政府公开相关的信息。政府无论受理什么人提出的公开信息申请，只要不属于法定不公开的排除性规定，就必须公开信息，而不能以申请人自身的原因拒绝信息的公开。这也是所谓的"以公开为原则，以不公开为例外"政府信息公开的含义之一。

3. 政府信息公开的内容是除法定不宜公开信息之外的一切行政信息

政府所公开的信息原则上应该是所持有的所有行政信息，唯一的例外情况就是法律明确的排除。行政信息的载体主要是行政文件。在目前各国信息公开法中，有些国家将信息的本身作为公开的对象，有些国家则将信息的载体——行政文件作为信息公开的对象。但是，无论如何规定，大都明确了公开的对象具有普遍性。日本《信息公开法》将公开的对象定义为"行政文件"，认为"行政文件"包括了"文书、图画以及电磁性记录"。从字面意义上来理解法

---

① Lain Crrie . Introduction South Africa's New Access to Information Act ［C］. Bangkok: Conference on Freedom of Information Laws, 2002.

② 参见朱芒. 开放型政府的法律理念和实践——日本的信息公开制度 ［J］. 环球法律评论, 2002（秋季号）.

律条文的含义，那么除了"文书、图画以及电磁性记录"以外的行政文件是不需要公开的，但是由于在实际中"文书、图画"包含了几乎所有纸质的载体，"电磁性记录"则可以包含硬盘、磁盘、光盘等非纸质的载体，因此两者的结合已经包含了几乎所有的信息有可能的载体形式，也就是说已经最大可能地扩大了政府信息公开的范围。美国《信息自由法》要求受到信息自由法调整的机关必须公开其所掌握的信息，而对于何谓其所掌握的信息，根据联邦法院的实践一般采取两步确定的原则，即（1）某机关产生或者获得的记录；（2）提出申请时为某机关所控制的记录，这种控制应该是该机关对信息的一种"充分的"控制权。① 对于信息的载体，在美国《信息自由法》中并没有限制，而且1996年《信息自由法》的修正案中还特别强调了联邦政府机关拥有或保存的任何资料都是信息自由法所规定的资料，也就是说信息的载体形式并不影响政府对信息的公开，因此所有文本的、图片的、电子的形式的信息都在公开的范围之内。新西兰1982年制定的《官方信息法》中第5条也明确规定，所有的政府信息都必须向公众公开。

政府公开的信息虽然非常广泛，但仍然必须有一定的限制。这种限制必须符合"合法性"的原则，也就是说限制政府信息公开的规定必须由法律明确规定，并且各国对信息公开例外的规定均采取列举式的规定方式。如美国信息自由法中列举规定了9种信息公开的例外情形：（1）保密文件。信息自由法规定总统可以运用行政命令将某一个文件划为保密文件，并且可以不公开，根据最高法院的判例，这些文件也可以不受任何司法审查。（2）个人隐私。对于公开后有可能对个人隐私造成明显伤害的信息，如个人婚姻状况、身体健康状况、宗教信仰、社会保险号码、刑事犯罪的历史、性取向等都给予隐私权的保护，不予公开。（3）政府内部的联系。指政府机关之间及其内部的备忘录或信函，并且在司法实践中法院认为在民事诉讼开始程序中可以豁免的文件都属于这种例外，包括讨论程序特权、律师工作成果特权、律师当事人关系特权。（4）商业秘密、商业与财务信息。商业秘密包括企业的计划、配方、工艺、设计、营销计划、成本、利润以及其他从企业获得的商业秘密。商业信息指任何与商业利益有关的信息，甚至包括非营利团体提供的信息。财务信息包括公司与其他经济组织的商务数据和个人的财务信息。（5）执法文件。包括了有可能影响执法程序的材料、有可能影响某人公平受审判的材料、有可能影响个人隐私的执法材料、有可能泄露执法机关信息来源的材料、有可能泄露执法技术或程序的材料、有可能导致法律规避的材料、有可能影响任何个人安全

① 参见周汉华. 美国政府信息公开制度［J］. 环球法律评论，2002（秋季号）.

或生命的材料。（6）金融监督材料。指金融监督机构的一些材料，如关于评估、运行或现状的报告。（7）地质信息。包括地质与地球物理信息、数据与钻井地图等。（8）机关内部人事规则。包括与公共利益无关的纯粹的行政事务和如果公开会使相对人规避法律、法规的行政机关内部的工作手册。（9）根据其他法律作为例外的信息。① 日本信息公开法中第5条第1项到第6项列举了不公开信息的范围，可以归纳为个人信息、团体信息、防卫外交信息、警察信息、审议研讨信息和事务事业执行信息。

4. 政府信息公开的方式必须有利于公众获取信息

传统政府信息公开的途径一般是申请人向特定政府机关提出信息公开的申请，然后由政府机关将相关文件交付于申请人阅览或复印。这种方式虽然满足了公众对政府信息获知的要求，但是由于许多客观原因的限制，比如申请人与相应政府机关之间距离的远近、查询信息费用的高低等都制约着公众对政府信息的获取。目前，随着电子信息技术的发展，特别是因特网的出现和普及以及政府上网工程的启动，电子政府的初步成型，为政府信息公开提供了新颖、便捷、费用低廉的途径。将政府信息放置在因特网上，将信息接受者扩展到了最大可能的范围。因此，政府信息公开法也要求在条件允许的情况之下，应将政府信息或者政府信息的索引公布在各自或者某个特定的网站上，供公众检索、查询。如美国1996年通过的《电子信息自由法》修正案中就要求每一个政府机关都必须以电子数据的方式为公众提供各自部门的材料索引或机关指南，以便利公众提出申请。此外，对于获取政府信息的费用也应有严格的限制性规定，原则上信息公开机关只能收取成本费用，而不能通过信息公开来获取额外的利益，并防止行政机关通过抬高信息获取的成本来实质上遏制公众对信息的获取权利。

如今世界已步入知识经济和信息时代，"信息"成为个体发展和社会前进所不可缺少的资源，是社会组成成员与组织进行活动的基础和动力，是决定其发展与进步的重要因素。可以说，一个国家信息化程度的高低已成为衡量其发展程度的重要标志。在庞大的信息群中，政府信息因与权力的联姻结合而成为强有力但却极易导致垄断与腐败的信息资源。透明与公开是防止与治理腐败最有力的手段，因此现代各个国家都在强调政府信息公开作为体现民主、制约权力的功能，并通过制定一系列的信息公开法规来保证政府信息公开的切实实现。据统计，到2002年为止，世界上已经有近50个国家制定和颁布了政府信息公开法规，建立起各自的政府信息公开法律制度，政府信息公开的理念和相

① 参见周汉华. 美国政府信息公开制度［J］. 环球法律评论，2002（秋季号）.

关法规的制定和实施已经成为普遍的共识。①

二、政府信息公开法的性质

（一）政府信息公开法的公法性质

公法是与私法、社会法相对应的一个法学范畴，政府信息公开法应属于公法的范畴。所谓的公法是规定国家与国家之间或者国家与个人之间的法律。私法是指调整个人与个人之间关系的法律。社会法则是在 20 世纪初随着社会经济的发展，在"私法公法化"和"公法私法化"的情形下出现的一个公私法交融的法域，是指以社会利益为本位，通过社会调节机制追求社会公共利益的最大化以及社会安全的法律。政府信息公开法应归纳到公法的领域中。

公法、私法与社会法的划分是当今法学界对法律性质最为重要的划分方式之一。在最初的法学史上只有公法与私法的划分，这种划分起源于公元 3 世纪古罗马帝国向专制君主制转变的过程中。当时著名的罗马法学家乌尔比安（公元 170～228 年）首先提出了公法与私法划分的标准，他说："法律研究分两个方面来说。公法是涉及罗马国家的关系，而私法是涉及个人的利益。"由此，他以法律所调整的利益为标准来划分公法与私法。② 他的划分方法原本是为了法律研究的便利所创制，后来由于这种划分方法被东罗马帝国皇帝查士丁尼（公元 483～565 年）所采用并被编入著名的《学说汇编》和《法典汇编》之中，成为占主导地位的官方法律学说，因此对后世产生了巨大的影响。到了西欧中世纪早期，由于国王和封建领主像拥有私人财产一样拥有其王国和领土，并且可以像私人财产一样继承、转让，所以在法律上公法与私法的界限被抹杀了，公法与私法的划分也销声匿迹。直到 11 世纪末，一部包含了查士丁尼编纂的法律文献的古典手稿在一家意大利图书馆被发现，并由此揭开了复兴罗马法的运动，公法与私法的划分才被重新提起并越来越显得重要。在 17、18 世纪启蒙运动过程中，著名的启蒙思想家孟德斯鸠（公元 1689～1755 年）在其法律学说中将法律分为自然法和人定法，将人定法又分为国际法、政治法和民法，其中的政治法和民法就是公法与私法的划分。他说："规定私人继承的是民法，民法是以私人利益为目的的。规定王统继承的是政治法，政治法是

---

① 参见张明杰. 开放的政府——政府信息公开法律制度研究 [M]. 北京：中国政法大学出版社，2003：21.

② 根据著名法学家杨幼炯的统计，划分公法和私法的标准有 17 种之多，其中最重要的是利益说、主体说和性质说等。参见杨幼炯. 当代政法思潮和理论 [M]. 台湾：台湾"中华书局"，1965：3-4.

以国家的利益与保全为目的的。"①之后，各国政府都对公私法的划分表现出极大的热情，法国、意大利、德国等国在19世纪纷纷制定民法典，使公私法的划分在大陆法系国家以制度化的形式得以确定。时至20世纪初，随着自由竞争的资本主义向垄断资本主义的过渡，国家的角色从"守夜人"向"调控者"转变，私法领域中的"契约自由"原则日益受到限制，国家通过制定旨在保护劳动者的劳动法对传统上不予干涉的劳动关系领域进行调节，同时环境状况的恶化导致各国对环境保护的重视等这些因素，都促使了私法与公法相互交融的现象，出现了旨在维护社会利益的第三法域——社会法。社会法是在资本主义从自由竞争阶段步入垄断阶段的过程中，为适应国家干预市场社会的需要而出现的新型法。它是以社会为本位的法，是公法与私法相互混合和渗透的结果，主要由环境保护法、劳动法、社会保障法等构成，以保护经济上的弱者，平衡社会利益格局，维护社会经济的安全和繁荣为己任。

政府信息公开法具有明显的公法色彩。这是因为政府信息公开法所调整的是国家公权力机关——政府行政机关与普通社会公众之间的关系，就双方拥有的权力资源来看是不平等的，因此政府信息公开法是调整不平等主体之间的关系。政府信息公开的对象是政府信息，目的是为了使公众更充分便利地利用政府信息资源，保证应有的知情权。因此，政府信息公开法不像私法那样调整平等主体之间的契约型关系，也不像社会法那样通过国家公权力延伸至传统的私人领域来平衡事实上不平等的社会关系，而仅仅是发生在作为信息公开义务主体的行政机关与作为有权获知政府信息的公众之间，通过对强大国家权力的引导、调整、限制、规范从而达到保护相对人的目的，因此具有控权性公法性质。

（二）政府信息公开法是归属于行政法部门的一类特别法

根据法律所调整的社会关系及其调整方法的不同，可以将我国法律体系划分为宪法法律部门、行政法法律部门、民商法法律部门、刑法法律部门、诉讼法法律部门和社会法法律部门。政府信息公开法应归为行政法法律部门中，它是行政法法律部门中的一类特别法。

在世界上最早确立政府信息公开制度的国家——北欧的瑞典，政府信息公开法律制度是宪法性法律的一部分。1766年瑞典制定了最初的宪法性法律——《出版自由法》，赋予报刊转载公文的权利，1809年宪政改革后制定了

---

① 孟德斯鸠. 论法的精神：下册 [M]. 北京：商务印书馆，1963：191.

新的《出版自由法》,1949年瑞典国会通过了现行的《出版自由法》。① 它是瑞典政府信息公开制度的宪法基础,其中有关政府信息公开制度是在第二章中规定的。因此在瑞典,政府信息公开的法律制度是由宪法性文件规定,政府信息公开是宪法法律所确立的根本制度之一。但是在瑞典制定《出版自由法》之后颁布有关政府信息公开法律的大部分国家都不将政府信息公开法归入宪法性法律中。如北欧的芬兰,虽然历史上曾经是瑞典的一部分,但是它在1951年制定的《公文公开法》却不同于瑞典,并不是其宪法性法律。法国也一样,并没有将政府信息公开法律归入宪法性法律中,而是特别制定了《自由获得行政文件法》,以保护公众获得不涉及个人信息的政府文件的权利。

我们认为,在我国,政府信息公开法同样不能归入到宪法性法律中,而应该归入到行政法法律部门中,属于行政法的一种。我国宪法法律部门主要是规定我国的各种根本制度、原则、方针、政策,公民的基本权利和义务,各主要国家机关的地位、职权和职责等。一般包括了三个层面的法律:第一层面是1982年第五届全国人民代表大会通过的《中华人民共和国宪法》;第二层面是国家机关组织法,包括全国人民代表大会组织法、国务院组织法、地方各级人民代表大会和地方各级人民政府组织法、人民法院组织法、人民检察院组织法、全国人民代表大会和地方各级人民代表大会代表法、全国人民代表大会常务委员会议事规则、全国人民代表大会和地方各级人民代表大会选举法、民族区域自治法、香港特别行政区基本法、澳门特别行政区基本法、国籍法、国旗法以及其他关于公民基本权利义务的单行立法(如集会游行示威法);第三层面是有关宪法的解释。② 而政府信息公开法无法归入以上三个层面中任何一层。

所谓行政法是指有关国家行政管理的各种法律的总称,是以行政关系为调整对象,仅次于宪法的独立法律部门,其目的在于保障国家行政权运行的合法性和合理性。③ 政府信息的管理同样是行政管理的一个重要组成部分。基于宪法中所规定的言论自由权和宪政精神所内含的知情权原理,民众有权获知政府的信息,以便更好地利用这些信息。政府信息公开法正是调节在政府公开信息与公众获知信息中发生的关系,规范政府公开信息的程序、范围、期限,保障公众获得信息的权利的法律规范的总和。因此政府信息公开法应该属于行政法的一个重要分支。

---

① 参见冯军. 瑞典新闻出版自由与信息公开制度论要:(1)[M]//中国人民大学宪政与行政法治中心. 宪政与行政法治研究. 北京:中国人民大学出版社,2003:262-284.

② 参见张文显. 法理学[M].北京:高等教育出版社、北京大学出版社,1999:81.

③ 参见胡建淼. 行政法学[M]. 北京:法律出版社,2003:12.

第二节　政府信息公开法的特征

一、政府信息公开法的维权性特征

制定政府信息公开法的宪政基础是对公众知情权的保护。公众的知情权（right to know）指公众依法享有的获取、了解信息的自由，从广义上来说包括公众在公法上的知情权——对国家公权力机关信息获知的权利，也包括公众在私法上的知情权即在民事法律关系中获知交易对象相关信息的权利。从狭义上来说知情权仅指公众在公法上对国家公权力机关信息获知的权利。该权利包括国家公权力机关主动公开信息的义务和应公众的要求公开信息的义务。具体说来包括：

行政知情权，即公民依法享有知道国家行政活动、了解行政事务的权利；

司法知情权，即公民对司法机关侦查、检察、审判等活动依法享有的了解案件有关情况的权利，特别是了解同自己相关的指控及其根据的权利；

社会知情权，即公民有权知道社会所发生的他所感兴趣的问题和情况，有权了解社会的变化和发展；

个人信息知情权，即指公民有权知悉有关其本人情况的资讯档案、记录资料及其用途的权利。①

政府信息公开法是为了保障民众的行政知情权而制定的规范性文件，旨在通过法律规范的形式将民众的行政知情权予以固定化，并通过国家强制力的保护使民众的行政知情权得以切实的实现。各国制定政府信息公开法的立法基础也大多是为了保障民众的知情权。这一点可以以美国政府信息公开的发展历程来印证。早在美国费城立宪会议上，就已经提出了知情权的观念。宾夕法尼亚州的詹姆斯·威尔逊（James Wlson）在会上说："国民有权知道其代理人正在做或已经做的事，对此绝不可任由秘密进行议事程序的立法机关随意妄为。"美国开国元勋托马斯·杰斐逊在其信中就写道："政府的基础，源于民意。因此，首先应该做的，就是使民意正确。为免使人民失误，有必要通过报纸，向人民提供有关政府活动的充分情报。"之后，詹姆斯·麦迪逊也认为："不掌握正确的信息情报及获得信息情报的方法，人民的政府只能是滑稽喜剧或是悲剧的序幕，或者除此之外什么也不是。掌握情报者通常支配不掌握情报者。因此，为要使自身成为统治者的人民，必须从信息情报中获取知识，把自身武装

---

① 参见谢鹏程．公民的基本权利［M］．北京：中国社会科学出版社，1999：263．

起来。"到了 1945 年，美国记者肯特·库柏在一次演讲中首先提出明确的"知情权"概念，指出"知情权"的基本含义是民众有权知道其应该知道的信息，特别是应该知道关于国家政务的信息，国家则有职责保证公民在最广泛的范围内享有获得信息的权利。在此阶段，美国建立了非常完善的联邦公共出版体系，政府信息在这套体系下大多能保证向公众公开。① 特别是到了 1966 年，美国制定了《信息自由法》，建立了公众有权向联邦政府索取任何材料的制度，正式确立了信息公开制度，另外又通过 1974 年《隐私权法》的制定、1995 年《削减公文法》的制定、1996 年《电子信息自由法》的制定确立了非常全面而又完善的保护公民信息自由权的体系。

在我国《宪法》第 2 条中规定："中华人民共和国的一切权力属于人民。人民依照法律规定，通过各种途径和形式，管理国家事务，管理经济和文化事业，管理社会事务。"显而易见，人民要依照法律的规定，管理国家、经济、文化、社会等各项事务就必须掌握这些方面的信息资源，如果连关于这些方面的信息都无从得知或难以得知，那么对国家事务的管理也就无从谈起。"通过各种途径和形式"也就理应包含对政府信息的了解和掌握，也就是说包含了人民的"知情权"。此外从《宪法》的第 27 条中同样能看出这一点，《宪法》第 27 条规定："一切国家机关和国家工作人员必须依靠人民的支持，经常保持同人民的密切联系，倾听人民的意见和建议，接受人民的监督，努力为人民服务。"政府机关要同人民群众"密切联系"显然就包括了信息或情报的联系，人民要对国家机关进行"监督"，发表"意见和建议"也同样只有在掌握政府信息的前提下才有可能进行。如果政府信息无从得知，政府事务事事保密，人民群众对政府情况一无所知或知之甚少，那么又如何让人民群众发表意见和建议或对国家机关及工作人员进行监督呢？此外，从我国宪法对公民"言论、出版、集会、结社、游行、示威的自由"的规定中也同样可以推断出知情权的内容。我国《政府信息公开条例》就是建立在我国宪法中这种对公民"知情权"隐含规定的基础之上，是为保障公民应有的"知"的权利而制定的。

二、政府信息公开法的限权性特征

政府信息公开法另一个重要特征就是它以对政府行政权力的限制为主要目的。如前所述，政府信息公开法是属于行政法的一个分支，而现代行政法在很

---

① See Harold C. Relyea. Access to Government Information in the United States [R]. CRS Report for Congress, 97-71 Gov., January 6, 1997.

大意义上就是控权法。比如英国著名行政法学家韦德（Wade）在其著作《行政法》中明确给行政法下了一个定义："行政法就是控制政府权力的法。"美国著名行政法学家施瓦茨在其著作中也指出："在美国，行政法的对象仅限于权力和补救，并回答以下问题：行政机关可以被赋予什么权力？这些权力有什么限度？用什么方法把行政机关限制在这个限度内？"① 还有美国行政法学家认为："行政法所涉及的就是用来控制和限制政府权力的法律制约。"② 作为行政法重要组成部分的政府信息公开法也同样具有限制权力滥用、控制权力无限扩张的重要特性。

在现代社会中，最容易也最有可能对公民权利造成损害的就是强大的政府权力，而政府对信息资源的垄断则是其侵犯权力的重要来源之一。"阳光是最好的反腐剂"，这也是为什么美国要制定所谓的《阳光下的政府法案》。一切见不得人的勾当都是暗箱操作的结果，公开可以作为限制行政权力的有力途径之一。信息公开要求行政机关不但要在法定的职权范围内履行行政职能，而且要把自己的这些工作向公众公开，使得公众能了解政府的行政活动，能够参与到行政行为的过程中，从而参与国家事务和公共事务，亲身感受行政的运作，与此同时监督行政的运作。同时，由于公众在信息公开的过程中了解了行政权力运行的依据、过程和结果，因此就可以依据他们的知识和能力，分析行政活动的效率性、可行性和所产生的或可以产生的社会效益，并通过各种程序对行政机关的行政活动提出建议和批评，行政机关再汲取其中的合理意见，使行政权力的运作更加符合公众利益，更容易为公众所接受。

三、政府信息公开法的无限性及法定例外特征

政府信息公开法的无限性特征主要包括了三个方面的无限性：请求信息公开的请求权主体的无限性、所公开的信息的无限性、信息公开方式的无限性。对这种无限性的排除必须限定在法律明文规定例外的基础上，严格限制行政自由裁量权的行使，以防止通过自由裁量的形式不适当地限制信息的公开。

（一）请求信息公开的请求权主体的无限性

如前所述，有权要求行政机关公开其信息的请求权主体是非常广泛的，这构成了政府信息公开制度的核心问题。因为对请求权主体范围的规定是最能反映政府信息公开程度的标志，有权请求政府信息公开的主体越广泛，表明政府

---

① ［美］施瓦茨. 行政法［M］. 北京：群众出版社，1986：2.
② ［美］盖尔霍恩，利文. 行政法和行政程序概要［M］. 北京：中国社会科学出版社，1996：2.

信息公开的程度越高。对信息公开请求权主体的限制只能是作为政府信息公开法的法定例外加以规定并且应该严格受到限制，因为对信息公开请求权的主体的限制是信息垄断的主要手段之一。

一般国家的关于政府信息公开的法律中都规定"任何人"都有权请求政府信息的公开，除非有法定的例外情形。比如根据美国《信息自由法》，个人（包括外国公民）、合伙组织、公司、协会、外国与国内政府机关都可以亲自或者通过律师或其他代理人提出信息公开申请。而法定的例外是联邦政府机关和逃犯不能申请政府信息公开。美国的《信息自由法》甚至还规定任何人都可以凭借任何理由或不凭借任何理由提出信息公开的申请，最大限度地保障了民众的信息公开申请权。

（二）所公开的信息的无限性

政府信息公开法中所规定的公开信息的范围也应该是无限的，也就是说原则上所有政府的信息和资料都应该是向公众开放和透明的。信息的载体一般分为纸质载体和电子声像载体，无论形式如何，都属于信息公开的范围。当然还需要指出的是，这种无限性还有一个拥有范围的前提条件，即公开的信息应该是信息公开义务主体本身所拥有的与其行政职权有关的所有信息，因此对于非本机关所拥有的信息则没有义务要公开。这里就涉及一个确定何谓信息义务公开主体"本身所拥有"的标准。在美国一般采取根据特定机关对于该信息是否具有"充分的"控制权的标准来判断，而在日本则有三个要件：（1）制作获得要件，即公开的对象文件是行政机关的职员在职务活动过程中制作或获得的文件；（2）组织性使用要件，即该行政机关的职员供组织性使用的文件；（3）拥有要件，即该行政机关所拥有的文件。①

（三）信息公开方式的无限性

政府信息公开法并不对信息公开的方式作限制，原则上可以使用各种有利于信息公开的方式实现信息的公开化。在早期信息公开实践中一般是通过出版载有政府信息的刊物或书籍来实现信息的公开，或者专门设立政府信息阅览室提供给民众获知政府信息，或者通过允许民众复印相关政府信息文件的方式来实现政府信息的公开。近年来，随着网络技术的迅速发展，政府上网工程的不断开展，通过因特网形式公开政府信息的途径已经越来越受到人们的重视。如1996年美国国会通过的《电子信息法修正案》就要求每一个政府机关都必须以电子数据形式向公众提供政府信息的索引。我国政府也对网络之于政府信息

---

① 参见朱芒．开放型政府的法律理念和实践——日本的信息公开制度［J］．环球法律评论，2002（秋季号）．

公开的重要性有了很大的认识。在 1999 年开始启动的"政府上网"工程中，全国上至中央政府机关，下至县乡级政府机关建设了大量的官方网站，政府网站的数量在不长的时间里成倍增长，这对政府信息化起了很大的推动作用，为民众获知政府信息提供了极大的便利条件，大大拓宽了政府信息公开的范围。据有关统计资料显示，截至 2001 年底，以 gov. cn 注册的政府域名总数就已经达到了 5 846 个，占 . cn 下注册域名数的 4.6%。而在中央政府机关中，有 26 个部委建立了自己的官方网站，其中 9 个部委设立了英文版本的网页，12 个部委提供了在线服务，90% 以上的部委网站设有信息公告或资料数据库查询等内容，这些都大大提高了我国政府信息公开的程度。但是应该看到，当前我国政府网上信息公开还存在着许多问题，比如最为普遍的现象就是"重基础设施建设，轻政府信息资源供应"的现象，许多政府网站存在着"雷声大、雨点小"的毛病，开始轰轰烈烈，但后续乏力，致使许多政府网站建成不久就成了"垃圾网站"或名存实亡的"死站"。这些网站往往仅局限于把一些法律、法规、政策的文本搬到网上，公开的实质信息数量很少，质量也不高，内容上更是单调重复，特别是信息的更新很不及时，没有专门人员负责维护，以至政府部门的信息没有动态的反映，给公众的查询和利用带来了诸多不便。

第三节　政府信息公开法的社会基础

政府信息公开法的制定和普及有着深厚的社会基础，主要包括了全球民主化浪潮的涌动、人民主权原则的普遍确立、行政法治理念的发展、表达自由的内在要求、信息化社会的发展、WTO 组织原则与规则的要求等。

一、全球民主化浪潮的涌动

政府信息公开法的制定与民主的演化以及当今全球民主化浪潮的涌动密不可分。"民主"一词源自希腊语，它由两个单词构成："demos"表示在一个城邦国家中所有居住着的公民，"kratos"表示权力或统治。民主有两个基本的形式：直接民主和代议民主，直接民主被古代雅典所采用。这一形式的政府根据多数决定的原则将参与制定政治决策的权利赋予所有被称为公民的人（排除了妇女、奴隶）。代议民主以代表选举为特征，这些代表是由人民委托来管理政府事务的。在现代社会，最普遍的非专制政府是宪政民主制政府。宪政意味着实行政府限权和法治以防止权力任意的、专断的滥用，保障人权，保障在政策制定以及选举过程中的民主，以实现一个共同体中共同的目的。民主的发展经历了一个漫长的过程：古希腊历史学家希罗多德（前 484～前 430 年）最早把雅典的政治制度称为民主政治。雅典政治学家伯里克利（前 495～前 429年）认为之所以雅典被称为民主制国家是因为多数公民掌握了政权，而不是少数人掌握。亚里士多德（前 384～前 322 年）则将政治制度分为君主、贵族和共和三种常态政体，以及僭主、寡头和民主三种变态政体。他们所提出的人类政治思想史上最早的民主概念主要指的是奴隶主统治阶层的民主，而不包括当时约占人口总数一半的奴隶阶层。之后的民主概念一直延续了他们的思想，即将基于同等身份同等享有政治权力的思想作为民主的主要内涵。直到欧洲中世纪末期，随着资本主义经济的迅速发展，资产阶级掌握了大量的社会财富，但他们在政治上的无权状况严重阻碍了经济的进一步发展，于是在资产阶级的领导下，文艺复兴运动和资产阶级思想启蒙运动先后兴起，新的民主观念也在启蒙思想家的倡导下勃兴。英国的思想家洛克（1632—1704 年）在其著作《政府论》中，大力批判了"君权神授"的思想，极力宣传天赋人权学说，强调政府的权力来自于人民，也应该为人民所享有。在对民主问题的探讨中影响最大的是卢梭的"公意（General Will）"论，在其著作《社会契约论》中，卢梭明确提出了人民主权原则，他认为主权就是公意的表达，而公意就是人民私意的集合，所以主权应该属于人民。因此，卢梭激进地主张在人民主权的基础上建立纯粹的民主制国家，即全体人民作为主体平等地参与政治，具有超越于法律的自由。

在启蒙思想家学说的引导和鼓舞之下，17、18 世纪资产阶级革命风起云涌并最终取得了胜利。到了 19 世纪初，在两次科学技术革命和产业革命的推动下，世界上出现了亨廷顿所谓的"第一波"民主化的浪潮，但这一民主化的浪潮因为法西斯主义的抬头而被中断。直到"二战"以盟军的胜利而告终才又重新开始了"民主化的第二波"（1943—1962 年）。到了现代，特别是从1974 年开始至今仍在延续的"民主化第三波"过程中，民主已经成为势不可当的世界潮流，被世界绝大多数民族和国家所公认，成为普遍认同的基本价值。正如联合国教科文组织 1951 年的一份报告中说的："在世界历史上，第一次没人再以反民主的面目提出主义。而且对反民主的行动和态度的指责常常是针对他人的，但现实中的政客和政治理论家在强调他们所拥护的制度和所主张的理论中的民主因素方面却不遗余力。"

特别是世纪之交时，全球民主化浪潮达到了一个新的顶点，这里存在着两件标志性的事件：一是在 2000 年 6 月 27 日，由美国和波兰联合发起，在华沙召开了国际民主大会，全世界共有 107 个国家出席，在会上通过了《迈向民主国际社会》的民主宣言，也称为《华沙宣言》。除了法国之外的 106 个国家都在宣言上签了字。该宣言称："民主国际社会决心联合起来推动和加强民主，同时承认我们现在处在民主发展的不同阶段。"并且"……应当确保民主制度和民主程序得到巩固"。该宣言还确认了民主普遍性适用于全世界的原则，同时确定了许多衡量一个国家民主程度的标准，并宣称无论是发达国家还是不发达国家，都可以用这些标准来衡量本国在 20 世纪里取得了哪些民主上的进步，以便巩固取得的这些成果。二是 2001 年 4 月 20 日在加拿大魁北克召开了第三次美洲国家首脑会议，34 个美洲国家首脑（古巴除外）在会上签署了《魁北克宣言》。在《魁北克宣言》中宣称："民主的价值与实践是达成本次首脑会议各项目标的基础。保持和巩固法治国家、尊重民主体系，这不但是各国的共同承诺，而且也是各国参加本次以及今后的美洲国家首脑会议的条件；本地区国家对民主秩序的任何篡改或破坏，都将构成该政府参加美洲国家首脑会议无法逾越的障碍。"① 之后，在秘鲁首都利马举行了美洲国家组织第 28 次特别会议，在会议上根据《魁北克宣言》中的"民主条款"制定并通过了《美洲民主宪章》，在《美洲民主宪章》中开篇就强调："美洲国家组织的宪章认为，代议制民主对本地区的稳定、和平、发展是不可缺少的，因此美洲国家组织的目的之一就是推动并巩固代议制民主。"接着该宪章系统阐述了代议民主制的精神和原则并确立了在美洲维护民主政体的行动纲领，在行动纲领中，不但强调了要加强与维护民主机构，要派遣选举专家小组，而且还提出要推进民主文化。这两个会议的结果表明，民主已经成为真正的世界潮流，民主的价值观和制度观已经被世界绝大多数国家所认可，维护、推进民主已经成为国际性的运动，并且国际性的以推进民主为宗旨和目标的组织已经开始发挥作用，推动着世界民主化潮流的进一步发展。

政府信息公开与一个国家的民主状况有着十分密切的关系，正如格莱德特舒（Gleditsch）所说："寻求根本没有民主传统的国家和几乎没有民主实践的国家为什么没有公开制度的解释是多余的。有自由民主传统的国家，信息公开的程度相对也比较大。"② 在具有民主传统、民主化程度较高的国家，为了便于民众参与政治，都利用各种方式保证民众有机会得知政府信息，以切实实现其参政权。相反，在民主化程度不高的国家，保密则是政府的传统控制手段，通过对行政信息的垄断，实行愚民政策，保证政府的行政行为不受民众的监

---

① 埃菲社加拿大魁北克 2001 年 4 月 22 日电，可见《参考消息》（2001 年 4 月 26 日）。

② Nil Petter Gleditsch. Freedom of Information and National Decurity: A Comparative Perspective [J]. Law and Policy Studies, 1995 (4). 转引自张明杰. 开放的政府——政府信息公开制度法律制度研究 [M]. 北京：中国政法大学出版社，2003：58.

督，也就不会受到批评，即使作出了错误的决策，造成了损失，也可以通过控制信息的传播来达到逃脱责任的目的。其结果就是导致民众对政府越来越不信任，政府的公信力大幅度降低，所谓的人民政府也就形同虚设。因此，随着全球民主化进程的加快，各国政府向民主化政府靠拢愿望的加强，政府信息公开作为民主化进程的一个重要组成部分也越来越受到重视，通过法律的手段确定政府信息公开的原则，并设置相应的程序保证政府信息的真正公开，民众具有可行的途径获知政府信息就成了保证政府信息公开的主要手段，各国政府信息公开法就是在这种民主的全球化基础上制定的。

二、人民主权原则的普遍确立

民主化的理论基础是人民主权理论。人民主权理论也可以称为"一切权力属于人民"，其含义主要是指国家权力来源于人民、服务于人民并对人民负责。这种理论与以往君权神授的政治理念完全不同，重新界定了人民与国家的基本关系，确立了人民在政治现代化国家中的主体地位。人民主权理论是民族国家形成以后的产物，它兴起于启蒙时代，是启蒙思想家们顺应反对专制、追求民主的时代潮流，在对君主主权论进行批判继承的基础上，基于天赋人权和社会契约论的理论假设而创造的崭新的民主政治理念。人民主权思想对当时政治实践的发展起了重大的推动作用。17 世纪中叶，英国的下议院就提出了主权在民的思想，宣称："在上帝之下，人民是一切正当权力的起源。"英国著名政论家弥尔顿在其政论文章《为英国人民声辩》中提出了"人民主权"的政治理念。他认为国王的权力应该来源于人民，人民根据一定的条件将权力托付给国王，如果国王不遵守这些条件，就必须把这些权力交还给人民。他明确说："一切权力的源泉一向是来自人民的。"① 洛克在其名著《政府论》中也声称："如果掌权的人由于滥用职权而丧失权力时，这种权力就应重归于社会，人民就有资格行使最高的权力，并由他们自己行使立法权或建立一个新的政府形式。"② 可见其中也已经蕴涵了人民主权的思想。最早系统明确提出人民主权原则的是法国启蒙思想家卢梭，他以自然权利说和社会契约为基础，创造性地提出了人民主权论。卢梭认为，主权是一种超越了政治共同体中各成员之上的绝对权力，这种权力的来源是政治共同体成员所共同表达出来的共同意志，即公意。因此主权来源于公意，也就理所当然属于人民。而国家是人民订立契约的产物，是公意运用的结果，如果政府违反了公意，那么人民通过订立

---

① ［英］弥尔顿．为英国人民声辩［M］．北京：商务印书馆，1996：165．

② ［英］洛克．政府论：下册［M］．北京：商务印书馆，1997：91．

新的契约重新组建政府是正当的。之后，马克思、恩格斯抛弃了虚构的自然状态说与社会契约论，以科学历史唯物主义为哲学基础，批判地汲取传统人民主权说，在肯定资产阶级启蒙思想家人民主权学说重要作用的同时，指出其因为私有制基础的影响而具有现实的狭隘性。他们认为社会主义国家人民主权应建立在承认"个人是社会的主人"和"人民是历史的创造者"的认识之上，并建立在真正的普遍的民主选举制度之上才能具有历史正当性和现实合理性。

近代以来，各国纷纷确立了人民主权的原则，许多国家都在其最高法宪法中明确地宣称人民主权是立国之本，如瑞典宪法性法律《政府组织法》中规定："瑞典的一切权力来自人民，瑞典的民主制度以观点自由和普遍平等为基础，通过代议制和地方自治而实现。"法国宪法规定："国家主权属于人民，人民通过自己的代表和依赖公民投票来行使国家主权。"俄罗斯宪法规定："俄罗斯联邦的多民族人民是俄罗斯联邦主权的拥有者和权力的唯一源泉。"意大利的宪法也规定："意大利为民主共和国，其基础为劳动。主权属于人民，由人民在宪法规定的形式和范围内实现之。"我国宪法同样规定了"中华人民共和国的一切权力属于人民"。

人民主权原则的确立对政府信息公开的重要意义在于：因为国家的权力来自于人民，人民是国家权力的最终享有者，因此国家权力的运用必须以符合人民利益的形式运行，人民也就应当享有监督国家权力运行状况的权利。国家作为人民的创造物，作为人民所拥有的最高权力运用的结果，就必须保证人民行使监督的权力，就必须为人民提供有关权力运行的充分的信息，以保证人民能够确知权力运行的状况，而国家权力的运行也因为得到了人民的首肯而获得了其合法性基础。因此人民主权原则要求必须有政府信息公开制度的保障，人民主权原则的普遍确立也成为政府信息公开法制定的重要的社会基础之一。

三、行政法治理念的发展

行政法治理念是近现代国家法治原则在行政权力行使过程的具体体现，是指行政权力的行使必须受到法律规则的限制（包括实体的限制和程序的限制），并且应该体现法治的精神，将法治的原则贯穿于整个行政权力运行的过程中。

现代意义上行政法治源于17、18世纪资产阶级革命，这一时期是资产阶级夺取并巩固政权、发展资本主义的时期。在这一时期，由于对封建统治下自由与财产无法保障的历史的记忆，资产阶级深怀着对丧失自由和财产的恐惧，对国家权力有着根深蒂固的不信任感，于是"管的最少的政府就是最好的政府"的理念大行其道，对行政权力的限制也成为各国构建本国的行政法律体系的基本要求。而到了 19 世纪末 20 世纪初，资本主义在创造出了比以往任何社会都要丰富的物质财富的同时，其内在的缺陷也开始逐渐暴露，周期性经济危机开始频繁爆发。与此同时，社会关系日趋复杂，自由竞争早期显得不太重要的诸如卫生、交通以及环境等社会问题日益严重，人的自利性在推动社会经济发展的同时也造成了对公共利益的忽视与践踏。特别是到了 20 世纪 20 年代末 30 年代初爆发的世界性经济危机，使人民对政府的作用，对行政权力的作用的看法有了极大的转变，原本奢望"看不见的手"会自动把经济导向稳定的人们在残酷的现实面前失望了，行政权力这只"看得见的手"开始发挥越来越重要的作用，人们认识到，在这种社会形势下，只有政府能运用行政权力来应付经济危机。于是行政权力的作用范围开始拓展，政府开始运用其权力介入到社会生活的各个领域，以维护社会公共利益的名义干预传统上属于自治的经济领域。与此同时，行政法治观念也发生了转变，从原先对行政权力严格的限制转变为对行政权力运行过程的监督和控制，在充分发挥行政权力对经济调节作用的同时通过法律的手段（包括实体权利义务的限制和程序法的控制）来规范行政权力的运作。

正是由于这种行政权力不断扩张以及对其进行限制的行政法治理念的需要催生了对政府信息公开的要求。因为行政权力行使和扩张过程必定会产生大量的信息，这些信息不但是行政权力运行的结果而且还是进一步进行行政的前提基础，并且这些信息与民众的利益更是紧密相关。但是就政府本身来说，总有一种控制这些信息的倾向，总是力图通过信息垄断的手段来发挥行政权力的最大功效，这种信息垄断有可能是出于诸如维护社会稳定的好意，但更有可能成为扩大权力行使范围甚至隐瞒错误、避免民众监督的手段。行政法治理念则要求一切行政权力的行使都必须符合民众的利益，而保证这种符合状态得以实现的最佳手段就是通过法律的控制，因此各国都无一例外地通过制定政府信息公开法的形式来保证政府信息为民众所知，行政法治理念的发展也因此成为政府信息公开的社会背景之一。

四、表达自由的内在要求

表达自由是指公民享有的受法律规定、认可和保障，使用各种媒介手段与方式公开发表或者不发表自己的意见、主张、观点、情感，并自由地接受情报和信息，且不受任何他人或组织干涉、限制或侵犯的权利。其包含的具体内容，根据美国耶鲁大学艾默森教授的看法有：形成和坚持关于任何主题的信念和观点的权利；通过任何形式的沟通媒介——演说、书面、文字、艺术、音乐、图像、符号等——传播和交流思想、观点和情报的权利；保持沉默的权利；听取别人的观点和关于事实的看法的权利；获得情报的权利；作为一个必然的逻辑，还包括集会和结社的权利——和别人联合起来表达思想的权利。①表达自由是现代宪政自由权利中最为重要的内容，在西方宪政思想和政治实践中，表达自由被看做公民最根本的权利，被认为是其他自由权利的源泉，又是其他自由的条件。这一观念随着全球民主化进程的开展以及人民主权思想的传播，已经为当今世界上越来越多的国家所接受，成为一个民主国家所必须保障的公民的首要权利之一。

我们注意到，在艾默森教授的学说中，认为表达自由包括了民众"获得情报的权利"，而且在《欧洲人权公约》第 10 条也规定了每个人都有表达自由的权利，这一权利包括拥有观点的自由及不受政府机关干涉和不分国界的情况下，接受和传播信息和观点的自由。这就为从表达自由推导出政府信息公开的必要性提供了基础。正因为民众所应该享有的"表达自由"中内在的要求必须享有"获得情报的权利"，这里的"情报"理所当然地应该包括政府所搜集和拥有的行政信息，政府在保护民众"表达自由"的宪政理念指导下也就必须保证民众可以自由获得政府的行政信息。

当然，在表达自由的理论中推导出政府信息公开还存在着一个矛盾，那就是表达自由既包含了"可以表达什么"的权利，同时也包含了"可以不表达什么"的权利。如果说将政府本身也作为表达自由保护的主体，那么相应的政府也就享有"可以表达什么"的自由以及"可以不表达什么"的自由，那么，政府对于自身所掌握的信息岂不是可以运用"可以不表达什么"的自由来为其不公开寻找到依据？如何解决这个矛盾？我们认为，政府作为一个公法主体，在人民主权原则之下是不应该有自身独立的私利，它只不过是人民所授权的机关，因此，政府信息是应该以公开为原则。因此对于表达自由中所谓"可以不表达什么"的自由并不适用于政府，政府机关也不能依此作为信息保密的借口。

五、信息化社会的发展

信息是指情报、资料、消息、报道、知识的意思。信息的含义要比消息、情报的含义广泛得多，不仅消息、情报是信息，指令、代码、符号语言、文字等，一切含有内容的信号都是信息，信息与物质、能量共称为现代社会的三大支柱。当代社会已经步入信息社会，人类社会生活各个方面都无法离开信息，

---

① 参见欧山．表达自由的初步研究［M］//人权研究：第 1 卷．济南：山东人民出版社，2001.

人类在社会实践活动中不但需要对周围世界的情况有所了解以便能作出正确的反应，而且还要与周围的人群沟通才能协调地行动。这就是说，人类不仅时刻需要从自然界获得信息，而且人与人之间也需要进行通讯，交流信息。人类需要随时获取、传递、加工、利用信息，否则就不能生存。从人类历史上看，几乎每一次获取信息技术的提高都大大地促进了社会的进步和经济的发展，比如语言的出现，文字的形成，印刷术的发明，电报、电话、电视等现代通讯技术的创造特别是因特网的出现，无一不给社会带来巨大的影响。

信息有很多种类，其中数量最为庞大也最为权威的信息就是政府信息。这是因为政府凭借其权威地位和强大的物质支持可以获取一般人所无法得到的信息，这些信息无论是对于个人还是社会都是十分重要的。信息的生命力在于其流动性，失去了流动性的信息无法发挥其应有的作用，无法创造出更大的效益，因此，对于政府所掌握的信息的公开就显得尤其重要，否则政府的信息只能成为私藏品，躲在文库中发霉，造成需要信息的人无法拥有、而拥有信息的人却根本不需要的尴尬局面，导致信息浪费。充分公开政府信息，可以使政府所掌握的权威信息为最需要的人所利用，并产生相应的社会效应且产出更多的有用、有利信息，形成信息的良性循环，达到最大限度的信息优化配置。

六、WTO 组织原则与规则的要求

过去的 50 年是世界经济快速增长的 50 年，商品贸易以每年平均 6% 的速度增长。1997 年的贸易总额就达到了 1950 年贸易总额的 14 倍，在此过程中世界贸易组织（World Trade Organization，简称 WTO）及其前身《关税及贸易总协定》（General Agreement on Tariffs and Trade，简称 GATT）发挥了巨大的作用。

在目前的世界经济领域内，世界贸易组织已经成为最为重要的部分。它成立于 1995 年 1 月 1 日，其前身为 1947 年创立的《关税及贸易总协定》。世界贸易组织是一个独立的永久性国际组织，该组织的基本原则和宗旨是通过实施市场开放、非歧视和公平贸易等原则，来推动实现世界贸易自由化的目标。该组织作为正式的国际贸易组织在法律上与联合国等国际组织处于平等地位。它的职责范围除了关贸总协定原有的组织实施多边贸易协议以及提供多边贸易谈判场所和作为一个论坛外，还负责定期审议其成员的贸易政策和统一处理成员之间产生的贸易争端，并负责加强同国际货币基金组织和世界银行的合作，以实现全球经济决策的一致性。WTO 的宗旨在于促进经济和贸易的发展，提高生活水平、保证充分就业、保障实际收入和有效需求的增长；根据可持续发展的目标合理利用世界资源、扩大货物和服务的生产；达成互惠互利的协议，大

幅度削减和取消关税并消除国际贸易中的歧视待遇。

WTO 组织对经济的促进作用主要表现在它促进了世界范围的贸易自由化和经济全球化。通过关税与贸易协定使全世界的关税水平大幅度下降，极大促进了世界范围的贸易自由化。此外，WTO 还在农业、纺织品贸易、安全保障措施、反倾销与反补贴、投资、服务贸易、知识产权以及运作机制等方面促使各成员国达成许多有利于经济的协定，这些协定大大促进了世界贸易的自由化和全球经济的一体化，使世界性的分工向纵深方向发展，为国际贸易的发展奠定稳定的基础，使对外贸易在各国经济发展中的作用越来越重要。WTO 组织还使传统的贸易政策措施得到改观，使世界贸易制度进入协商管理贸易时代，各国的贸易政策都将建立在"双赢"的基础上，"贸易保护"和"贸易制裁"的作用与含义都发生了很大的变化。同时 WTO 组织还使世界市场的竞争方式与竞争手段发生重大转变，世界市场的竞争由单一式的竞争转变为综合式的竞争、由粗放式的竞争转变为集约式的竞争。

WTO 组织对世界的影响并不仅仅限于经济方面，而是涉及了社会的各个方面。就政府信息公开制度来说，WTO 组织对各国政府对其所掌握的信息的公开制度也作出了很高的要求，加入 WTO 组织一般就会受到这些要求的约束，而现今世界几乎所有主要国家都已经加入了 WTO 组织，因此，政府信息公开的要求也成为约束各个国家政府普遍的规则。

WTO 组织对各国政府信息公开的要求主要体现在其"透明度原则"上。"透明度原则"是 WTO 组织中最为重要的原则之一，它是指各成员国一切影响贸易活动的政策和措施都必须及时公开，以便于各成员国政府和企业了解和熟悉。具体说来，所谓 WTO 透明度原则，就是根据 GATT 第 10、13、16、19 条、GATS 第 3 条、TRIPS 第 63 条等规定，要求 WTO 的所有成员国政府不仅要及时公布有关调整贸易方面的政策、法律、法规、行政规章等，而且要公布成员国政府与其他政府及机构之间签订的双边或多边协议以及有关贸易仲裁裁决、司法判决和相关法律程序的详尽资料等；这些法律文件非经正式公布，不得实施；各成员国政府应当及时或定期向有关理事会提出关于国内法律、法规颁布和公布情况的报告，并设立专门的咨询机构解答其他成员国和 WTO 有关理事会的咨询；各成员国应公正、合理、统一地实施上述相关法规、条例、判决和决定。所谓公正性和合理性是要求各成员国应对其他成员国实施非歧视原则；所谓统一性则是指成员国在其领土范围内的各地方政府均应按照中央政府所颁布的政策法规实施，其制定的相关规章与上一级法律、法规不应有冲突或抵触。①

WTO 组织的"透明度原则"目的在于提高各成员国政府经济政策与经济管理行为的可预见性和稳定性，防止成员国之间进行不公开的暗箱贸易，这就对各国政府信息公开提出了很高的要求，在这一原则所贯穿的 WTO 组织 29 个独立法律文件中都体现了信息公开的要求。比如在《技术性贸易壁垒协议》中规定，为了使各国出口商都能获得关于技术规章、标准及评定程序方面的必要信息，各成员国政府都要建立国家信息咨询点；在《政府采购协议》中则要求有关政府采购的法规、程序和行为必须是透明和公开的；《进口许可程序协议》要求成员国应该确立设置或变更许可程序的通告规则，并提供有关许可证申请审查的指导信息使贸易商得到充分的信息，了解发放许可证的根据；在《关于海关估价协议》中对进口货物的价值的准确性的申报要求有详细的资料信息；在《装船前检验协议》中对货物检验方政府公布适用国内法律和规章提出了要求；在《原产地规则协议》中要求原产地规则也必须是公开的、透明的等。

除了在世界贸易组织的一系列协议中对政府信息公开作出了要求之外，WTO 组织中的一些具体制度也对政府信息公开制度作出了规定，体现了"透明度原则"。比如世界贸易组织确立的通知制度，即世贸组织各成员国应当经常性地将其政策、法规和具体措施的改变情况提交世贸组织秘书处进行"通知"；又比如咨询制度，即世贸组织各成员国应当建立或指定"咨询点"，使个人、企业和其他成员国能够获取这些与贸易有关的法律文件和行政措施的所有信息，这些信息一般应当在提出申请后 34 天内提供。在特殊情况下，答复应当在收到申请后的 56 天内作出等。②

---

①　See World Trade Organization. The Results of the Uruguay Round of Multilateral Trade Negotiations [M]. First published in 1994 by GATT Secretariat and reprinted since 1995 by the WTO Reprinted 1999, 2000, printed in the United Kingdom at the University Press, Cambridge. pp. 16-29、284-353.

②　参见应松年，王锡锌. WTO 与中国行政法制度改革的几个关键问题 [J]. 中国法学，2002 (1).

第四章　各国及地区政府信息公开立法概览

第一节　政府信息公开的国外立法

自从 1766 年瑞典通过《出版自由法》确立政府信息公开制度以来，国外许多国家相继建立了自己的政府信息公开法律制度。美国、英国、法国、日本、俄罗斯、意大利、加拿大等主要大国乃至韩国、泰国、新西兰、挪威、阿根廷、印度、菲律宾、以色列等新型工业化国家和发展中国家都相继通过了政府信息公开立法。据统计，至 2002 年，世界上已经有近 50 个国家建立了政府信息公开制度。① 通观各国政府信息公开立法，大致有以下几种模式：第一种是通过宪法性法律直接确认信息自由权，最典型的当属瑞典。1766 年通过的瑞典《出版自由法》作为宪法性法律，对公民的信息自由作了非常详细的规定。此外，还有些国家虽然没有宪法层次的立法，但通过司法机关的解释，将公民的信息自由解释为宪法性权利，从而也将公民的信息自由权上升至宪法层次。如韩国宪法法院在 1991 年的一个判决中就认为，该国宪法第 21 条所规定的表达自由隐含了知情权，政府官员如果拒绝披露申请的信息，某些情况下会构成对该种权利的侵害。第二种是通过专门的政府信息公开立法，这被越来越多的国家所采用。第三种是没有制定统一的政府信息公开立法，而是建立了信息公开立法的对立面——保密法律制度或就特定领域（如行政复议、环境信息等）制定相关的政府信息公开立法，德国是该模式的代表。本节我们对美国、瑞典、英国、日本、澳大利亚、韩国等典型国家的信息公开法律制度的主要内容作一介绍。

一、美国信息自由法

20 世纪 60 年代末，美国对越战争陷入僵局，激起了公众对政府的普遍不

---

① 参见张明杰. 开放的政府——政府信息公开法律制度研究 [M]. 北京：中国政法大学出版社，2003：21.

信任，并在美国新闻媒体 10 年来的努力推动下，美国国会通过了《信息自由法》。① 美国不是世界上最早进行信息公开立法的国家，但其信息公开立法给当代各国的信息公开制度带来了最重要的影响。美国法律实行州法和联邦法并行的双轨制，州的信息公开立法多以联邦立法为参考。本节主要介绍美国联邦政府的信息公开制度，如无特殊说明，下文所称美国政府信息公开均指美国联邦政府信息公开。

美国信息公开立法属于行政程序法的一部分，主要集中在 1966 年的《信息自由法》及其修正案、② 1976 年的《阳光下的政府法》及其修正案。③ 这两个法律文件分别从行政文件公开和合议制行政会议公开的角度构建了美国联邦政府信息公开的基本框架，使美国联邦行政机关从行政活动的过程到行政活动的决策结果都能以较高透明度展现在公众的面前。另外，对政府信息公开有关的问题有相对比较集中规定的法律还有 1972 年的《联邦咨询委员会法》和1974 年的《隐私权法》。《联邦咨询委员会法》对为联邦行政机关服务的咨询委员会的会议和文件的公开进行了比较集中的规定，"该法在阳光法制定后经修改确定：咨询委员会的会议公开原则适用阳光法的标准，文件公开的原则适用信息自由法的标准"。④《隐私权法》对行政信息公开中个人隐私的保护问题，对个人记录向本人公开及在特定情况下的可以向特定人公开的问题进行了集中的规定。

除了以上对行政公开的比较集中的立法外，美国还有诸多的法律中含有个别条款为行政公开提供了法律依据或对特定行政事务的公开进行了规定。如：美国宪法第一修正案规定的言论和出版自由被认为是公众对政府信息知情权的宪法基础；1976 年的《版权法》及 1995 年的《削减公文法》规定版权保护不适用于美国联邦政府的任何文件，否定了政府机构控制公有领域信息的流通及以之牟利的权利，其反面就是任何人都可以获取、复制、传播联邦政府的文件；《联邦贸易委员会法》规定委员会必须以适当方式公布其报告和决定，《公共卫生和幸福法》规定有关年轻人的记录不得泄露其姓名等。⑤

---

① See Robert L. Saloschin：（2000）Recent Developments Federal Agency Focus：The Department of Justice：The Department of Justice And The Explosion of Freedom of Information Act Litigation, 52 Admin. L. Rev. 1 401.

② 《信息自由法》于 1974 年、1976 年、1986 年（信息自由改革法）、1996 年（电子信息自由法修正案）进行过修正。

③ 《阳光下的政府法》于 1995 年进行过修正。

④ 丁先存. 论美国的政府信息公开制度 [J]. 情报资料工作, 2001 (1).

⑤ 参见王名扬. 美国行政法 [M]. 北京：中国法制出版社, 1995：954.

美国联邦政府的信息公开制度主要有两个部分：文件公开和会议公开。前者是以记录公开的形式公开政府信息，是政府行政结果的公开，主要由《信息自由法》规定，该法被收入美国法典第五编（title）第五章（chapter）第552 节（section）；① 后者是以会议过程公开的形式公开政府信息，是政府行政过程的公开，《阳光下的政府法》是会议公开的主要法律依据之一，该法被收入美国法典第五编第五章第552b 节。下文着重介绍上述两部法律中规定的信息公开制度。

（一）美国政府的信息公开制度之一——文件公开

1. 信息公开（法律关系）的主体

信息公开法律关系指一方当事人享有请求公开信息的权利，另一方当事人承担信息公开义务的法律关系，信息公开法律关系的主体包括了权利主体和义务主体两方面。

美国行政程序法的适用范围为联邦政府的行政机关，不包括美国国会和联邦法院及美国领地或属地的政府、哥伦比亚特区的政府。而信息公开的义务主体比行政程序法第552f 节中行政机关的定义范围更广，不仅包括行政机关、独立控制机关，还包括政府所有和政府控制的公司和总统执行机构。② 具体而言，适用《信息自由法》的主体主要有：（1）行政部门，如农业部、商业部、国防部、教育部、能源部、卫生和公共服务部、住房和城市发展部、内政部、司法部、劳动部、国务院、交通运输部、财政部、退伍军人部。③（2）军事部门（military department）。（3）政府公司。（4）政府控制的公司；《信息自由法》没有解释何为"政府控制"，但《信息自由法》的立法历史表明公司接受政府的资金不必然导致"政府控制"。④（5）政府行政部门所属的其他机构，包括总统执行机构；如白宫办公厅、管理和预算局、经济顾问局、国家安全委员会、政策发展处、美国商务代表处、环境质量委员会、科学和技术政策

---

① 美国法典第五编是政府组织和雇员编（government organizations and employees），第五编第五章是行政程序（administrative procedure）。第五章规定的行政程序除了政府信息公开的制度外，还规定了行政规章的制定程序，行政裁决的程序，听证程序及证据规则，核发许可证的程序等。

② 参见 [美] 威廉·F·芬克，[美] 理查德·H·西蒙. 行政法案例与解析：影印系列 [M]. 北京：中信出版社，2003：334.

③ 参见何家弘. 当代美国法律 [M]. 北京：社会科学文献出版社，2001：136.

④ 参见 [美] 威廉·F·芬克，[美] 理查德·H·西蒙. 行政法案例与解析：影印系列 [M]. 北京：中信出版社，2003：334.

处、国家药品控制政策处、国家紧要物资委员会、行政处、国家太空委员会①等。但总统及仅为总统提供建议的总统的全体随身工作人员和机构不适用《信息自由法》。②（6）独立的控制机构（independent regulatory agency），独立的控制机构包括部内的独立机构、隶属于总统的独立机构和独立的控制委员会。独立的控制委员会不隶属于总统所领导的行政部门，依照法律规定同时行使立法权、行政权和司法权，这类机构主要有：州际商业委员会、联邦贸易委员会、证券交易委员会、国家劳动关系委员会、联邦电讯委员会、联邦储备系统、联邦海事委员会。③

美国信息公开的权利主体是任何不特定主体。《信息自由法》规定任何不特定的第三人都有权请求获得政府信息，而不论其国籍、民族、种族、性别、年龄、职业，也不论其和文件有无直接的利害关系，充分体现了权利人一律平等的原则。信息公开的权利主体请求政府提供文件可以出于监督政府的活动、进行学术研究、进行商业利用、为诉讼取证等各种目的，但信息公开的申请人不需要向被申请的行政机关提供其目的即申请理由。④由此可见，美国信息公开法采用的是大行政公开模式，⑤体现了信息公开制度的发展趋势。

2. 信息公开的客体（一）——信息公开的范围及例外

信息公开的客体范围决定了哪些信息该公开，哪些信息不公开。《信息公开法》规定的信息公开仅指行政机关已经制作的记录的公开，行政机关没有为申请人主动制作记录的义务。⑥美国是一个信息公开范围比较广的国家，其政府信息以公开为原则，不公开为例外，某一信息满足不公开条件的，要求行政机关承担举证责任。总的来说，行政机关在其行使行政职权的过程中产生的信息除少数例外情况下都应当予以公开。所谓行政信息是指由行政机关所有

---

① 参见何家弘. 当代美国法律［M］. 北京：社会科学文献出版社，2001：136.

② 参见［美］威廉·F·芬克，［美］理查德·H·西蒙. 行政法案例与解析：影印系列［M］. 北京：中信出版社，2003：334.

③ 参见王名扬. 美国行政法［M］. 北京：中国法制出版社，1995：173.

④ 但申请目的与申请费用及申请程序有一定关系，申请人需要提供确定其申请费用及证明其能采用特别申请程序的必要信息。

⑤ 大行政公开模式是指对一切人的公开，小行政公开模式仅限于对当事人的公开。参见应松年. 比较行政程序法［M］. 北京：中国法制出版社，1999：310-325. 小行政公开模式主要包括阅览卷宗制度和说明理由制度，它可以为大行政公开模式所涵盖。

⑥ 参见［美］威廉·F·芬克，［美］理查德·H·西蒙. 行政法案例与解析：影印系列［M］. 北京：中信出版社，2003：335.

的，由其产生的或他人为行政机关提供的或在行政机关控制下的信息。①

各种利益相互平衡是民主政治的特点，信息公开与其他重要的公共利益应当相互平衡，当某一特定信息的公开对国家安全、行政利益、私人利益的危害大于公众的利益时，则该类信息应当作为信息公开的例外，不予公开。信息自由法规定了信息公开例外的两种制度：免除（exemption）制度和除外（exclusion）制度。免除制度对例外信息的内容以显性方式保密，即一般公众根据行政机关提供的拒绝公开的理由以及已公开的文件中对删除部分的说明可以判断有文件或文件中的部分信息被采取了保密措施，甚至可以知道被保密的信息属于哪一种类的信息。免除制度规定了9种例外信息，而这9种例外信息中有部分信息属于特别敏感的信息，该类信息本身存在与否的信息已足以提供重要线索而对保密利益造成了损害。基于对以上特别敏感信息的保护，1986年情报自由法修改时，增加了一种新的例外制度，即除外制度。除外制度对例外信息中的特别敏感的部分以隐性方式保密，即不仅是信息内容保密，信息是否存在也保密，一般公众不能根据已公开的文件判断是否有部分信息被采取了保密措施，申请人向行政机关申请公开某一信息时，行政机关可以否认相关文件的存在。免除制度中规定的例外信息属于行政机关自由裁量的信息，行政机关认为公开更有利公众利益的也可予以公开。

免除制度适用的9种例外信息下文将作专门论述。免除制度适用的特别敏感的例外信息属于免除制度中免予公开的信息的一部分，主要有如下三种情况：②（1）行政机关在可能涉及犯罪的事件的调查或刑事诉讼中保留的相关记录。如果有理由相信调查对象不知道该调查、诉讼悬而未决时，如果合理地认为披露记录的存在会干扰调查、诉讼程序，则行政机构可以在该情况持续的时间内处理这些记录而不受《信息自由法》规定的义务的限制。（2）由刑法执行机构按告发人的姓名或个人识别号所保存的告发人记录。除非告发人作为告发人的身份被官方证实，当第三方按照告发人的姓名或个人识别号要求获得时，行政机构可以处理这些记录而不受《信息公开法》规定的义务的限制。（3）联邦调查局保留的有关外国情报、反情报或者国际恐怖主义的记录。当

---

① 美国行政程序法没有给政府"信息"下定义，该定义取自美国总统第12958号行政命令（Executive Order 12958）第1.1条（b），其原文为："Information" means any knowledge that can be communicated or documentary material, regardless of its physical form or characteristics, that is owned by, produced by or for, or is under the control of the United States Government. "Control" means the authority of the agency that originates information, or its successor in function, to regulate access to the information.

② 美国《信息自由法》第3条，5 U.S.C. § 552（c）。

这类记录的存在属于总统行政命令规定的机密信息时，只要记录的存在处于机密信息状态，联邦调查局就可以处理这些记录而不受《信息自由法》规定的义务的限制。

3. 信息公开的客体（二）——信息公开免除制度

《信息自由法》的免除制度规定了如下 9 种例外信息：①

（1）涉及国家安全的机密信息

国家安全信息指涉及国防或外交政策利益的信息，哪些信息属于国家安全信息由总统颁布行政命令来设定判断标准。行政机关再根据总统行政命令设立的标准和程序来具体决定哪些信息划入国家安全信息领域予以保护。目前对国家安全信息进行分类的行政命令是克林顿总统于 1995 年 4 月颁布的 12958 号总统令。依据该行政命令的规定，只有与下述事项相关的信息才进入行政机关国家安全信息的审查定性程序：② ①涉及军事计划、武装系统、武装行动；②涉及外国政府信息；③涉及情报活动（包括特别活动），情报来源或情报方法以及密码术；④涉及美国政府的外交关系和外交活动，包括秘密的外交关系和文件活动；⑤涉及与国家安全相关的科学、技术、经济问题；⑥涉及美国政府保护核材料核设施的计划；⑦涉及与国家安全相关的系统、装置、项目、计划的缺陷和性能。属于上述类别的信息有可能被归入国家安全信息，但不一定归入，具体决定权在于行政机关。在 1974 年《信息自由法》修改以前，法院只能审查某信息是否属于上述信息类别，而对行政机关的具体决定无权进行审查。1974 年《信息自由法》修改后法院取得了对行政机关的决定实质不公开审查的权力。③ 当事人申请的信息已经被行政机关确定属于上述安全信息的，不予公开；还未确定的，行政机关应先按照 12958 号总统令的规定完成定密程序，再依据定密结果决定是否公开。依照 12958 号总统令的保密期限和解密程序，超过保密期限或经解密程序解密的信息当事人有权申请政府提供。

（2）行政机构内部人事规则和惯例

关于内部人事规则和惯例的范围，美国国会意见曾存在分歧。参议院认为其只包括公开无助于公益而徒增行政机关负担的琐碎的人员规则，如车库的使用规则、病假政策等；众议院认为它包括仅仅指导机关人员的事项，如机关的活动规则、指导方针和调查程序手册等。④ 初步看来，众议院理解的行政内部

---

① 美国《信息自由法》第 2 条，5 U.S.C. § 552（b）。

② 参见 12958 号总统令第一部分第五条，Executive Order 12958 Sec. 1.5.

③ 参见王名扬. 美国行政法 [M]. 北京：中国法制出版社，1995：977-979.

④ 参见王名扬. 美国行政法 [M]. 北京：中国法制出版社，1995：979-981.

人事规则和惯例的范围比参议院的广泛，但实际上众议院也并不认为行政内部人事规则和惯例全部不能公开，不公开的范围仅限于公开的结果可能严重妨碍机关工作的事项，① 所以，从本质上看，两者的指导思想是一致的：在平衡政府的保密利益与公开了解利益的前提下尽量扩大公开范围。综合两者的观点，不予公开的行政机构内部人事规则和惯例应包括：①与行政机关职权行使无关的纯粹的行政性事务，如食堂规则。②与行政机关职权行使相关的，但公开会严重妨碍机关工作的事务，如机关对职员的谈判指导。

（3）其他法律规定予以保密的事项

《信息自由法》规定其他法律对予以保密的事项的规定要满足如下条件之一：② ①其他法律对予以保密的事项予以了明确的规定，而不给行政机关留下任何自由裁量的权利。②其他法律确定了特定的豁免标准或明确了特定的豁免事项。符合上述条件的其他法律不至于留给行政机关太大的自由裁量权而损害公众知的利益，因此《信息自由法》都予以尊重。其他法律的范围比较广泛，如税法禁止公开纳税申报单及有关纳税人的其他信息、社会救济机构不能公开受救济人财产状况等。

（4）商业秘密和商业或财务信息

通常，由于商业秘密的所有人对商业秘密的获取进行了一定投资，法院将商业秘密作为取得的财产保护，对其侵害也给予一定的补偿。③ 但法院对《信息自由法》豁免公开的商业秘密的界定窄于侵权行为法重述第 757 条的对商业秘密的界定。④ 侵权法保护任何能使信息掌握者有机会获取竞争优势的商业信息，如生产配方，而信息自由法只保护与生产过程有直接联系的商业信息，如价格列表、客户名单、销售数据。⑤

商业和财务信息仅限于"特免"或具有"秘密性质"的信息，但其内容实际上基本上涵盖了《信息自由法》狭义商业秘密外的但属于侵权法广义商业秘密的信息。"特免的商业和财务信息"则指传统的律师客户间的信息及类

---

① 参见王名扬. 美国行政法 [M]. 北京：中国法制出版社，1995：979-981.

② 美国《信息自由法》第 2 条第 3 款，5 U.S.C. § 552（b）（3）。

③ See Jerry Cohen, Esq. Federal Issues in Trade Secret Law [J]. High Tech., 2003（1）.

④ 参见 [美] 威廉·F·芬克，[美] 理查德·H·西蒙. 行政法案例与解析：影印系列 [M]. 北京：中信出版社，2003：348.

⑤ 参见 [美] 威廉·F·芬克，[美] 理查德·H·西蒙. 行政法案例与解析：影印系列 [M]. 北京：中信出版社，2003：348.

似信息。①对于具有"秘密性质"的限制，根据美国判例法的标准，指符合下列两个条件之一：② ①妨碍政府以后取得必要的信息的能力；②严重地损害提供信息的人的竞争地位。《信息自由法》对商业秘密采用狭义含义，而将侵权法广义的商业秘密置于其他商业和财务信息保护的目的在于，使行政机关为拒绝公开负担更重的举证责任，因为前者只需证明信息依其属性属于商业秘密，后者需证明信息的公开严重地损害提供信息的人的竞争地位。③ 该类豁免信息仅限于行政机关之外的人向政府提供的具有秘密性质的商业信息。行政机关作为公共利益的代表，对其本身产生的商业信息不具有保护其商业利益的权利，应当公开。

（5）行政机关之间或行政机关内部的备忘录或信件

行政机关的备忘录或信件指行政机关在作出最后决定前的准备过程中的文件，包括行政机关在作决定以前讨论过程中的各种观点、意见、建议、方案等一系列文件。它包括两个要件：①决定前的。行政成员的最终投票记录不属于上述免除公开的备忘录，《信息自由法》要求每个有一个成员以上的行政机关应当保留在每一行政机关程序中每个成员的最终投票记录，并使之可获取供公开审查。④ ②评议性的，即应当反映一个或多个官员的思想，纯粹事实性的东西不包括在内。⑤ 法院对行政机关之间和行政机关内部作广义的功能性的解释，除机关内部职员提出的建议、外机关提出的供行政机关参考的意见外，也包括国会、法院及其他团体和个人对行政机关决策提供的参考性建议。⑥ 对该类信息的豁免，目的是为了鼓励参与人员在行政机关作出最后决定前能减少顾虑，畅所欲言，充分交流意见；同时也能避免过早公开讨论中的未成最后定论的观点而对公众造成误解以及对程序可能产生的妨碍。信息自由法规定的行政机关之间或行政机关内部的备忘录或信件公开豁免的权利实际上是由诉讼法赋予的。诉讼法上规定的私人在与行政机关进行诉讼时不得利用的上述文件

---

① See Jerry Cohen, Esq. Federal Issues in Trade Secret Law [J]. High Tech., 2003 (1).

② 参见周汉华. 外国政府信息公开制度比较 [M]. 北京：中国法制出版社，2003：61-62.

③ 参见 [美] 威廉·F·芬克，理查德·H·西蒙. 行政法案例与解析：影印系列 [M]. 北京：中信出版社，2003：348.

④ 美国《信息自由法》第1条第5款，5 U.S.C. § 552 (a) (5)。

⑤ 参见 [美] 威廉·F·芬克，[美] 理查德·H·西蒙. 行政法案例与解析：影印系列 [M]. 北京：中信出版社，2003：355.

⑥ 参见王名扬. 美国行政法 [M]. 北京：中国法制出版社，1995：988-990.

（包括律师提供给行政机关的工作文件），《信息自由法》才能免除政府的公开义务。①

（6）人事和医疗资料以及类似的资料

人事资料是关于人的身份、人格、能力、事业等的简要记录。医疗档案是指一个人的健康历史，包括现在的健康状况、医疗记录、生理心理状况等事项的记载。类似资料指能够辨别具体某一个人的关于个人情况的记录。对该类信息的保护主要是基于对隐私权的保护，所以不是所有上述信息行政机关都能拒绝公开，只有"披露会造成对个人隐私的明显的不法侵害的"上述信息，行政机关才可以拒绝公开。这意味着本人可以申请行政机关提供上述信息，同时行政机关基于对公共利益的考虑也可以行使自由裁量权决定公开上述信息。《信息自由法》对个人隐私进行了双重保护，其规定的例外信息除本条外，对执法过程中收集到的隐私信息也予以了保护。②

另外，对个人隐私的保护，除《信息自由法》外，隐私权法也予以了规定。《信息自由法》和《隐私权法》两部法律地位平等、独立适用、互不干涉，③ 而两者对个人信息保密的具体规定并不一致，因此，根据《信息自由法》不能得到的个人信息可能可以根据《隐私权法》获取，根据《隐私权法》不能获得的个人信息可能可以根据《信息自由法》获取，因此只有两者都予以保密的信息才能真正起到保密的作用。④《隐私权法》规定了个人信息除本人书面同意外一般不向本人之外公开的原则，但以下情况的公开不需征得本人的同意：⑤ ①向记录保持机关的内部官员的公开。内部官员在职务需求的范围内可以查阅机关保存的个人记录。②依据情报自由法的公开。但隐私权法不予公开时，不能行使情报自由法的自由裁量权予以公开。③记录的常规使用造成的不可避免的公开。④向人口普查局的公开，人口普查外的目的不予公开。⑤向统计研究机关的公开，统计研究外的目的不予公开，同时，提供记录的机关可以删除一切可以识别个人的标志。⑥向国家档案局的公开。具有历史价值或其他特别意义值得长期保存的个人记录可以向国家档案局提供。⑦向执法机关公开。美国境内或受美国控制的行政机关依法执行法律时，可向其公开相关记

---

① 参见周汉华. 外国政府信息公开制定比较 [M]. 北京：中国法制出版社，2003：62.

② 美国《信息自由法》第2条第7款第3项，5 U.S.C. § 552（b）（7）（C）。

③ 美国《信息自由法》第2条第3款规定的"其他法律"不包括《隐私权法》，参见王名扬. 美国行政法 [M]. 北京：中国法制出版社，1995：1095.

④ 参见王名扬. 美国行政法 [M]. 北京：中国法制出版社，1995：1093-1096.

⑤ 《隐私权法》第2条，5 U.S.C. § 552a（b）。

录。⑧紧急情况下的公开。为了挽救某人的健康或安全的紧急情况下，可以对申请的机关或个人提供记录。⑨向国会及其委员会公开。在国会及其委员会管辖范围内的事项可向其公开。⑩向主计长及其授权的代表公开。主计长是总审计署的长官，总审计署是国会的调查和审计机关。执行职务外的目的不予公开。⑪根据法院的命令提供个人记录。⑫向消费者资信能力报道机构公开。行政机关可以向消费者报道机构提供个人的记录，以供其他行政机关收取债务的参考。此外，隐私法还规定了免除适用隐私权法特定条款的事项，① 这些事项的公开不受隐私权法的限制。

（7）为执法的目的而收集的记录或信息

为执法的目的而收集的记录或信息，指各行政机关对其主管事项范围内的违法行为的调查、追诉和裁决所形成的记录和信息。"为执法目的而收集"采广义解释，既包括直接为执法目的收集编辑的信息，也包括之前已经收集编辑好了，后来用于执法目的的信息。② 上述信息满足以下条件之一的，行政机关可以不予公开：③ ①可以合理预见到会干扰执法程序；②会剥夺个人得到公平审判或者公正判决的权利；③可以合理预见到对个人隐私形成不法侵害；④可以合理预见到会暴露秘密信息来源，包括在秘密基础上提供信息的国家、地方或外国机构或当局或私人机构以及在刑事侦查过程中由刑法执行机构收集的记录或信息，或者在由行政机构进行合法的国家安全情报调查所收集的记录或信息的情况下，由秘密来源提供的信息；⑤会泄露执法调查或起诉的技巧和程序，或者会泄露执法调查或起诉的行动方针，而这种泄露能够被合理预见到有规避法律的危险；⑥能够被合理预见到会危及个人的生命或人身安全。

（8）金融信息

金融监管机关在行使其监管职能时，会制作或收到大量的金融信息，如检查、运行或者条件报告，其公开可能会影响金融机构的业务和安全，为保护金融机构的利益，该类信息可以免予公开。有观点认为，当检查报告是关于下列事项的信息时应排除在本条之外：① 已倒闭的银行，或从联邦存款保险公司或联邦储蓄与贷款保险公司获得经济帮助的银行。②旨在禁止贷款歧视或提高

---

① 参见《隐私权法》第 10 条和第 11 条，5 U.S.C. § 552a（j），5 U.S.C. § 552a（k）。

② 参见［美］威廉·F·芬克，［美］理查德·H·西蒙. 行政法案例与解析：影印系列［M］. 北京：中信出版社，2003：361-362.

③ 美国《信息自由法》第 2 条第 7 款，5 U.S.C. § 552（b）（7）。

贷款真实性的法律的执行信息。③ 第四项免除条款外的信息。①

（9）有关油井的地质和地球物理信息和数据

石油和瓦斯等自然资源开采者为获得开采许可需要向行政机关提供上述信息以供审查，本项规定的目的在于保护开采者为获取上述信息付出的巨额资金和劳动，防止投机取巧者利用其他公司的探测成果。

4. 信息公开的方式（一）——信息公开的两种模式和三种方式

美国的信息公开方式主要有两种模式：主动公开模式与依申请公开模式。主动公开是指行政机关主动向不特定的第三人公布信息，使公众可以查阅、复制。依申请公开是指行政机关依申请人的申请，将记录的复制提供给申请人。信息的公开分为三种方式：在联邦登记上公布、在联邦登记之外以其他方式公布和记录的提供。前两种方式属于主动公开模式，后一种方式属于依申请公开模式。信息公开的三种方式相互配合与协作构成获取政府信息的较为完善的体系：信息公布的内容由法律明确规定，当事人可方便地自行获取，而信息公布不能获得的其他大量的信息除例外信息外，当事人均可由记录提供制度获取；属于行政机关应主动公布的范围的信息未被公布时，当事人也可由记录提供制度获取；当事人已经申请获得的全部记录以及依据行政机关的判断已经成为或可能成为将来申请对象的特定主题的记录，应当在联邦记录上予以公布，并编制公开的索引。

（1）联邦登记的公布

信息自由法要求各行政机构在联邦登记上说明和公布行政机构的基本信息，以便公众对行政机关的职责和工作程序及基本法律政策有个基本了解，明确如何向行政机关提出请求。具体而言，各行政机关应当在联邦登记上分别说明并及时公布如下事项：② ①各行政机构的中心机构、系统组织以及公众可以获得信息、提出要求或申请，或者得知决定的指定地点、雇员（在统一服务时，则是成员）及其采用的方式的详细情况；②引进和终止其职能的一般过程和方式的说明，包括可采用的所有正式的和非正式的程序的性质和要求；③程序规则，可采用的表格和获得表格的地点的详细情况以及关于所有文件、报告和检查的范围和内容的说明；④行政机构经法律授权而通过的普遍适用的实体法性质的规则和对由行政机构制定和通过的普遍适用的基本政策或解释的说

---

① Roy A. Schotland: Re-Examining the Freedom of Information Act's Exemption 8: Does It Give an Unduly "Full Service" Exemption for Bank Examination Reports And Related Material?, 9 Admin. L. J. Am. U. 43.

② 美国《信息自由法》第 1 条第 1 款，5 U.S.C. § 552（a）（1）。

明；⑤前述事项的每次修正、修订或撤销。

在联邦登记上登记的信息一经公开具有一定的公信效力：除了个人已经实际上被及时地告知有关条款外，不应当以任何方式要求个人利用按规定应在联邦登记上公布但未予公布的事项，或者不应以任何方式使个人受到这些事项的不利影响。为达到本段之目的，经联邦登记的主管批准，当那些个人因此而受到影响的事项作为参考资料已经被编入联邦登记时，该事项应当在联邦登记上予以公布。

（2）联邦登记之外的公布

联邦登记之外需要公布的事项不如联邦登记上公布的事项重要，它们或由具体案件产生，或者数量太大不宜载于联邦登记上，但这些事项也以先例或规范的形式确定了行政机关的行为规范，同时也应当接受公众的审查，应予以公布。具体而言，信息自由法要求行政机关应当使公众可以获得和复制如下事项：① ①在案件裁决中作出的最终意见，包括同意意见、反对意见和命令；②那些由行政机构通过的且未在联邦登记上公布的政策和解释的说明；③行政工作人员手册和对工作人员作出的影响公众的指示；④依据当事人申请已经提供给个人的所有记录的复印件，不论其形式或格式；因为记录的主题性质，行政机构确定已经成为或者可能成为以后所提出的要求提供实质上相同的记录的申请的对象的所有记录的复印件，不论其形式或格式；⑤上述第④点所指记录的总索引。

此类公布的法律效果在于：只要行政机构最终命令、意见、政策的说明、解释或者工作人员手册或影响公众成员的指令已经被编入索引，并且依本段之规定可被获得或者公布；或该当事人实际上已经及时获知其中的条款，行政机构可以引用上述信息作为依据，以对抗非机构的一方当事人。②

（3）记录的提供

在行政机关主动公布的信息外还有大量的信息记录行政机关不主动公布，而需当事人的申请。《信息自由法》没有限制这类信息的种类，它包括公布信息外的其他未免除公开的全部信息，范围非常广泛，这类信息的公开制度是美国整个信息公开制度的重头戏和核心。《信息自由法》也用了差不多1/2的篇幅专门对记录提供的有关制度进行了规定，如申请人申请记录的条件、记录提供制度适用的程序、对申请的收费与减免、对申请人的救济制度等。下面对记录提供制度进行专门论述。

---

①　美国《信息自由法》第1条第2款，5 U.S.C. §552（a）（2）。

②　美国《信息自由法》第1条第2款，5 U.S.C. §552（a）（2）。

5. 信息公开的方式（二）——记录提供制度

（1）记录提供制度的适用范围

所谓记录是指一切记载信息的物体，包括书籍、公文、地图、照片、录音带、磁盘、光盘和其他承载信息的资料，载体可以是任何种类的物质形状。记录的方法可以是文字、声音、图像、符号等。记录提供制度适用于以下范围内记录的提供：①仅适用于行政机关的记录。行政机关的记录指行政机关在进行行政活动过程所有、产生的或他人为行政机关提供的或在行政机关控制下的记录。②仅适用于现有的记录。行政机关现有的记录指申请为行政机关处理之时行政机关已经存在的记录。行政机关没有为申请人的申请主动制作记录的义务。

（2）申请人资格及申请条件

《信息自由法》对申请人资格没有限制，任何不特定的第三人都有权请求获得政府信息，而不论其国籍、民族、种族、性别、年龄、职业。也不要求申请人和文件有直接的利害关系，申请人进行申请时可以不提供任何理由。

满足以下条件的行政机构应当迅速向个人提供该信息：①　①申请人对上述行政机关主动公布的两种信息之外的记录提出申请。②该申请对被申请的记录进行了适当的说明，也即要求每一个申请必须足够具体地指向某些材料，以使政府机关熟悉业务的专业人员能在合理的时间里找到材料。③遵照了行政机构已公开的申请时间、地点、费用、程序的要求。

（3）行政机构处理申请的程序

①普通处理程序

《信息自由法》规定普通处理程序的处理时限是 20 天，即行政机关在收到申请后 20 天内（星期六、星期日和法定的公共假日除外）作出是否同意申请的决定。被拒绝的申请人申请复议的，复议机关也应当在收到复议申请后 20 天内作出复议决定。

《信息自由法》规定在以下特殊情况下，上述期限可以延长至多 10 天：②A 需要从远离本机关的地方设施或其他的组织中寻找或收集所申请的信息；B 一个申请中包含了大量分散的不同记录需要检索和鉴别；C 需要有利害关系的两个以上行政机关或行政部门间进行协商的；D 依据行政机关制定的规则，需要将同类申请合并处理的。

在上述规定的处理期限及其延迟期限届满后，申请人仍未得到结果的，便

---

① 美国《信息自由法》第 1 条第 3 款，5 U.S.C. §552（a）（3）。

② 美国《信息自由法》第 1 条第 6 款第 2 项，5 U.S.C. §552（a）（6）（B）。

可向法院提起诉讼。但在例外情况下，且行政机关对申请的答复做了应有的努力的，法院可以保留司法管辖权，给予行政机关额外的时间来完成对记录的审查。例外情况指行政机关给予了申请人机会限定其申请的范围以便行政机关能及时处理，或与行政机关重新商定一个处理期限，但申请人拒绝的情况。

②加快处理程序

《信息自由法》规定行政机关可以制定加快处理某些申请的规则，以保证特定信息的及时获取。适用加快处理程序的事由有：① A. 证明申请人有充分的需要。充分需要的两种情况：一是有充分理由认为，不加快会对个人的生命或者人身安全构成迫在眉睫的威胁，如医院要求获得特定人的医疗记录；二是需要紧急通知公众关于联邦政府的实际的或声称的行动的信息传播人员对上述事项的申请。B. 其他由行政机关决定的情况。

③多轨处理制度

《信息自由法》授权行政机关可以根据不同申请的处理所需花费的工作量和时间量的不同建立多轨处理制度。多轨处理制度的目的是避免一些简单的申请被排在前面的复杂费时的大件申请延误处理时间。同时，应当给予申请人机会修改其申请以将申请转入较快的处理轨道。

（4）申请费用及其减免

由于行政信息属于公有领域的信息，行政机关对其不享有版权，因此行政机关不能把政府信息作为其牟取利益的手段。但为了节约财政支出，《信息自由法》规定行政机关可以制定收费标准向申请人收取提供记录的成本花费，包括检索费、复制费和审查费。审查费是指审查文件是否可以公开、是否包括应当删除的部分，并删除保密部分所花费的劳动费用。

行政机关根据申请人目的的不同，可以决定对其适用不同的收费标准，以收取上述三种费用的部分或全部。《信息自由法》规定了三种收费标准：② ①为商业使用目的进行的申请，收取检索费、复制费、审查费；②为科研目的进行的申请或新闻记者提出的申请，收取复制费；③为其他目的进行的申请，收取检索费和复制费。

如果申请的目的是为了公共利益而不主要是申请者的商业利益，且申请可以大大促进公众对政府的理解的，行政机关应当对其费用进行减免。另外，如果为收取费用而支付的费用大于或等于被收取的费用的数额的，行政机关不应当收费。非为商业目的进行的小规模申请也不应当收取费用。小额申请，指最

---

① 美国《信息自由法》第1条第6款第5项，5 U.S.C. § 552（a）（6）（E）。

② 美国《信息自由法》第1条第4款，5 U.S.C. § 552（a）（4）。

初检索的两小时和最初复制的 100 页。

（5）救济：行政复议与司法审查

申请人在其申请被拒绝或超时未被答复时，可以提起行政复议或行政诉讼。复议后维持或部分维持决定的，或复议申请超时未被答复的，申请人可以提起行政诉讼。

政府信息公开领域的诉讼主要有两种：申请人请求法院判决行政机关提供记录的诉讼和利害关系人请求法院阻止行政机关公开记录的诉讼。前者是要求公开的诉讼，后者是反公开的诉讼。① 由于行政机关对例外信息是否公开有自由裁量权，反公开诉讼的原告，不能以《信息自由法》作为其诉讼的依据，而只能依据行政程序法提起诉讼，证明政府公开信息的"行政行为"违反其他法律，或虽然没有违反其他法律，但是武断和反复无常（arbitrary and capricious）。②

无论是请求公开的诉讼还是反公开的诉讼，当事人依据《信息自由法》获得的救济只限于让政府承担采取行动公开或不公开信息、负担原告律师和诉讼费用的责任，而不能要求政府承担其他的损害赔偿责任，如因为迟延公开给申请人带来的损失，不当公开给利害关系人带来的损失。但是如果上述损失确实存在，且原告能找到其他法律依据来请求政府赔偿时，可以依据该其他法律来保护原告的利益，③ 如反公开诉讼中，原告依据侵权法、商业秘密法，请求政府承担因不当公开隐私而形成的侵权损害赔偿责任。但在请求公开的诉讼中，原告往往很难找到其他的法律依据。为了保证行政机关执行法院的判决，法院可以对不及时执行判决的行政机关的负责人判处藐视法庭罪，或者作出一个裁决，通过功绩制保护委员会的特别律师提起对相关行政机关工作人员的纪律审查程序。

（二）美国政府的信息公开制度之二——会议公开

《阳光下的政府法》及其修正案④是对合议制行政机关的会议的召开及其相关程序进行规定的法律，其立法目的是保障公众充分了解联邦政府作出决定的过程，同时平衡个人的权利与政府执行职务的能力。《阳光下的政府法》和《信息自由法》一脉相承，相当一部分内容援引了《信息自由法》的规定。

---

① 参见王名扬. 美国行政法 [M]. 北京：中国法制出版社，1995：1006-1021.

② 参见 [美] 威廉·F·芬克，[美] 理查德·H·西蒙. 行政法案例与解析：影印系列 [M]. 北京：中信出版社，2003：341.

③ 参见王名扬. 美国行政法 [M]. 北京：中国法制出版社，1995：1006-1021.

④ 国会于 1976 年制定，1995 年进行了修订，现收于 5 U. S. C. § 552b。

1. 《阳光下的政府法》（以下简称阳光法）的适用范围

（1）适用于合议制行政机关

合议制的行政机关，指由两个或两个以上的成员组成最高领导机构的行政机关。与之相对的是独任制的行政机关，指由一人构成最高领导机构的行政机关。合议制的行政机关不同于独任制行政机关的特点在于，其最后决策由组成领导机构的复数成员共同商讨决定，而不是由长官一人决定，因此合议制的行政机关在决策时往往要采取会议的形式，各个领导成员都发表自己的看法，相互妥协和让步，最后根据多数人的意见决定，这样有利于决策能集思广益，避免一个人观点的偏颇和狭隘。美国的合议制行政机关有通信委员会、证券交易委员会、核管理委员会、联邦贸易委员会等。① 另外，阳光法还要求合议制行政机关的领导集团的成员多数由总统经参议院的提名或同意而任命，否则不受本法的调整。据此，阳光法调整的行政机关主要是独立的控制委员会。被领导机构授权的领导机构的分支机构的会议也适用阳光法的调整，该分支机构需要满足两个要件：一是领导机构的分支机构，即其成员主要是领导集团的成员，而非一般职员；二是领导机构授权处理机构事务。

（2）适用于领导机构采用会议的形式的决策性活动

并不是合议制行政机关的所有的会议活动都受阳光法的调整，阳光法调整的会议一般要具备三个要件：② ①具备法定人数。即要具备足够通过表决的法定人数。②有进行商讨的必需。如果委员会成员只是进行生日聚会，不讨论公事或只讨论"后勤"性工作如"下次会议啥时召开"，则不适用阳光法。③商讨产生一定影响。阳光法要求会议产生联合行动或机关公务处理决定的结果。这一点具有一定争议。最高法院认为，只有讨论让参与者个人合理地产生了对待决事项的坚定的态度，该商讨就产生了必要的影响，而应适用阳光法。只是澄清讨论主体和各家不同观点的单纯的背景式讨论则不包括在内。阳光法对商讨的方式不做要求，现场会议、电话会议、网络会议等都可以。

根据阳光法第4条和第5条的规定，合议制行政机关对于会议和会议的某些部分是否公开的投票决议以及对会议通告事项的变更的投票决议，不需遵守阳光法关于会议是否公开及其应当遵循的程序的规定。

2. 合议制行政机关会议的召开方式——公开或不公开

---

① 参见 [美] 威廉·F·芬克，[美] 理查德·H·西蒙. 行政法案例与解析：影印系列 [M]. 北京：中信出版社，2003：365.

② 参见 [美] 威廉·F·芬克，[美] 理查德·H·西蒙. 行政法案例与解析：影印系列 [M]. 北京：中信出版社，2003：365-366.

阳光法规定的合议制行政机关的会议除了 10 种例外情况①外，都应当公开举行；可以不予公开的会议，行政机关认为公开更符合公众利益时，也可决定公开举行。所谓公开举行，指允许公众出席、旁听和观看，是否允许摄影和录像由行政机关自行决定。公开并不包括允许公众参加会议的发言。

满足阳光法规定的不予公开的 10 种情况之一时，行政机关可以决定不公开举行会议，该 10 种情况有 7 种和《信息自由法》规定的免除公开的事由相同，在此不赘述，只有 3 条《信息自由法》没有规定，这 3 条分别是：①讨论控诉一个人的刑事犯罪，或者正式控诉某人的会议。由于会议讨论的最后结果不一定是对该人提出控诉，会议的不当暴露会给当事人造成不可弥补的伤害。②讨论行政机关参加诉讼、仲裁、进行正式裁决等事项的会议。该项规定的目的在于保护行政机关在诉讼、仲裁等中的战略不被对方不当利用。③会议讨论事项过早的公开会引起经济上的投机、危害金融机构的安全或严重妨碍行政机关执行预定的计划。但如果行政机关事先已经透露了预定行动的内容或性质，则举行秘密会议没有必要了。另外，行政机关有事先公开义务的，如讨论法规制定的会议，需要事先征得公众的意见，也不能举行不公开的会议。

另《信息自由法》中有两项规定未被阳光法采用。这两项规定是：①关于油井地质的、地球物理的资料。对此，阳光法可将其作为贸易秘密和商业信息援引，免除会议的公开。②机关内部和机关之间的备忘录。这是《信息自由法》和阳光法最重要的区别。阳光法的目的就是让公众了解行政机关的内部讨论过程，而《信息自由法》恰恰要保护内部讨论文件以充分保障言论自由。正因如此，阳光法的价值存在争议。批评者认为，会议公开损害了决策质量，因为在不公开的情况下，与会者更有可能提出探讨性意见，寻求一定妥协，进行真正的平等交流。② 实践中合议制行政机关的确有想办法规避阳光法的倾向。

由于会议和文件不是完全可以分开的，阳光法和《信息自由法》规定不一致的免除条件，会带来一定冲突，如将公开讨论的内部备忘录，行政机关能否依据《信息自由法》拒绝提供？对于这个问题曾有过案例，但由于当事人和解，法院没有作出判决，③ 因此如何处理还不明确，从阳光法适用的范围较《信息自由法》更特殊的角度来看，应当适用阳光法的规定。

---

① 参见《阳光下的政府法》第 3 条，5 U.S.C. § 552b (c)。

② 参见 [美] 恩斯特·盖尔霍恩，[美] 罗纳德·M·莱文. 行政法：美国法精要·影印本 [M]. 北京：法律出版社，2001：153.

③ 参见王名扬. 美国行政法 [M]. 北京：中国法制出版社，1995：1049.

3. 合议制行政机关的会议程序

阳光法规定了合议制行政机关举行会议的两方面的程序：（1）（公开或不公开）会议即将举行的通告程序；（2）举行不公开会议的程序。

（1）会议举行的通告程序

举行会议的通告程序有以下三个要点：①　①行政机关在召开会议的7天以前必须通告会议的举行情况，包括会议的时间、地点、讨论的事项、会议的方式（公开或不公开）、机关指定的回答公众关于会议信息讯问的职员的姓名和电话。②特殊情况下必须紧急召开会议，来不及在7天前通告的，经多数领导机构成员决定投票，可以缩短通告期，但必须尽早通告上述事项，并保留投票记录。③行政机关发出会议通告后，需要变更通告内容的，依据变更的内容的不同分别处理：需要变更会议时间、地点的，行政机关应在尽早的时间内通告上述变更即可；需要变更讨论的事项和会议方式的，需经领导机构全体职员投票决定予以变更，并尽早通告变更事项并保留投票记录。

（2）举行不公开会议的程序

举行不公开会议除必须满足上述10个免除公开的例外条件外，还需遵循如下程序上的要求：②

①不公开会议的决定

不公开会议的决定程序有两种：普通程序和简易程序。后者要求的程序比较简单，但只适用于特定范围。

A. 普通程序。a. 领导机构对会议是否公开进行投票表决。行政机关可以主动对会议是否公开进行投票表决，投票表决前，领导机关往往会征求法律事务主任的意见；也可以经与会议公开有利害关系的私人请求，由行政机关一个领导成员的提议而对是否公开进行投票表决。一般来说一次会议是否公开进行一次独立的表决，公开的会议的某些部分是否保密也分别进行表决，但如果连续几次会议涉及同一影响公开的事项，且这些会议能在30天内召开完毕的，可以对多个会议的同一事项进行一次表决。b. 公布不公开举行的会议的相关事项。行政机关投票结果是不公开举行会议的，应当在投票后的一天内公布机关的不公开决定、每位领导机构成员的投票记录、不公开举行会议的理由的详细说明、预期参加会议的人员及其隶属关系。

B. 简易程序。a. 简易程序的内容。决定不公开会议的简易程序只要求行政机关在每次会议开始的时候投票决定举行不公开会议，并尽快公布投票记

---

① 《阳光下的政府法》第5条，5 U.S.C. § 552b (e)。

② 《阳光下的政府法》第6条，5 U.S.C. § 552b (f)。

录、会议的时间、地点、讨论的事项即可。简易程序不仅不要求公布普通程序中要求公布的不公开理由的详细说明、预期参加会议的人员及其隶属关系，也不要求适用上述的举行会议的通告程序，大大简化了行政机关的程序。b. 简易程序的适用范围。简易程序适用于大部分会议涉及如下公开豁免事项的行政机关：商业秘密、金融信息、提前披露导致经济投机的信息、诉讼和仲裁事项。这些机关可以制定法规规定适用简易程序的事项。

②不公开会议的记录

每一场不公开的会议都要求行政机关的法律事务主任提供一份公开证明，提供不公开的相关的法律依据。该证明以及会议主持人关于会议时间、地点、与会人员的声明，行政机关应当保存。不公开举行的会议应该制作会议情况的完整的手抄或电子记录，特定会议还可以选择制作满足一定要求的摘要，并予以保存。上述记录和摘要在删除保密事项后应当迅速向公众公布，并应申请人的申请，向其提供上述记录和摘要的复制件，可以收取必要的复制费。

4. 违反阳光法的诉讼

违反阳光法的诉讼种类很广泛，既可针对行政机关的抽象行政行为，又可针对行政机关的具体行政行为。

针对行政机关的抽象行政行为的诉讼指针对行政机关依据阳光法制定行政法规的行为违反阳光法的诉讼。阳光法要求行政机关在其生效后 180 天内制定法规具体落实其规定，行政机关未能如期制定法规的，任何人可以起诉要求法院判决行政机关制定法规。行政机关制定的法规违反阳光法的规定的，任何人也可以起诉要求法院判决行政机关修改其规定。

针对行政机关的具体行政行为的诉讼指针对行政机关举行会议违反阳光法的诉讼。该类诉讼包括两种情况：依据阳光法独立提起诉讼；依据其他法律提起诉讼要求撤销行政机关的决定时，附带提起违反阳光法的诉讼。① 依据阳光法独立提起的诉讼，法院提供给当事人的救济限于保障阳光法的执行的救济，救济形式依会议是否已经结束而有所不同，② 如会前可判决行政机关公开举行会议或不公开举行会议、允许原告旁听公开举行的会议；会后可判决行政机关向原告提供会议记录。附带提起的阳光法的诉讼，除依据其他法律提供救济手段外，如撤销行政机关的决定，也可依据阳光法提供上述救济手段。在特殊情况下，附带的违反阳光法的行为也可以成为撤销行政机关决定的理由，这些特

---

① 参见王名扬. 美国行政法 [M]. 北京：中国法制出版社，1995：1044-1046.

② 参见 [美] 威廉·F·芬克，[美] 理查德·H·西蒙. 行政法案例与解析：影印系列 [M]. 北京：中信出版社，2003：367.

殊情况包括①：（1）行政机关故意地违反阳光法；（2）行政机关多次违反阳光法；（3）违反阳光法侵犯了当事人的权利；（4）撤销行政机关的行为明显地符合公共利益。

二、瑞典政府信息公开法律制度

瑞典是世界上第一个建立信息公开法律制度的国家，其信息公开法律制度的建立是瑞典历史上王权与国会相互斗争和妥协的产物。② 在瑞典近代民族国家形成初期，王权与国会的政治斗争非常激烈。1718 年瑞典国会乘国王卡尔十二世去世没有法定继承人之际，与国王的妹妹互相妥协和利用，从而扩大了国会的权力，也开始瑞典历史上著名的"自由时代"（Freedom Period）。"自由时代"的思想观念导致了 1766 年《出版自由法》的产生。该法是世界上第一部从宪法层面确认公民出版自由和政府信息公开（公民信息自由）的法律。后经多次反复修改，瑞典国会于 1949 年通过了现行的《出版自由法》。③ 该法与《表达自由法》、《政府宪章》及《保密法》共同构成了瑞典信息公开制度的完整体系。

《政府宪章》对瑞典政府信息公开作了原则性的规定。《出版自由法》共14 章，122 条，该法不仅对瑞典公民以及在瑞典定居的外国人享有的广泛的出版自由作了详尽的规定，而且也对政府信息公开的方式、程序等作了具体的规定。1991 年通过的《表达自由法》是对《出版自由法》的补充，对《出版自由法》的未竟事项如广播、电视、录音录像、计算机互联网络等新兴媒体的表达自由作了补充规定。由于信息自由在瑞典被视为属于宪法保护的可限制的

---

① 参见王名扬. 美国行政法 [M]. 北京：中国法制出版社，1995：1047.

② 事实上，世界上很多具有开创性意义的制度（比如美国的违宪审查制度）的建立并不是正当理性的逻辑展开，而是"历史的偶然"，"是党派间的争权夺利"，"是追求各自利益的副产品"。从这里我们大概也能够理解了弗格森、休谟、门格尔和哈耶克等都曾指出的，制度是人类行动的结果，是演化的产物，而非人类设计的产物。参见 [英] 哈耶克. 自由主义和经济秩序 [M]. 北京：北京经济学院出版社，1991：7；更细致的"知识考古学"研究，参见苏力. 制度是如何形成的：关于马歇尔诉麦迪逊案的故事之阅读秩序[M]. 山东：山东教育出版社，1999：34-48. 指出这一点，是为了提醒我们在制度建设的过程中要考虑"时间维度"，不可急于求成，认为"一移就灵"。

③ 关于瑞典信息公开制度形成的详细过程，参见周汉华. 外国政府信息公开制度比较研究 [M]. 北京：中国法制出版社，2003：17-19.

基本自由,① 瑞典又于 1980 年通过了《保密法》,对公民信息自由的限制作了具体、明确的规定。

（一）信息自由的含义

根据瑞典《政府宪章》第 1 条第 1 款第 2 项的定义,信息自由是指国民和组织"获取或接受信息或者以其他方式了解他人观点的自由"。事实上,瑞典关于信息自由的制度是包含在公民出版自由和表达自由制度中的,这从其法律关于出版自由和表达自由的定义中也可以看出来。根据瑞典《出版自由法》第一章第 1～3 条的规定,出版自由的完整含义包括"……为行使上述权利,②人人都有收集关于任何问题的知识和信息的权利"。《政府宪章》则把表达自由广义地界定为以口头、书面、图片或者其他任何形式,传播信息,表达思想、观点和情感的自由。瑞典是一个非常重视出版自由、言论自由和信息自由的国家,其对信息自由的保障不仅体现在明确规定了信息自由的含义和实现方式,还对信息公开的例外用《保密法》作了详细的列举。

（二）官方文件的含义

根据瑞典《出版自由法》第二章第 3 条的规定,"官方文件"是指公共机关所持有的由公共机关所制定或由其从别处收到的文件。发给公共机关官员个人的信函,如果信函中涉及该公共机关职能范围的事项,则该信函也属于官方文件。所谓"公共机关"包括国家行政机关、国会、地方议会、瑞典国教议事大会等具有决策权的机关。所谓"公共机关制定"是指文件已经制作完成且已经发出。属于下列事项之一者,即使文件尚未发出,也视为"已经制定":（1）已经做好,准备登记在日记簿、账簿、注册簿、表册等上面的文件;（2）根据有关规定,必须宣布和发出的司法裁决或其他决定以及在司法裁决或其他决定已经宣布或发出后,与该裁决或决定相关的记录或其他文件;（3）公共机关保管的已经最后审定和批准或以其他方式最后确定的记录以及类似的备忘录。所谓"公共机关从别处收到"是指文件已经送达至公共机关或已为主管的官员所收到。

下列文件则不被视为官方文件:（1）尚未登记归档的公共机关的决定或

----

① 瑞典宪法规定的自由和权利分为两类:一类是绝对的、不可限制的自由,如宗教信仰自由、禁止死刑和肉刑、禁止强迫他人表明其参加政治、宗教、文化或类似问题上的观点和立场等;一类是相对的、可限制的自由如言论自由、表达自由和信息自由、集会结社游行示威自由等。参见冯军. 瑞典新闻出版自由和信息公开制度［J］. 环球法律评论,2003（冬季号）:494.

② 指涉及出版自由的各项权利。

官方通信的提纲和草稿；（2）纯粹为转交信函而起草的信件、电报或类似文件；（3）图书馆所保持的印刷品、音像资料或其他文件以及私人为安全报告、研究或学习的目的而存放在公共档案室中的印刷品、音像资料或其他文件；（4）公共机关所保持的有关非官方文件内容的记录。

（三）官方文件的公开

瑞典《出版自由法》第二章第1条规定："为了鼓励思想的自由交流和对公众的启蒙，每个国民都享有查阅官方文件的自由。"

《出版自由法》对国民享有信息自由的程序、范围等作了详细的规定。依据该法的规定，任何依法应当公开的官方文件都应该在文件的保存地尽快、免费地向有意查阅文件的人开放。任何人经申请都有权获得依法应当公开的官方文件且包括那些与本人无关的文件。国民查阅文件应向文件的保管机关提出申请，由该机关予以审查和批准。公共机关在审查和批准查阅官方文件的申请时不得对申请人的身份以及申请的动机进行调查，除非这种调查对公共机关查明是否存在阻止文件公开的障碍必不可少。查阅人可以采取阅读、收听以及其他能够了解文件内容的方式，也可以复制、抄写文件或将文件的内容转换为录音形式。如果文件中含有部分需要保密的内容，提供原件将导致泄密，则公共机关应将文件非涉密的部分制成抄本或复制件提供给申请人。任何人有权获得官方文件的副本或复制件，对要求取得官方文件的副本或复制件的申请，公共机关必须予以办理。

（四）信息自由的限制

根据瑞典《出版自由法》第二章第2条的规定，信息自由不是绝对的，可以基于以下需要和理由予以限制：（1）国家安全及其与外国或国际组织的关系；（2）中央政府的财政、金融和外汇政策；（3）公共机关检查、监控或者其他监督行为；（4）预防或起诉犯罪行为的利益；（5）公共经济利益；（6）对工人人格以及经济环境的保护；（7）动植物物种的保护。

瑞典《保密法》在上述理由的基础上列举了下列不予公开的秘密：（1）涉及国家安全和外交关系的秘密；（2）关于中央财政、金融和货币政策的秘密；（3）涉及政府机关检举、控制或其他监督活动的秘密；（4）涉及防止和监控犯罪方面利益的秘密以及其他司法秘密；（5）关于公共经济利益的秘密；（6）涉及保护个人人身环境方面的秘密；（7）涉及保护私人主体经济条件方面的秘密；（8）涉及保护私人主体人身以及经济条件方面的秘密；（9）涉及保护动植物物种方面的秘密；（10）关于政府、国会、国会督察专员公署、总检察长办公室的内部秘密；（11）法院内部秘密。

通过宪法性法律对信息公开的详细规定及《保密法》对保密事项的规定，

瑞典形成了比较完善的信息公开法律制度。通观瑞典信息公开法律制度，主要有以下特点：首先，历史悠久、制度完备且法律层次较高。瑞典是世界上最早确立政府信息公开制度的国家，其制度的建立至今已有近240年。在这近240年的历史中，虽然在早期几经反复，但信息公开作为一个传统被很好地坚持下来。现在，瑞典已经建立了完备的政府信息公开制度，且法律的层次较高。在瑞典仅有的四个宪法性法律文件中，有三个（《政府宪章》、《出版自由法》和《表达自由法》）都是瑞典信息公开法律制度的重要渊源。① 瑞典是一个高度重视言论、出版和信息自由的国家，在世界上独一无二地把规范和保障出版自由、言论自由和信息自由的整套制度都纳入宪法。② 其次，政府信息公开的"上下游"制度协调一致，信息公开有深厚的制度基础和文化基础。在瑞典，不仅信息公开（信息自由），而且与信息公开相关的言论自由、出版自由等保障信息来源畅通性的法律制度也相当完备。瑞典政府信息公开是建立在深厚的、通过广泛的言论自由和出版自由保障的民间信息自由的基础上的，而言论自由、出版自由和信息自由又由于有着悠久的历史已经"化为"其文化背景，有着深厚的文化基础。最后，体现"法不禁止即自由"的理念，从保障国民的权利和自由出发，通过正反两方面的规定确定信息公开的范围和界限。瑞典不仅从正面确认和保障其国民的信息自由，而且也对信息自由的限制作了详尽的规定。如前所述，瑞典不仅正面规定了政府信息公开的范围、程序等，还通过《保密法》详尽地列举了不予公开的范围。应当注意的是瑞典并没有采用列举的方式列举其国民的信息自由的范围，而只是列举了信息不予公开的范围。也就是说，在瑞典，"法不禁止即自由"，《出版自由法》与《保密法》没有列举的事项，都属于政府信息公开的内容。这也表明，瑞典对国民信息自由的限制是以保障其信息自由为出发点的。

三、英国信息公开法

经过近30年的努力，英国的信息公开法终于于2000年11月30日被英国议会通过，这标志着这个被称之为"议会之母"又有着保密文化传统的国家终于有了自己的政府信息公开立法。英国信息公开法的形成过程，实际上是改

---

① 另一个宪法性法律是《王位继承法》。

② 参见周汉华. 外国政府信息公开制度比较研究［M］. 北京：中国法制出版社，2003：37.

造保密文化传统的过程。①英国有着深厚的保密文化传统，在这种传统的影响下，1911 年英国通过了《官方保密法》，第一部分主要和间谍活动有关；第二部分规定任何未经授权的信息披露构成违法犯罪。1970 年以来，在信息公开运动等民间组织和部分议员及布莱尔等高层领导的推动下，英国开始了对《官方保密法》的修正乃至政府信息公开的立法活动。其中标志性的立法和政府文件有：1972 年的弗兰克报告，1978 年英国下院议员弗罗德以个人身份提交的信息公开立法的议案，1984 年英国下院议员 David Steel 再次提交的、由信息公开运动组织起草的信息公开法案，1984 年的《资料保护法》，1984 年的《地方政府（信息利用）法》，1987 年的《个人档案获得法案》，1988 年通过的《医疗报告获得法案》，1988 年通过的《环境和安全信息法案》，1989 年对《公务员秘密法》第二部分的修改，1990 年经过英国国会下院的《健康数据获得法案》，1990 年的《公民宪章》，1993 年的《开放政府》白皮书，1994 年的《获得政府实用信息守则》，1997 年的《你的知情权》白皮书，2000 年的信息公开法等。

英国 2000 年信息公开法共 8 章 88 条，是英国政府信息公开制度的主要载体。该法不适用于苏格兰，且对威尔士有变通的规定。为了该法能有良好的实施效果，该法于 2005 年 1 月已正式实施。下面就该法的主要内容作一介绍。

（一）基本概念

1. 信息。英国 2000 年信息公开法所指的"信息"是指以任何形式记录的信息。该法没有对官方文件作一界定，而是通过确定信息公开的范围予以弥补。

2. 获得信息的权利。根据该法第 1 条的规定，获得信息的权利包括：要求被申请提供信息的公共机关以书面的形式告知其是否拥有被申请的信息的权利；如果拥有该信息，则应当向申请人提供其所申请的信息，即申请人依法享有获得信息的权利。

3. 申请人。即有权请求公共机关公开信息的人。该法没有对申请人的资格作限定，即任何人（包括自然人和法人）都有权要求公共机关公开信息。

4. 公共机关。信息公开法规定的公共机关比较宽泛，包括任何政府部门、国会两院、北爱尔兰议会威尔士议会的武装力量、地方政府、全国卫生服务机

①　关于英国信息公开立法进程的详细考察,参见张明杰. 开放的政府——政府信息公开法律制度研究[M].北京:中国政法大学出版社,2003:36-37;宋华琳. 英国政府信息公开立法的演进以及对我国的启示[OL]. [2004-04-01]. http://www.cddc.net/shownews.asp? newsid=3696.

关、公立学校、警察机关（特殊武装除外）、半官方组织和公有公司等。

5. 信息专员。设立信息专员制度是英国政府信息公开制度的一大特点。信息专员是由 1998 年《资料保护法》规定的资料保护专员易名而来，首席信息官由英王任命，任期两年，可连任。信息专员的职责主要是监督信息公开法的实施。根据信息公开法的规定，申请人对公共机关对其申请的处理有异议的，可以向信息专员提出申请，请求信息专员对该处理是否符合信息公开法作出决定。信息专员可以通过决定通知书、提供信息通知书和执行通知书等三种方式对公共机关的信息公开进行监督。

6. 信息裁判所。信息裁判所是由 1998 年《资料保护法》设立的资料保护裁判所易名而来。信息裁判所是在司法程序前处理有关信息公开争议的准司法机构。信息裁判所由上院议长经咨询检察长后任命的主席、上院议长任命的数名副主席和国务大臣任命的数名委员组成。信息裁判所可以就信息专员发出的各种通知书和公共机关负责人为拒绝信息公开所作的说明等进行裁决。

（二）信息的公开

根据信息公开法的规定，为了便于公众了解公共机关所拥有的信息，每个公共机关都要编制该机关的信息公开摘要，且应当经常检查摘要的内容。摘要应包括：对公开或将要公开的信息的种类的详细说明；对每类信息公开方式的说明；对公众获得信息方式（是否收费）的说明。每个公共机关应当以它认为适当的方式公布其信息公开摘要。

公共机关的信息公开摘要应当获得信息专员的批准。信息专员对信息公开摘要的批准可以由其撤销，也可以在批准信息公开摘要时规定该批准的失效时间。信息专员作出上述决定必须向有关的公共机关解释他这样做的理由。信息专员还可以批准他自己或者别人准备的与特定种类公共机关有关的信息公开摘要的范本。

（三）信息公开的例外

信息公开法规定了信息公开的例外，即例外信息的种类。其例外信息可分为：绝对的例外信息和一般的例外信息。对于绝对的例外信息，公共机关不仅可以拒绝提供，还可以拒绝告诉申请人其是否拥有该信息。

根据该法的规定，主要例外信息的种类如下：（1）可以通过其他方式获得的将要公开的信息或已经公开的信息；（2）与国家安全有关的信息；（3）损害国防的信息；（4）损害国际关系的信息；（5）损害大不列颠联合王国内部关系的信息；（6）损害经济利益的信息；（7）与公共机关实施的侦查和诉讼有关的信息；（8）与法律实施有关的信息；（9）法院档案；（10）与审计职能有关的信息；（11）与议会的特权有关的信息；（12）与政府决策有关的信息；（13）与对公共事务的有效管理有关的信息；（14）与女王陛下、其他王室成员及其家族的通信有关的信息；（15）与健康和安全有关的信息；（16）与个人信息有关的信息；（17）与获得信息的基础以保密为前提的信息；（18）与法律职业特权有关的信息等。

（四）其他规定

英国信息公开法还对国务大臣、上院议长和信息专员对促进信息公开的管理权限、获得信息的程序及信息专员、信息裁判所和司法机关信息公开的救济作出了明确和详尽的规定。

英国2000年信息公开法的出台，标志着经过几十年的努力，英国国民终于拥有了获得政府信息的权利，英国也从根本上确立了政府信息公开的法律制度。总体而言，英国信息公开立法及其形成有如下特点：其一，英国信息公开法的形成过程，实际上是改造保密文化传统的过程。英国作为盎格鲁—萨克森国家，从诺曼征服以来，长期处于王权的统治之下，即使是克伦威尔革命以及后来的革命，依然是虚君政治，从形式上保留了英王的国家元首地位。这种政治状况加上"宪法惯例"和"议会的成文法"等因素①使英国具有不同于诸如美国等其他国家的保密文化传统。正是这种保密文化背景的存在使得通过英国信息公开立法的形成历程长达30年之久。其二，民间力量对信息公开法立法的形成起到了积极作用。从英国信息公开立法的历程中我们可以看出，信息公开立法是一个复杂的政治经济学过程。在英国，最不遗余力推动政府信息公开立法的是名为"信息公开运动"的非政府组织，《个人档案获得法案》、《医疗报告获得法案》、《环境和安全信息法案》等草案都是由它起草的。"信息公开运动"为推动英国的信息公开立法进程作出了重要贡献。同时议会议员在推动立法过程中也发挥了重要作用。② 其三，采用渐进立法方式，从分散立法过渡到单一法典。从英国的信息公开立法进程中，我们可以看出，在20世纪80年代，英国的信息公开立法模式倾向于分散式立法，在《地方政府法》、《资料保护法》、《个人档案获得法案》、《环境和安全信息法案》等法律中，都有信息公开的分散规定，信息公开的理念和制度分散在各单行法律中。进入20世纪90年代之后，制定独立的信息公开法的呼声日渐高涨，并最终通过信

---

① 有学者对英国的保密文化背景作过考察，认为"宪法惯例"和"议会的制定法"是英国保密文化形成的主要因素。参见周汉华. 外国政府信息公开制度比较研究［M］. 北京：中国法制出版社，2003：138-143.

② 参见宋华琳. 英国政府信息公开立法的演进以及对我的启示［OL］.［2004-04-01］. http://www.cddc.net/shownews.asp? newsid = 3696.

息公开法。其四，采用"穷尽内部行政救济原则"，信息公开的法律救济机制比较完善。"英国的信息公开的救济制度的设计采用从行政救济、信息专员、信息裁判所和法院这样一个行政到司法的司法化程序渐进的结构。这样有利于充分利用较低成本的救济手段，同时又保障了司法的最终救济。"①

四、日本信息公开法

1999 年 5 月 7 日，日本《信息公开法》经国会审议正式通过。2002 年 2 月，日本内阁发布政令，决定该法于 2002 年 4 月 1 日起正式实施。这标志着日本在国家层面正式建立了政府信息公开制度。②

日本政府信息公开制度的形成大致经历了三个阶段。第一阶段是 20 世纪 60 年代到 1991 年。这一阶段的特点是，在民间力量的推动下，日本政府不得不发表《行政信息公开标准》着手建立政府信息公开制度。早在 20 世纪 60 年代，日本就出现了要求公开政府信息的呼声。20 世纪 70 年代初，学术界开始了关于"知晓权"的讨论。这一讨论的主题是：国民有权了解并监督法律的制定过程、国会运营、行政、司法等一切事实真相；信息公开是国民参政的首要权利。这一阶段，由于腐败问题接连曝光，政局扑朔迷离，民众忍无可忍，要求信息公开的呼声越来越高。迫于舆论压力，日本政府于 1980 年提出了《关于信息提供的改善措施》，1990 年总务厅的信息公开问题研究会公布了题为《信息公开——走向制度化的课题》的中间报告。与此同时，在野党多次提出法案，但未获通过。1991 年 12 月，日本政府发表了《行政信息公开标准》。第二阶段是 1991 年至 1998 年。这一阶段日本政府开始审定信息公开立法的各个环节。1993 年，自民党单独执政的局面被打破，联合政权产生，加快了信息公开的立法步伐。与此同时，日本全国的都道府县均制定了有关信息公开的条例，自下而上地推动了国家的立法进程。1994 年 6 月产生的村山联合政权，继续推动信息公开立法，专设行政改革委员会，于 1996 年 4 月提交了《信息公开法纲要案（中间报告）》。在听取各界意见的基础上，同年 11 月提出了最终报告《信息公开法纲要案》以及《信息公开法纲要案的思考》。第三阶段是从 1998 年 3 月至 1999 年 5 月，迫于舆论的压力，日本政府提出信息公开法草案并通过。1998 年 3 月 27 日经过对《信息公开法纲要案》的讨论、

---

① 周汉华. 外国政府信息公开制度比较研究 [M]. 北京：中国法制出版社，2003：177.

② 参见周汉华. 外国政府信息公开制度比较研究 [M]. 北京：中国法制出版社，2003：77.

修改，政府内阁会议形成《信息公开法案》并向国会提出，经参、众两院审议修改，最终形成现在的《信息公开法》。

（一）信息公开的适用范围

日本《信息公开法》第2条规定了信息公开的适用机关和适用文书。根据该法的规定，信息公开的适用机关是国家行政机关（中央的行政机关），包括：根据法律规定设置的内阁及其下属机关；根据国家行政组织法第3条第2项设立的府、省、委员会、厅等国家行政机关；根据行政组织法第8条第2、3项设立的设施机关、特殊机关及分支机构；会议检察院。

根据该法的规定，作为公开对象的行政文书是上述行政机关的职员在履行职责的过程中制作或取得的文书、图片以及电磁记录等。政府向公众出售的出版物不作为文书适用，政令规定的公文书馆（档案馆）及其他机关保有的具有历史、文化价值或作为学术研究之用的资料，需要特别管理的，不作为文书适用。

该法进一步设定了公开的对象文件应具有的三项要件：

1. 公开的对象文件是行政机关的职员在职务活动中制作或获得的文件（可称之为"制作获得的要件"）。

2. 该行政机关的职员供组织性使用的文件（可称之为"组织性使用要件"）。

3. 行政机关所拥有的文件（可称之为"拥有要件"）。

（二）请求权人及信息公开的程序

日本《信息公开法》第3条规定，任何人（包括日本国民和在日本居住的外国人）都可以向行政机关长官提出信息公开的请求。对请求权人的主体资格、主观动机等不作任何限制。

依据该法的规定，请求权人请求信息公开应该向行政机关的首长提交记载有以下各项内容的书面请求：（1）公开请求提出者的姓名或名称以及住址或居住地。公开请求人为法人或其他团体的，公开其代表人的姓名。（2）行政文件的名称及其他足以将公开请求特定化的事项。行政机关的首长认为公开请求书在形式方面有不完备之处时，可以指定相应的期限，要求公开请求提出者予以补正。行政机关的首长应尽力为公开请求人提供补正所需要的参考信息。

行政机关的首长决定全部公开或者部分公开被请求公开的行政文件的，应作出公开决定，并以书面的方式将决定内容以及由政令规定的实施公开的事项通知公开请求人。行政首长决定全部不公开被请求公开的行政文件的（包括拒绝公开请求时以及不拥有公开请求的行政文件时），应作出不公开的决定，并以书面的方式将决定内容通知公开请求人。

行政首长的上述决定应自公开请求之日起 30 日之内作出。但要求补正的，该补正所需日期不计算在内。有事务方面的困难及其他正当理由，行政机关的首长可将该期限延长 30 日。但延长的期限和理由应及时书面通知请求人。

（三）信息公开的限制

1. 豁免公开的信息

《信息公开法》第 5 条规定了 6 类豁免公开的信息：

（1）个人信息。载有姓名、出生年月日，据此能识别出该特定个人；或结合其他信息能识别出该个人；或虽不能识别出该个人，但公开后可能损害个人利益的个人信息。但该法又规定了下列个人信息应予公开：根据法律规定或者依惯例公开、预定公开的信息；为保护人身安全、健康、生活或财产而有必要公开的；公务员履行职责所需的信息等。

（2）商业信息。法人及其他团体（国家机关和地方公共团体除外）的有关信息或与经营者事业有关的下列事项：公开后可能侵害法人或个人的权利、竞争地位及其他正当利益的信息；应行政机关的要求以不公开为条件的信息；法人或个人按惯例不予公开，或者在当时的情况下不宜公开的信息。但该法又规定下列商业信息应该公开，包括：为保护人身安全、健康、生活或财产而有必要公开的信息。

（3）有关国家安全与外交的信息。有足够的理由证明并经行政长官确认，公开后会妨碍国家安全、损害与其他国家或国际组织的信任关系，或可能造成谈判劣势的信息。

（4）有关公共安全的信息。行政长官有理由确认，公开后可能妨碍对犯罪的预防和镇压，妨碍对搜查、公诉与刑罚的实施，以及其他可能妨碍公共安全和公共秩序的信息。

（5）审议、讨论中的信息。国家机关或地方公共团体内部或相互之间审议、讨论或协商中的信息，公开后可能影响到表达意见的坦率性、决策的独立性，或者会在公众中引起混乱，给某些人带来不当利益或造成不利影响的信息。

（6）行政机关的内部信息。公开后会对行政机关的公务活动造成妨碍的下列情况：监察、检查、取缔或考核等事务，信息公开后影响对情况的掌握或者容易造成违法或不当行为者；与契约、交涉或争议诉讼有关的事务，信息公开后会损害国家或地方公共团体的财产利益或对当事人地位造成不当损害者；与调查研究有关的事务，信息公开后会不正当地阻碍该事务能动、公正地实施者；有关人事管理的事务，信息公开后会妨碍公正、平稳的人事管理者；有关国家或地方公共团体所经营企业的事务，信息公开后可能损害该企业正当的经营利益者。

2. 有限公开的信息

《信息公开法》第 6 条规定了可以有限公开的信息。即信息中含有豁免公开的内容，在删除这部分信息后，将剩余部分向请求人公开。如果是涉及公民个人的信息，在将个人姓名等敏感内容去除后，公开信息不会损害该个人利益者，予以公开。

3. 裁量公开的信息

《信息公开法》第 7 条规定，某些信息虽然属于豁免公开的范畴，但行政长官认为公开后对社会特别有益时，可以决定公开。此时需要衡量公开与否的利弊得失，经慎重考虑，再作出正确决定。

4. 免予披露的信息

《信息公开法》第 8 条规定，当行政机关向请求者表明某行政文书是否存在即可构成泄密时，行政机关有权对该文书的存在与否不予确认，从而拒绝公开该信息的请求。

（四）信息公开的救济

《信息公开法》规定设立信息公开审查会。该审查会处于第三者的中立地位，对有关信息公开的处分不服者提出的诉讼进行审理。其职能是：针对行政机关的咨询进行调查审议，提出信息应否公开的意见和理由。该法第 18 条至第 35 条详细规定了行政机关向信息公开审查会咨询的义务，审查会的设置、组织、委员的任命，工作体制，调查审议权限及程序等内容。该法第 36 条还对信息公开争议的诉讼管辖作了特别规定。①

同英国一样，日本也花了 30 年时间才最终形成了政府信息公开的法律制度。这大概是因为日本也有着类似英国保密文化传统所致。总体而言，日本的信息公开制度有以下特点：第一，信息公开法规定政府具有说明责任，但没有将信息公开作为国民的"知晓权"加以确认。在野党一再要求将"知晓权"载入目的条文，但由于自民党的反对，未能实现。日本政府把"知晓权"作为抽象的理论问题对待，认为这一权利有待于在法律中细化为具体的权利，把"知晓权"写入法律可能引起各种不同的理解，因此在实际立法中采取了谨慎的态度。第二，《信息公开法》明确规定了公开的对象，但是一些重要部门，例如国会、法院、特殊法人等依然被排除在外。特殊法人主要包括日本公团、事业团、公库、银行、营团、基金会、协会以及特殊公司。该法没有对特殊法

---

① 关于对日本信息公开法救济制度的详细分析，参见朱芒. 开发型政府的法律理念与实践——日本信息公开制度：下 [J]. 环球法律评论，2002（冬季号）：472-476.

人的信息公开作出具体规定，只是要求政府根据特殊法人的性质和业务内容，促进特殊法人保有信息的公开及提供。第三，信息公开提起诉讼的地区扩展为全国八大地方法院。① 对部分公开或非公开的文件表示不服时，可向省厅提出异议，省厅召开信息公开审查会决定省厅判断是否合理。此外，申请人可提起诉讼，目前有札幌、仙台、东京、名古屋、大阪、广岛、高松、福冈等八个地方法院可以受理这类诉讼。最初的政府案仅限于中央省厅的集中地东京，为了减轻地方上诉人的负担，采纳了在野党的要求。

五、澳大利亚信息自由法

1982 年，澳大利亚历经十年的努力终于实施了联邦《信息自由法》。事实上，由于澳大利亚的法律制度深受英国的影响，自澳大利亚建立代议制民主制以来，在被选举者和选民之间始终存在着一种紧张关系，即前者应向后者提供多少政府信息。② 仿效英国 1911 年《官方保密法》第 2 条的规定，澳大利亚 1914 年通过的《犯罪法》第 70 条也把泄露政府信息的行为规定为犯罪。《犯罪法》的规定得到了其他法律保密条款的呼应，成为澳大利亚政府战后草拟国家政策的依据。这些立法所产生的共同后果便是在行政领域保密理念得到牢固的确立。在美国于 1966 年出台《信息自由法》后，澳大利亚政府迫于国内的形势也开始考虑信息自由的立法问题。1970 年前后，政府公职人员开始参与公共论坛，就诸如环境问题决策的透明和公开（环境影响说明）进行讨论，从而使澳大利亚于 1972 年引入了环境影响说明的行政程序。在媒体的推动下，特别是澳大利亚转入越南战争的丑闻加剧了民众对于保密掩盖并滋生非法行为的怀疑，强化了民众要求披露政府信息的呼声。自 20 世纪 60 年代末以来，法院日益趋向于向案件当事人披露案件情况。司法的变革也加速了行政法的发展。1975 年《行政上诉法庭法》和 1977 年《行政决议（司法审查）法》赋予了当事人获得有关最初的行政决议理由的信息的权利。1972 年大选后澳大利亚政府专门成立了跨机构委员会，负责信息自由立法的调查报告。在 1974 年、1976 年报告的基础上，跨机构委员会于 1978 年提出了信息自由法案。经过参众两院的多次妥协，最终于 1981 年通过了《信息自由法》。该法于 1982 年实施，并于 1983 年、1986 年、1991 年进行了三次修正。

---

① 参见宋长军. 日本信息法的制定及特点 [J]. 外国法译评，2000（1）：62.

② See T. Rily. Accountability of Government: An International Perspective [J]. FOI Review, 1987 (54).

（一）可获得信息的范围

根据《信息自由法》第 3 条的规定，行政机关应该公布有关行政机关职能和文件的信息。该法第 4 条规定，所谓"文件"包括任何信息的记录以及任何存储或记录信息的物件，无论以机械形式还是电子形式。

《信息自由法》不适用未记录的信息如口头咨询等。同时该文件还必须是由行政机关所拥有的文件，不论它是否由该机关所创设和制作。判断是否为行政机关所拥有须考虑以下相关因素：创设制作文件的目的；官员掌握和处理文件的能力，特别是机关是否对文件行使控制。

（二）信息自由的申请

根据《信息自由法》第 15 条、第 22 条和第 24 条的规定，行政机关有义务帮助申请人作出有效申请、决定带有删除部分的文件是否为可接受的以及缩小申请范围。

1. 标准申请表格不是申请的前提。申请人的申请应以书面的形式作出，并应该满足符合一定的标准如应载明在澳大利亚的住址以便可按地址寄送通知及附上 30 澳元的申请费等。但该法并未规定申请要以标准的申请表格作出。行政机关可以选择适合各自特定信息基础的标准申请形式和记录管理制度，但这并不是合法申请的前提要求。

2. 行政机关有义务提供相关信息的说明。按照该法第 8 条的规定，行政机关要在其年度报告中公布某些信息，包括机关拥有的文件范畴的说明。该法第 9 条规定，行政机关的诸如工作手册这样的文件须载有有关规则或指南、须受检审①的制约并向公众出售，同时须在澳大利亚档案地区办公室存放一份每年更新的有关该材料的清单。

（三）信息自由申请的处理

1982 年的《信息自由法》把处理信息自由申请的时间限制为 60 天，1984 年又减为 45 天，1986 年最终减为 30 天，至今未变。但是如果行政机关作出准许申请人获得文件的决定之前须与第三方协商，30 天的时间可再延展 30 天。还有一些特殊情况，即使是 60 天的期限也为时过短，如需要与海外的人或组织进行协商等。

《信息自由法》第 24 条允许行政机关以所牵涉的工作会实质性地和不合理地从其他活动中转移资金为由而拒绝处理信息自由的申请。但该法第 26 条

---

① 检审是澳大利亚在 1994 年开始的一项工作，旨在对该法的实施情况进行评价。关于检审的详细介绍，参见周汉华. 外国政府信息公开制度比较研究 [M]. 北京：中国法制出版社，2003：201.

规定，如要求获得信息的请求被拒绝，行政机关必须向申请人提供全部或部分理由说明。

对行政机关的决定不服的，可以申请行政复议，对复议不满的还可以申请联邦行政上诉法院对此进行外部审查。

（四）有关文件豁免的规定

《信息自由法》对有关文件的公开豁免（即信息自由的限制）作了详细的规定，具体包括：

1. 与政府责任或政府运作相关的文件。涉及国家安全和国防方面的文件；若披露会或者可能合理地预见到将破坏联邦和州之间的关系、或将泄露州向联邦秘密通信的信息的文件；提交内阁的文件或部长建议提交内阁的文件、内阁官方记录以及由于披露将泄露内阁的任何考虑或决议的文件；涉及行政委员会的文件（包括法定任命、委任、管理、公告声明和条约的批准等）；那些会泄露具有咨询、主张或建议性质的事项的文件，那些事项是专为机关或部长的审议程序而准备的文件；若披露会或者可能合理地预见到会不利于考核标准或审计或对管理和评估人员产生负面影响，不利于行政机关运作的适当和有效的行为或工业关系的行为的文件等。

2. 与第三方信息有关的文件。若披露会不合理地泄露任何人（包括去世者）的个人隐私的文件；任何在法律诉讼中有可能引致法律职业特权的文件交易秘密和有可能因披露而受到破坏和减损的具有商业价值的信息；若披露将引致认定某人而非联邦政府的违反保密义务的文件等。

澳大利亚信息自由立法及其实施有以下显著的特征：第一，信息自由立法是在逐渐打破保密文化传统，在多元利益集团的互动博弈中逐步形成的。与英国和日本类似，澳大利亚也有着深厚的保密文化传统，其信息自由立法的形成也是在逐渐打破保密文化传统的过程中逐步形成的，且其形成大有"形势所迫"的意味——内有民众的呼声，外有其他国家的立法浪潮。正是在这样的条件下，其立法的形成也呈现渐进的一面。短短 20 年，澳大利亚已经先后三次通过修正案并对该法的实施进行了大规模的检审。同时，民众、新闻媒体、政府官员乃至法院等多种政治力量对其立法的形成都起到了促进作用，是在多元利益集团的互动博弈中的结果。第二，对信息自由的豁免作了比较详尽和宽泛的规定。信息自由法虽然确认公民的信息自由，但如前所述，该法仍对信息自由的豁免作了比较详尽的规定，这种规定足以维护一个高水平的保密文化。这样就产生了诸如政府机关不必要地保守其信息秘密，而且利用豁免拒绝提供可证明行政机关难以胜任或难以合格的证据等现象。这种现象已经引起人们的不满和反思。第三，在法律适用上，法院开始采用"倾斜"方法促进信息自由。所谓"倾斜"方法是澳大利亚法院为了促进信息自由在法律适用上倾向于本着保护公众获得信息的权利的原则来判案。① 由于《信息自由法》对信息自由的豁免作了比较宽泛的规定，加上实践中政府部门不积极履行公开的义务，澳大利亚法院响应学界的号召已经开始采用"倾斜"方法来促进信息自由。

六、韩国公共机关信息公开法

韩国是亚洲最早制定并实施信息公开法的国家。1996 年 11 月，韩国通过了《公共机关信息公开法》，该法于 1998 年 1 月 1 日开始实施。韩国的信息公开制度的形成最初源于学术界的讨论。韩国学者自 20 世纪 80 年代开始讨论政府信息公开问题，并影响到了法院的判决。在 1990 年前后的几个判决中，韩国宪法法院认定宪法第 21 条②不但隐含了知情权，而且表明这些权利可能受到政府机关的侵犯。宪法法院的判决刺激了各地方政府推进政府信息公开的积极性。在此背景下，很多地方政府制定了信息公开条例。1992 年总统选举时，主张当选后制定一部信息公开法的金泳三获胜。为了积累经验，他以总理身份于 1994 年 3 月 2 日发布了名为行政信息公开指南的政令，开始推动制定信息公开法。1994 年 7 月一般事务局任命了由学者、法官、检察官、媒体代表等组成的信息公开法研究委员会进行信息公开法的调研和起草工作。1995 年 7 月 18 日，经过广泛的辩论和修改由该委员会起草的建议稿正式提交国会讨论，随后提交给了内阁立法局。经过内阁立法局大规模的修改又提交给了副部长委员会。在最终获得副部长委员会和政府协调委员会同意后，又于 1996 年 8 月 22 日提交国会。经过国会的修改最终于 1996 年 11 月 30 日被通过，并于当年 12 月 31 日公布。该法公布之日起一年后于 1998 年 1 月 1 日正式生效。

该法共五章 24 条，对相关定义和原则、公开的范围和程序、救济方式等作了明确的规定。

（一）相关定义

"信息"是指公共机关在公务中制成、取得并正在管理中的文书、图画、照片、胶卷、磁带、幻灯片以及由网络媒体记录下来的事项。

"公开"是指公共机关依据本法律之规定，允许查阅、分发和复制信息。

"公共机关"是指中央与地方政府，根据政府投资机构管理法第 2 条设立

---

① 关于"倾斜"方法的详细介绍，参见周汉华. 外国政府信息公开制度比较研究[M]. 北京：中国法制出版社，2003：208.

② 该条规定了表达自由，但未规定信息自由。

的政府投资机构和根据总统令设定的其他机关。

（二）信息公开请求权人与不予公开的信息

根据信息公开法第6条规定，信息公开请求权人包括全体国民，而外国人的信息公开请求事项由总统特定。

该法第7条对不予公开信息的范围作了规定，包括：

其他法律或根据该等法律制定的法令规定为保密的信息或已列入为不予公开的信息。

如被公开，有可能损害国家安全保障、国防、统一或外交关系等国家重大利益的信息。

如被公开，有可能严重危及国民的生命、身体、财产以及有可能明显损害其他公共安全和利益的信息。

与预防和调查犯罪、提起和进行公诉、执行判决、服刑、保安措施以及审理中的诉讼有关，一旦公开会严重阻碍公务的正常进行，或者有充分的理由可认定，公开信息会侵害刑事被告人接受公正审理权利的信息。

与审计、监督、检查、考核、规制、合同招标、技术开发、人事管理、决定形成过程或内部评审过程有关，一旦公开则会严重阻碍公务、研究与开发的正常进行的信息。

根据信息中的姓名、身份证号码等可以识别特定个人的个人信息。但是，以下个人信息除外：（1）依据法律、法令的规定，公众可以查询的信息；（2）由公共机关制作或者取得并以公开为目的的信息；（3）由公共机关制作或者取得并且所公开的事项有用于公共利益或者个人权利的救济的信息。

关系到法人、团体或个人的商业秘密，如被公开则会严重损害其正当利益的信息，但是，以下列举的情报除外：（1）为了保护人民的生命、身体、健康不受经营活动的危害，而有必要公开的信息；（2）为了保护国民财产或正常的生活不受违法、不当经营活动的侵害，而有必要公开的信息。

不动产投机、囤积或者垄断等情况，如果公开，有可能给特定人带来不法利益或者损害的信息。

同时该法规定，对于上述各项不予公开的信息由于时间等原因变得可以公开时，公共机关应把该等信息予以公开。

（三）信息公开的程序

根据该法第8条的规定，信息公开申请人应向持有或者管理信息的公共机关提出书面申请，申请书应当载有申请人的姓名、身份证号码、住址及请求公开信息的内容及使用目的等。

因申请人要求提供的信息为人所知或要求提供的信息量过大，以致严重地影响公共机关的正常业务时，可以限制提供的信息副本或者复制本。

该法第 9 条规定，公共机关应自接受请求之日起 15 日之内作出信息是否公开的决定。因无法避免的事由，公共机关不能在上述期限内作出决定时，可最多延长 15 日作出决定。从请求公开信息之日起 30 日之内，如公共机关没有决定是否公开信息，应视为决定不公开。

依据该法第 10 条的规定，公共机关应设置信息公开审查委员会负责信息公开的处理。

该法第 11 条对信息公开决定的通知作了规定。公共机关要依据决定公开信息，应将公开的时间和地点等用明示的方式及时通知请求人。如果信息原件可能被污损或破坏，公共机关可以只公开该信息的副本。公共机关依据第 9 条之规定，作出不予公开的决定时，应及时将其内容以书面形式通知到请求人，并说明不公开的理由、上诉的方法和程序。

该法第 12 条对部分公开作了规定。如果请求公开的信息同时包含不能公开的事项和可以公开的事项，而该种信息可以不改变公开请求的性质而分开处理，则应公开那些可以公开的其他部分。

该法还对异议申请、行政裁决、行政诉讼、第三人的异议申请等信息公开争议的上诉程序作了明确规定。①

韩国信息公开立法有下列特点：首先，适用的对象非常广泛。根据该法第 2 条规定，该法适用于中央与地方政府、根据政府投资机构管理法第 2 条设立的政府投资机构和根据总统令设定的其他机构，因此，韩国信息公开法不仅适用于行政机关，还适用于立法机关、司法机关（包括宪法法院和其他司法机关）以及中央选举委员会等公共机关。政府投资机构管理法第 2 条使该法的适用范围扩大到任何政府持股超过 50% 的企业。而总统令更是把所有的学校、129 家根据特别法设立的机构、93 家中央或者地方政府出资超过一半设立的机构、34 家医疗机构、1 005 家中央或者地方政府提供过财政支持的机构等均纳入该法的适用范围。② 其次，韩国信息公开立法是自下而上，从地方到中央逐步展开的。关于信息公开的立法先有地方立法机关进行，然后才有中央立法机

① 以上对韩国信息公开法的介绍参考了周汉华和姜香花的两种译本。参见周汉华. 外国政府信息公开制度比较研究 ［M］. 北京：中国法制出版社，2003：358；《韩国信息公开法》［OL］. 姜香花，译. ［2004-04-02］. http：//www.cncasky.com/webfile/showwail.asp? id = 13.

② 参见周汉华. 外国政府信息公开制度比较研究 ［M］. 北京：中国法制出版社，2003：356.

关颁布普适性的信息公开法，这也是韩国信息公开立法的一大特点。自从韩国清州市议会于 1991 年制定了该市信息公开的条例并被韩国最高法院认定为合宪后，韩国其他地方立法机关也纷纷制定了类似的条例。到 1997 年 6 月，韩国共有 178 个地方立法机关制定了信息公开条例。韩国的信息公开法正是在地方的影响下制定并通过的。

自公共机关信息公开法颁布以来，韩国的行政公开化水平有了显著提高。但法律实施两年来，总的效果并不那么理想。信息公开立法的初衷在许多方面都没能得到实现，很多公众都反映他们所请求披露的信息，并不像想象中那么容易得到。这是因为：第一，政府机关常常不适当地拒绝公众的信息公开请求。尽管信息公开法旨在提高政府透明化的程度，尽管公众的信息请求是那样合情合理，但政府依然拒绝将那些专断的决定曝光，这也使得公众无法利用政府信息，感到沮丧懊恼。第二，许多政府机关无法列出适宜公众信息请求的文件清单。根据现行行政机关信息公开法，政府机关应制定一份文件清单，向公众说明哪些文件是可以公开的，但政府官员总是强调人手不够，财力不足，无法完成这项工作。第三，事实上，对信息公开法的置若罔闻和拒不执行，在韩国已经成为司空见惯的常事。最后，政府信息如何公开，至今还缺少一个明确的可操作性的规则。①

七、欧盟的实践——关于公众获得欧共体委员会与部长理事会文件的行为准则②

（一）基本原则

该准则的基本原则是保证公众对于欧共体委员会与理事会所拥有的文件应可以最大限度地获得。这里的"文件"是指包括现有数据并为委员会或理事会所拥有的不论何种形式载体的成文文本。

（二）有关程序

1. 申请与收费

获得文件的申请必须以书面形式并充分精确地说明，它必须包括能够确定有关文件的信息。如果必要，有关机构可以要求申请人提供进一步的信息。如果有关机构所拥有的文件是由自然人、法人、成员国、其他共同体机构或者任

---

① 参见 Heungsik Park. 韩国行政公开改革研究［OL］.［2004-04-02］. http://sixiangzhe. xiloo. com/14-278-hanguo. htm.

② 参见周汉华. 外国政府信息公开制度比较研究［M］. 北京：中国法制出版社，2003：334.

何其他国家或者国际组织所起草的，申请人必须直接向作者提出。对于重复申请或者数量巨大的申请，经与申请人协商，有关机构可以找到公平的解决办法。申请人获得文件的方式可以是现场查阅或者自费获得复制本，收费不得超过合理的水平。有关机构可以规定，未经其事先授权，获得文件的人不得为商业目的，通过直接销售，传播或者复制有关文件。

2. 批准或驳回

有关机构的有关部门应在一个月内告知申请人，其申请获得了批准或者它们准备建议该机构驳回其申请。

3. 救济

如果有关机构的有关部门准备建议该机构驳回申请，它们应告知申请人有权在一个月内向该机构提出确认申请，要求进行复议。如果申请人未能提出这种申请，视为撤回原申请。

如果提出了确认申请，并且有关机构拒绝公开文件，必须在提出确认申请的一个月内作出决定并以书面方式尽快通知申请人。必须说明决定的理由，该决定还需要什么救济的方式，即根据建立欧洲共同体条约第173条和第138条第C款所规定的条件，提出司法救济或向议会监察专员提出申诉。

（三）信息公开的例外

该准则规定，如果公开造成以下损害，各机构应拒绝提供任何文件：对公共利益的保护（公共安全、国际关系、货币稳定、法院诉讼、检查和调查）；对个人和隐私的保护；对商业和工业秘密的保护；保护共同体的金融利益；提供信息的个人或法人所要求的秘密，或者提供信息的成员国立法所要求的秘密，等等。

该准则最后还对准则的实施和评估作出了规定。

第二节　政府信息公开的国内立法评价

通过第一节我们不难看出，信息公开立法正成为一股席卷全球的世界性潮流。当今之世，一个社会里信息公开及其有序化的程度，反映了这个社会经济发展和民主政治建设的水平。① 我国正处于经济发展和民主政治建设持续深化的阶段，2007年1月《政府信息公开条例》的颁布，顺应了时代的呼唤。本节将以时间为序对中国现行的信息公开立法进行评介。

---

① 参见魏永征. 中国内地的信息公开制度 [J]. 中国法学，2001 (6)：20.

一、中国香港地区信息公开立法评介

（一）信息立法的历史进程和相关背景

香港回归前，港英政府的管治几乎完全封闭，信息公开和透明政府并不在其议事日程上，对这个问题的讨论社会各界亦不大热衷。在香港，港英政府的权力来自英皇制诰及皇室训令，港督是最高权力象征，下设行政和立法两局协助行政及制定法例。一般情况下，政策的建议和修订都由各部门的司级官员先作研究，然后向行政局建议，获行政局通过后才向立法局宣布，市民只知有政策决定而不知其制定过程。20 世纪 60 年代，为了维持稳定局面及安定人心，重新检讨政府架构封闭带来的问题并理顺官民关系，政府成立了不少咨询机构。由政务司推荐一些社会知名人士或专业人士，再由港督委任为咨询机构成员。咨询机构的会议内容大多不作公开报告，会议亦不欢迎市民列席旁听，不但令咨询机构与市民脱离，市民亦无从参与制定政策及监察政府。① 此外，根据《官方机密法令》的规定，公务员在公事上所获取的一切机密信息必须严格保密，否则后果自负，而接受该资料的人士也会同样入罪。港英政府在结构上的封闭，加上《官方机密法令》对公务员的限制，使得市民与政府信息之间仿佛有一道隔膜，公开的效果并不理想。到了七八十年代，港英政府开始对公营部门进行早期改革，直至 1992 年，效率促进组的成立使公营部门改革具有了明确的目标、原则、未来计划、评估方法及服务意识。在"服务市民"的口号下，政府开始着重培养部门和公务员以客为本的服务态度，而公开政府信息的政策亦被列入议程。

其实当时的香港市民可以从不少途径取得公共资料，例如信报刊、待报刊、政府新闻处、政府档案处、历史档案馆、民政事务总署或分署等，但以往政府缺乏公开资料的规范，往往自行决定资料的公开与否，市民处于十分被动的地位。这既导致与政府沟通的闭塞，又造成对政府监督的缺位，使得政令的推行阻力重重。为了解决这些问题，回归前的港英政府及回归后的特区政府，都曾建立公开资料的规范，试图提高政府的问责性。比如《基本法》对《公民权利和政治权利国际公约》法律效力的确认从宪法的高度保障了公民的知情权（详见《基本法》第 39 条），而《香港人权法案条例》对《公民权利和政治权利国际公约》的收纳，更从现实中实践了"市民寻求、接受及传播各种消息之自由"（详见《香港人权法案条例》第 16 条）。此外，香港每年 10

---

① 参见香港社区组织协会民权教育中心. 政府数据讯息立法——开放政府研究报告 [R]. 1986：6-11.

月的施政报告也是市民得悉政府未来政策的重要渠道。该报告发表后往往会引起市民的广泛讨论，而政府和议员亦会收集市民意见，对政策作出修订或提出进一步质询。这些法规对信息公开都起到了积极的推动作用。

（二）《公开资料守则》内容简介

1995 年 3 月，为了进一步增强市民对政策及决定的了解、对决定及行动的责任、对公共服务的认识、对公众事务的参与以及对香港行政的信心，港英政府颁布实施了《公开资料守则》（以下简称《守则》）作为政府机构提供信息的依据。然而《守则》本身缺乏具体操作的细节，所以，要了解《守则》的具体执行情况，就必须与《公开资料守则诠释和运用指引》（以下简称《指引》）一同讨论。该《指引》的作用在于协助政府部门解释和应用《守则》。以下便对《守则》和《指引》的具体内容进行探讨。①

1. 适用范围（《守则》1.1-1.3）

《守则》适用于政府所有部门。"部门"一词包括任何部门、局、队、服务组、秘书处和其他政府机构，而不论其称谓如何。《守则》对法庭、审裁处或调查小组所保存的资料均不适用。但是，对最高法院登记处、司法机构政务长下辖的所有法院和审裁处的登记处、行政处和行政办事处，以及其他审裁处和调查小组的秘书处及行政办事处所保存的其他信息则可以适用。

2. 资料的公开

（1）按惯例公布或供查阅的资料（《守则》1.4-1.5）

各部门应提供按惯例公布或供查阅的资料，包括组织结构、部门提供服务的资料、服务表现承诺及履行各项承诺的进展。各部门应提供部门记录和已公布或以其他方式提供的资料的一览表，让市民知道可取得什么资料。此外，当政府首次推出或更改某项公共服务时，负责此项工作的部门应当公布足够的资料来说明服务的性质或服务有何改变，以及何人会受影响。《指引》还鼓励部门透过互联网发放资料，这样既方便市民索取，又节约政府相关资源。部门还必须适时更新互联网上的资料。

（2）应要求提供的资料（《守则》1.6）

各部门应按要求就其政策、服务、决定及职责范围内的其他事宜提供额外资料，并可对"豁免公开"的资料拒绝披露。但《指引》同时指出，对资料的披露与否并不完全取决于《守则》的规定，部门可依据实际情况酌情作出解释。

---

① 下文有关《守则》和《指引》的具体内容均来自 http://www.info.gov.hk/access/intro.htm。

（3）法定义务及限制（《守则》1.7）

《守则》不影响市民查询资料的既有法定权利以及有关资料公开方面的既有法定限制。对此，《指引》指出，市民取得某项资料的法定权利凌驾于《守则》之上。即使该资料属豁免范畴，部门也应告知市民的该项权利，并协助市民获得该资料。《指引》还指出，政府及市民都有责任和义务维护诚信。一方有权对另一方的失信行为提起诉讼，并要求赔偿。

（4）对资料要求的响应程序（《守则》1.8-1.19）

公开资料主任（《守则》1.8）。各部门会指派一位人员担任公开资料主任，负责促进和监督守则的执行。拒绝公开资料的决定不宜由其作出，而最好由有关官员负责，并且作出最初决定的官员级别不宜太高，为部门日后的复查程序留有回旋余地。

索取和回应索取的要求（《守则》1.9－1.15）。市民可以口头或书面方式索取资料，若索取的资料可以即时和简单地响应，通常以口头方式便可。如果口头答复不能满足要求，政府应提供有关记录或其部分的副本、抄本或摘要作为响应要求方式。资料应尽量以原来的形式提供。记录内若有某些资料不宜披露，并不影响其余部分的公开。守则不会强制部门提供未拥有的资料、制订从来没有存在的记录。若某部门接到索取资料的书面要求，而资料由另一部门保存，该部门应代为转介，并通知申请人有关情况。

作出回应的预定时间（《守则》1.16－1.19）。如有可能，部门应在接获书面要求的 10 日内提供有关资料。如情况不许可，亦应在接获要求的 10 日内给予申请人初步答复。届时，作出响应的时限将是接获要求时起计的 21 日，通常答复特殊情况的最后限期是 51 天。需要收费的资料在费用缴清后才可发放（可参见《守则》1.24 有关收费的规定）。

（5）第三者资料（《守则》1.20-1.23）

如有关公务员认为，为了公众利益或须披露某些资料，应当告知第三者，请他表示同意或就反对披露该资料作出陈述，并要求他在 30 日内作出响应，或应要求给予他一段合理的时间作出响应。若第三者反对，在作出决定前，部门应审慎考虑第三者提供的意见，在决定披露信息后应通知第三者知晓。

（6）收费（《守则》1.24）

对索取资料的收费应以简单、廉价为宗旨。各部门应按提供资料的成本，向申请人收取费用。例如地政总署采用 A4 或 A3 纸张提供影印服务，单面每张收费港币 1.5 元。① 如有提供资料的方式没有标准收费，部门应寻求财经事

---

① 详情请登录香港地政总署主页服务台公开资料守则部分有关资料索取收费的具体规定，http://www.info.gov.hk/landsd/code/ccode.htm。

务及库务局的意见。《指引》指出，未来部门可能会对某些资料订立新收费制度，以反映该资料价值。

（7）覆检（《守则》1.25-1.26）

任何人如认为某部门违反《守则》规定，可向该部门要求覆检，或向申诉专员投诉。在覆检过程中，部门应保存清楚记录，以便日后市民要求复核或向申诉专员投诉之用。申诉专员可对未有遵照《守则》的行政失当行为作出建议，申诉专员也可以要求有关部门或组织检讨决定、更改程序或采取其他补救措施，并监察建议在部门的落实情况。①

3. 政府资料披露的豁免（《守则》2.1-2.18）

《守则》第二部分列举了可以拒绝披露、也可拒绝就数据存在加以证实或否认的 16 种资料。这里强调的是"可以拒绝"而非"必须拒绝"，因此，当资料明显涉及公众利益时，部门在必要的授权下，可以公开原属拒绝披露类别的资料。部门应力求在公众利益及公开资料所带来的损害中寻求平衡。《指引》同时指出，只要部门对公开该资料所带来的风险有合理的预期，即可拒绝披露。当然，在平衡公众利益和风险时，部门应审慎考虑损害的性质和严重程度。

（1）防务及保安（《守则》2.3）

《指引》明确指出对于披露会影响香港防卫部队的有效运作；会危害防卫部队、其支持人员及香港市民；会有助间谍活动、破坏及恐怖活动的资料，部门可拒绝披露。

（2）对外事务（《守则》2.4）

资料如披露会令对外事务或与其他政府或国际组织的关系造成伤害或损害，部门可以拒绝披露。此外，若资料是在保密情况下从其他政府、其他司法管辖区的法庭及国际组织取得或在保密情况下送交这些政府、法庭及国家的，为了保持良好的合作关系，部门也可拒绝披露。但是，若资料属公众事务领域，则不应再视为秘密。

（3）国籍、出入境及领事事宜（《守则》2.5）

鉴于《个人资料（私隐）条例》的法定效力，《守则》并不妨碍资料当事人运用法定权利查询个人资料。另外，若资料涉及领事事宜的行政管理或其他政府的领事工作，部门应考虑相关部门或他国政府有关公开资料的法规，若披露资料会伤害政府与其他部门或他国政府的关系，则可拒绝披露。

---

① 详情请登录香港申诉专员公署主页申诉专员条例部分有关专员职能的具体规定，http：//www.ombudsman.gov.hk/chinese/link_04_howto.html。

（4）执法、法律诉讼程序及公众安全（《守则》2.6）

《守则》认为对影响司法（包括进行审讯、执行和实施法律）工作的资料，部门可拒绝披露，并对这类资料做了表述（详情参见《守则》2.6的具体规定）。不过在有关法律诉讼程序方面，《指引》指出部门不应以《守则》为借口，拒绝披露作出行政决定的理由。而且，当资料已属于公众领域，部门就不应再拒绝披露相关资料。

（5）对环境的损害（《守则》2.7）

用于拒绝披露对环境、稀有或濒临绝种生物及其生长的自然环境可能造成损害的资料。

（6）经济的管理（《守则》2.8）

资料如披露会令货币政策的推行、维持金融市场稳定或政府管理经济的能力受到伤害或损害，可以拒绝披露。对此，决策局会向部门提供具体的意见。

（7）公务管理及执行（《守则》2.9）

资料如披露会损害：部门的谈判、商业或合约活动，或批准酌情补助金或特惠补助金的工作；政府的竞争条件或财政状况或物业利益；部门妥善而有效率的运作；部门资源的合理使用，因此应予拒绝。

（8）内部讨论及意见（《守则》2.10）

在香港，对政府内部就制定政策时的讨论进行保密是一个惯例。通过保密，政府可以不用担心制定政策时的意见和建议受到公众质疑和批评。但是，此条款并不授权部门将所有资料保密，而只是限于那些会妨碍政府内部坦率讨论及给予政府意见的资料披露。否则，部门可选择公开这些资料。

（9）公务人员的聘任及公职人员的委任（《守则》2.11）

此条涉及对公务人员的管理工作造成伤害或损害的资料，如合约的更新或延长、有关公务员委任的资料、意见及评估等。当然，任何资料当事人仍可取得个人资料，包括每年的表现评估报告。

（10）不当地获得利益或好处（《守则》2.12）

此条款不禁止私人企业从政府资料中增值图利。若政府的资料属可以公开的类别，利用这些资料图利不算不当地获得利益或好处。

（11）研究、统计及分析（《守则》2.13）

政府部门可拒绝披露不完整或未完成的分析、研究或统计有关的资料，以免市民产生误解，或剥夺有关部门及其他任何人士发布资料的优先权和商业利益。不过，若相关部门可以提供对资料不完整部分的解释，仍可考虑披露这些资料。

（12）第三者资料（《守则》2.14）

除非经第三者同意或披露资料的公共利益超过可能造成的伤害或损害，否则披露都是不恰当的。此条款不包括那些早已广泛流传于公众领域的资料，或可开放予公众查核的资料。

（13）个人私隐（《守则》2.15）

与任何人（包括已故人士）有关的资料，除了向资料所属的当事人或其他合适人士披露外，不得披露。除非资料的披露经当事人或其他合适人士同意，或者符合搜集资料的目的，或者披露带来的公众利益超过可能造成的伤害和损害，再或者是相关法规的许可。另外，这一条款并不包括那些在实际上不能辨别、证实或推论出个人身份的资料。

（14）商务（《守则》2.16）

当查询涉及商业、金融、科学或技术机密、贸易秘密或知识产权等方面的资料，贸然披露可能会令任何人士的竞争条件或财政状况受到损害。此时，必须经有关第三者同意方可披露，除非有重大及紧急的公众利益或资料明显应受保密。

（15）过早要求索取的资料（《守则》2.17）

该条款用于保障那些本已计划在收到资料查询后 60 天内公开的资料，包括那些不涉及公众利益但提前公布可能造成伤害或损害的资料。

（16）法定限制（《守则》2.18）

对于任何与香港法律或适用于香港的国际协议发生抵触的资料，应拒绝披露。若披露某些资料并不抵触法律，但有可能令政府在责任上产生危机，例如破坏诚信，部门应先寻求法律意见。此外，查询资料的要求因法定限制而被全部或部分拒绝时，部门应告知申请人有关法律、规则或国际协议的限制。

（三）评价

香港是国内最早迈出"可喜一步"的地区。综观世界，信息公开立法的目的无外乎在确保信息安全的情况下，管理和规范信息的传播与交流，最大限度的满足民众对信息的需求。香港的《守则》秉承了这一传统，后经 1998 年 1 月、4 月，2000 年 7 月和 2001 年 5 月 4 次补充和修订，不断完善并沿用至今，对香港的经济和社会发展以及民众知情权的保障起到了巨大的推动作用，也为内地的信息公开实践提供了可资借鉴的蓝本。

香港的《守则》从立法理念、技术和运作模式等诸多方面都大胆借鉴了西方发达国家的已有成果，在确保信息安全的情况下，最大限度的保障了民众的信息获取权，贯穿着"以人为本"的服务理念。《守则》对以往偏重效率的行政价值观、向上负责的行政道德观以及办事拖沓的行政模式观带来了巨大的触动，随之而来的是一种"服务为民"的崭新服务理念的树立。此外，《守则》减少了市民查询信息的人为障碍，如限定最低收费标准，以及设立申诉专员制度，大大提升了民众的参与热情，形成了一种良好的互动氛围，共同打造一个透明和负责任的政府。

当然，《守则》也有不尽如人意之处。作为纲领性条款的《守则》必须在涵盖所有执行程序和细节的《指引》配合下，方能发挥其应有作用。这也意味着民众作为政策的接受者及政府问责的对象，有权了解《指引》的内容以清楚明白自己的权利，加深对政府相关政策的了解和更好的监督政府的运作。然而现实中对《指引》的提供并不令人乐观，地区的民政事务总署咨询服务中心往往只提供一份《指引》供市民即场查阅或影印，而且不论在网上还是印刷本都只有英文版，这与《守则》可供人随意索取以及中英文版本齐备的规定形成巨大反差。为了加深市民对《守则》的认识，减少市民和公务员的误解与摩擦，以及加强市民对政府透明度及问责性的信心，对上述细节的完善实为必要。另外，《守则》并不是法律，它只是公务员的行政规则。这使相应的政府和信息获取人都处于法定责任和权利的真空地带（除了个人资料外，因为有《个人资料（私隐）条例》进行保护）。而在法治原则下，由法律规定保障信息自由是必然趋势，现时《守则》在披露政府信息时担当的重要角色不应是终点，而是过渡，最终应将政府的责任和市民的权利置于法律框架下。这不仅是国际社会的大势所趋，亦是追求法治及问责精神的必然归宿。

二、中国内地政府信息公开立法评介

（一）中国内地政府信息公开立法的历史进程

政府信息公开制度是公民权利发展的产物，在"民可使由之，不可使知之"的封建愚民政策下，政府信息公开是无法实现的。随着改革开放和政治民主化建设的发展，政府信息公开制度成为人们实现知情权的重要手段，其中政务公开、警务公开等是人们耳熟能详的制度。然而，这些制度的设计是零散的、不系统的。直至2003年1月1日，广州市政府在全国率先实施的《广州市政府信息公开规定》，对政府信息公开制度首次作出系统的规定。随后，2004年4月1日深圳市正式施行了《深圳市政府信息网上公开办法》。2004年5月1日上海市正式施行了《上海市政府信息公开规定》。2004年7月1日湖北省正式施行了《湖北省政府信息公开规定》。2005年10月1日北京市正式施行了《北京市政府信息网上公开试行办法》。这些地方政府规章的出台和实施为制定全国的政府信息公开的法律规范提供了立法和实践上的经验和参考。2007年1月17日国务院第165次常务会议第492号令，通过了《中华人民共和国政府信息公开条例》（以下简称《政府信息公开条例》），并于2008年5

月 1 日起施行。该法规的出台使我国各地的政府信息公开的相关制度达成一致，为实现服务型政府的成功转型奠定了基础。

（二）政府信息公开的基本原则

政府信息公开法的基本原则是体现在政府信息公开法律规范中的，贯穿在政府信息公开立法、执法、司法过程中的，用以指导政府信息公开活动的最基本的法律准则。体现在《政府信息公开条例》中的政府信息公开的基本原则有：

1. 利益平衡原则（《政府信息公开条例》第 5 条、第 8 条）。

2. 便民原则（《政府信息公开条例》第 5 条）。

3. 及时原则（《政府信息公开条例》第 6 条）。

4. 准确原则（《政府信息公开条例》第 6 条、第 7 条）。

（三）政府信息公开法律关系的主体

1. 政府信息公开法律关系的权利主体

政府信息公开法律关系的权利主体是指依法可以获取政府信息的任何人。一般而言，立法并不对有权要求政府信息公开的主体进行一般性的资格限制，而是把这种权利平等广泛地赋予所有人。《政府信息公开条例》第 1 条规定："为了保障公民、法人和其他组织依法获取政府信息……制定本条例。"由此可见，政府信息公开法律关系的权利主体为所有的自然人和团体（法人和非法人组织），由于条例中并未明确作出"本国"的限定，因此可以推断出外国的公民、法人和其他组织同样可以依法获取我国相关的政府信息。

2. 政府信息公开法律关系的义务主体

政府信息公开法律关系的义务主体是指负有公开其职责范围内信息的义务的政府机关。《政府信息公开条例》第 3 条对义务主体作出了规定，即县级以上地方政府办公厅（室）或者县级以上地方人民政府确定的其他政府信息公开工作主管部门，国务院办公厅作为全国政府信息公开工作的主管部门，负责推进、指导、协调、监督全国的政府信息公开工作。根据条例的规定，明确否定了立法机关、司法机关、军事机关等作为政府信息公开的义务主体，《政府信息公开条例》中的"政府"只能是行政机关，并不泛指一切国家机关。此外，《政府信息公开条例》第 36 条规定，法律、法规授权的具有管理公共事务职能的组织公开政府信息的活动，适用本条例。这里的组织虽然不是行政机关，但仍是政府信息公开法律关系的义务主体。

（四）政府信息公开的范围

1. 政府信息公开的范围

《政府信息公开条例》第 2 条对政府信息作出明确定义，所谓政府信息是指行政机关在履行职责过程中制作或者获取的,以一定形式记录、保存的信息。但并不是所有的政府信息都必须予以公开,在公开之前必须依照《中华人民共和国保守国家秘密法》以及其他法律、法规和国家有关规定对拟公开的政府信息进行保密审查,原则上不得公开涉及国家秘密、商业秘密、个人隐私的政府信息。条例还对政府信息的公开作出了原则性的规定,即不得危及国家安全、公共安全、经济安全和社会稳定。

2. 政府信息公开的豁免

政府信息公开的豁免是指依法对部分政府信息免于公开的制度。对政府信息进行公开豁免是对公众知情权的限制,因此必须严格依照相关法律法规进行。《政府信息公开条例》对免于公开的政府信息作了严格的规定,具体有以下几类:(1)根据《中华人民共和国保守国家秘密法》被确定为国家秘密的信息(《政府信息公开条例》第14条);(2)根据知识产权法被确认为商业秘密的信息(《政府信息公开条例》第14条);(3)当事人不愿被公众知晓的个人隐私(《政府信息公开条例》第14条)。

(五)政府信息公开的程序

政府信息公开的程序是指在各种依法进行的政府信息公开形式中的相关方式、步骤和期限的总称。政府信息公开主要有主动公开和依申请公开两种方式。

1. 主动的公开程序

主动公开是指行政机关负有法定的强制公开义务,而主动实施的信息公开;《政府信息公开条例》第9条对行政机关应主动公开的信息内容进行了概括的规定,第10～12条对各级政府信息公开机构在其职责范围内应进行的信息公开作了列举式的规定。第15～18条对主动公开政府信息的方式、场所、主体、时间作了明确的规定。

2. 依申请的公开程序

依申请公开,又称被动公开,是指行政机关并无主动公开的强制义务,而是因申请人的申请而为之的信息公开。主动公开与被动公开作为两种功能互补的公开方式很好地实现了知情权与其他相关利益的平衡,这也是许多国家采取的信息公开的方式。《政府信息公开条例》第13条规定,除依规定应由行政机关主动公开的政府信息外,公民、法人或者其他组织还可以根据自身生产、生活、科研等特殊需要,向国务院部门、地方各级人民政府及县级以上地方人民政府部门申请获取相关政府信息。《政府信息公开条例》第20～28条对依申请的公开的申请、受理、移送、审查、答复、期限、费用收取及减免等内容作了明确规定。

（六）政府信息公开的监督和救济

1. 政府信息公开的监督

（1）政府信息公开的监督机关

根据《政府信息公开条例》第3、30、33条的规定，国务院办公厅是全国政府信息公开工作的主管部门，负责推进、指导、协调、监督全国的政府信息公开工作。县级以上地方人民政府办公厅（室）或者县级以上地方人民政府确定的其他政府信息公开工作主管部门是本级政府和下级政府信息公开的监管机关，负责推进、指导、协调、监督本级和下级的政府信息公开工作。由此可知，我国对政府信息公开实行行政机关监督制度，政府信息公开工作主管部门和监察机关负责对行政机关政府信息公开的实施情况进行监督检查。

（2）政府信息公开的监督制度

根据《政府信息公开条例》第29~32条的规定，我国政府信息公开的监督制度主要有：第一，年度报告制度；第二，政府信息公开考核制度；第三，政府信息公开社会评议制度；第四，政府信息公开责任追究制度。政府信息公开工作主管部门和监察机关通过这些制度对政府信息公开工作进行考核、评议。

2. 政府信息公开的救济

《政府信息公开条例》是行政法规，当事人因合法权益受到侵害寻求救济途径属于行政救济。行政救济是指行政相对人因行政主体在行使行政职权过程中的违法或不当的具体行政行为对其合法权益造成损害，而请求国家有权机关予以恢复、救助的行政法律制度。我国行政救济主要有行政监察制度、行政复议制度和行政诉讼制度。《政府信息公开条例》第33条为公民、法人或者其他组织提供了行政救济的途径。（1）行政监察制度。"公民、法人或者其他组织认为行政机关不依法履行政府信息公开义务的，可以向上级行政机关、监察机关或者政府信息公开工作主管部门举报。收到举报的机关应当予以调查处理。"（2）行政复议制度。"公民、法人或者其他组织认为行政机关在政府信息公开工作中的具体行政行为侵犯其合法权益的，可以依法申请行政复议。"（3）行政诉讼制度。"公民、法人或者其他组织认为行政机关在政府信息公开工作中的具体行政行为侵犯其合法权益的，可以依法提起行政诉讼。"此外，《政府信息公开条例》第34~35条还设定了相应的行政处罚措施，责令改正、处分、追究刑事责任等。

（七）评价

随着信息时代的到来，信息逐渐成为社会的重要资源，然而其中绝大部分资源却由政府掌控。政府信息公开不仅顺应了时代发展的要求，更体现了对公民知情权的保障，同时也坚定了建立"阳光政府"的决心，是发展社会主义民主政治的基本要求。通过部分省市对政府信息公开规范的探索，使《政府信息公开条例》得以顺利通过，对形成完整的政府信息公开法律体系奠定了坚实的基础。同时我们还应当看到，由于公民寻求政府信息公开的意识薄弱、政府机关懈怠于政府信息公开、政府信息公开的监督制度的不健全以及信息公开的行政救济制度的不完善等方面的问题，我国政府信息公开法律制度的建设还需要更多的努力。

第五章 政府信息公开法的基本原则

第一节 政府信息公开法基本原则概述

一、政府信息公开法基本原则的界定

政府信息公开法的基本原则是政府信息公开立法、执法和司法中的一个带有全局性、根本性的问题。"法律原则就是指那些可以作为规则思想基础或政治基础的综合性、稳定性的原理和准则。"① 政府信息公开法的基本原则是指信息公开法的适用主体所必须遵循的，体现在政府信息公开法律规范中的，贯穿在立法、执法、司法过程中的最基本的法律准则。它具有以下特征：

（一）政府信息公开法的基本原则是一种最基本的法律准则

政府信息公开法的基本原则不是具体的行为准则，并不具体规定政府信息公开法的适用主体可以做什么、应当做什么或者不得做什么，它是用来指导政府信息公开法律规则的制定、实施的准则，是一种比较宏观和抽象的指导性准则。政府信息公开法的基本原则是政府信息公开法中最基本的、最抽象的、最高层次的行为准则，它对政府信息公开法中的所有法律规则都具有指导作用，而不仅仅是对部分法律规则有指导作用，它是从整个的政府信息公开法律规则中概括出来的准则，而不是部分法律规则中概括出来的准则。对其他较低层次的准则具有统帅作用，其他较低层次的准则是由这些最基本的原则引申出来，服务于最基本的原则，并不得与最基本的原则相抵触。

政府信息公开法的基本原则可以从两个维度来理解，一是"实在法"维度的原则，另一个是"理论"维度的原则。"实在法"维度的政府信息公开法的基本原则，是经立法主体制定或者认可的具有法律效力的原则，虽然这些原则不一定被直接规定在法律条文之中，但是一定能够从整个法律规范之中总结出来。当然也有立法主体在立法之前即已确定了法律原则的情况，要求将这些

---

① 李龙．法理学 [M]．武汉：武汉大学出版社，1996：76.

原则贯彻到即将制定的法律中去。"理论"维度的法律基本原则区别于"实在法"维度的法律基本原则的根本点在于前者没有强制约束力，而后者有强制约束力，确定后者的主体是有权的国家机关，确立前者的主体是专家学者等。"理论"维度的法律基本原则是一些专家、学者等人经过研究认为一国的政府信息公开法应该具备的法律基本原则，这些"理论"上的法律基本原则也可能得到立法机关的认同，将之通过法定程序转化为"实在法"上的法律基本原则。

（二）政府信息公开法的基本原则是应该或者已经体现在政府信息公开法规范中的准则

在政府信息公开法制定以前，有关国家机关确定的基本原则是它们认为应该体现在即将制定的政府信息公开法规范中的准则；在政府信息公开法制定出来之后，政府信息公开法的基本原则就是从政府信息公开法规范中抽象概括出来的基本准则；专家学者所提出的政府信息公开法的基本原则，就是他们认为应该体现在政府信息公开法规范中的准则。"法律原则是法律、法规的灵魂所在、活力所在。没有原则的法律、法规实际上是不存在的。"① 这三条说明了法律、法规不能没有原则，不能脱离原则的指导。另一方面，原则特别是基本原则应该体现在法律、法规之中，体现在法律规范之中，再好的法律基本原则如果不体现在法律规范之中，那么它就只是一些漂亮的口号而已。

（三）政府信息公开法的基本原则应该是政府信息公开法适用主体遵循的行为准则

"对于法律来说，除了我的行为以外，我是根本不存在的，我根本不是法律的对象。"② 法律是一种约束个人和社会组织行为的规范，通过对个人和社会组织行为的规范来调控社会关系。政府信息公开法的基本原则是政府信息公开法所应体现的基本精神与基本价值取向，它必然要体现在对政府信息公开法适用主体的行为的规定之中，也就是说有什么样的政府信息公开法的基本原则，就有什么样的行为规范，政府信息公开法的基本原则是政府信息公开法适用主体的行为准则。

（四）政府信息公开法的基本原则应该贯穿法律运行的全过程

当然，政府信息公开法的基本原则首先应在政府信息公开法的法律规范之中得到体现，但这只是第一步，立法的目的是为了能够将法律规范落实到实际

---

① 李龙．法理学［M］．武汉：武汉大学出版社，1996：76.

② 马克思，恩格斯．马克思恩格斯全集：第1卷［M］．北京：人民出版社，1956：16-17.

生活中去，而且还为司法机关处理纠纷提供依据。这个过程包括立法、守法、执法、司法这四个既相对独立、又相互联系渗透的阶段；包括四类主体即立法的主体立法机关，守法的主体公民、法人和其他社会组织，执法的主体行政机关，司法的主体司法机关。

二、决定政府信息公开法基本原则的主要因素

确定政府信息公开法的基本原则应考虑哪些因素，或者说应该如何确定政府信息公开法的基本原则呢？这是我们现在必须回答的问题，如果我国的政府信息公开法已经制定出来，那么一般来说只要我们对法律规范加以总结归纳就不难得出该法的基本原则。事实上，立法机关肯定会在制定法律之前就要确定法律的基本原则，而绝不会在立法前根本就没有原则，只等法律制定出来以后再去归纳总结出原则。我们认为，确定我国政府信息公开法的基本原则主要应考虑以下几个方面的因素。

（一）法律原则的基本特征

法律原则与政府信息公开法的基本原则是共性与个性、普遍性与特殊性之间的关系，政府信息公开法的基本原则应符合法律原则的基本特征。法律原则的基本特征是：它是一种最基本的法律准则；应该将其贯穿在法律规范之中；应该是法律适用主体遵循的基本行为准则；应该贯穿在立法、守法、执法、司法的整个过程之中。只有当一个准则符合法律原则的这些基本特征时，它才有可能是政府信息公开法的基本原则。反之，如果一个准则不符合法律原则的基本特征，例如，它只是一个具体的法律准则而不是基本的法律准则，只是体现在某些法律规范当中而不是贯穿在整个法律规范当中，只是法律适用主体应遵循的具体行为准则而不是最基本的行为准则，只是贯穿在立法、守法、执法、司法的某些阶段之中，而不可能贯穿始终，那么这个准则就不是法律原则，因而就更不可能是政府信息公开法的基本原则。

（二）宪法和其他有关上位法的基本精神

宪法是一国的根本大法。"在成文宪法的国家中，宪法的法律效力高于一般的法律，在国家法律体系中处于最高的法律地位。"① 我国现行宪法的序言中规定："本宪法以法律的形式确认了中国各族人民奋斗的成果，规定了国家的根本制度和根本任务，是国家的根本法，具有最高的法律效力。"第5条第2款规定："一切法律、行政法规和地方性法规都不得同宪法相抵触。"我国《政府信息公开条例》由国务院以行政法规的形式颁布实施，它自然不得与宪

---

① 周叶中．宪法［M］．北京：高等教育出版社、北京大学出版社，2000：35.

法相抵触，而且要贯彻宪法的原则和精神。

一个国家要实现法制的统一，就必须合理确定种类法律之间的相互关系，建立起以宪法为统领的、位阶分明的、相互协调一致的法律体系。为达此目的，各国通行的做法是确定"上位法优于下位法"、"新法优于旧法"、"特别法优于一般法"、"法不溯及既往"等原则。我国《立法法》在第五章"适用与备案"中对这些原则有较详细的规定。政府信息公开法的制定当然也不得违背这些原则。我国《政府信息公开条例》由国务院以行政法规的形式制定，因此它的位阶将低于宪法和全国人大及其常务委员会制定的法律。

我国现行《立法法》第 79 条规定："法律的效力高于行政法规、地方性法规、规章。行政法规的效力高于地方性法规、规章。"这个规定表达了"上位法优于下位法"的原则，明确规定了行政法规的效力低于法律，即不得制定出与法律相违背的行政法规，一旦制定出的行政法规与法律相抵触，与法律相抵触的行政法规的条款无效，有关机关有权依法改变或者撤销。我国的《政府信息公开条例》属于行政法规，它就不得与其上位法即宪法和法律相抵触。因此，我们在制定政府信息公开法前所确立的基本原则必须符合而不能违反法律的基本原则和精神。

随着我国改革开放的不断深入，特别是随着我国成功加入 WTO，我国参加了国际公约，签订的国际条约不断增多，如何调整和处理国际条约与国内法之间的关系成为一个摆在我们面前的重大课题。我国宪法没有明确规定如何在国内适用经过批准的国际条约的问题，但有不少部门立法中有优先适应国际条约的规定。我国《民法通则》第 142 条第 2 款规定："中华人民共和国缔结或者参加的国际条约同中华人民共和国的民事法律有不同规定的，适用国际条约的规定，但中华人民共和国声明保留的条款除外。"

《民事诉讼法》第 238 条也规定："中华人民共和国缔结或者参加的国际条约同本法有不同规定的，适用该国际条约的规定，但中华人民共和国声明保留的条款除外。"《行政诉讼法》第 72 条也规定："中华人民共和国缔结或者参加的国际条约同本法有不同规定的，适用该国际条约的规定。中华人民共和国声明保留的条款除外。"虽然只有少数法律作了国际条约优先适用的规定，大多数法律并无此规定，但是可否由此得出结论：国际条约的位阶高于法律而仅次于宪法？

另外，一般认为，法律或者决定的效力取决于它的制定机关或者决定机关的层次高低。依据我国现行宪法的规定，国务院"管理对外事务，同外国缔结条约和协定"（第 89 条第 9 款），但只有全国人大常委会才有权"决定同外国缔结的条约和重要协定的批准和废除"（第 67 条第 14 款），最后由国家主席根据全国人大常委会的决定"批准和废除同外国缔结的条约和重要协定"（第81条）。由此可知，只是对于一般的协定国务院可以自行批准和废除，而对于条约和重要协定，必须由全国人大常委会批准或者废除。鉴于普通法律、条约和重要协定都由全国人大常委会制定或者批准，它们的位阶应当相同，即应当高于国务院的行政法规。即由国务院制定的《政府信息公开条例》不能同全国人大常委会批准的条约和重要协定相抵触。我国加入WTO以后，各级国家机关包括国务院都在抓紧清理与WTO规则不一致的法律法规，为了使即将制定的政府信息公开法不与WTO规则等我国已签署的条约和重要协定相抵触，我们就应当在制定政府信息公开法之前确立其基本原则的时候考虑我国已签署的条约和重要协定的基本原则与精神。

（三）立法目的与立法的理论基础

立法肯定有其人权、政治、经济、文化等方面的目的，也就是说立法者肯定想通过立法及法律的适用达到一定的目的，产生自己心目中预期的结果。立法目的对法律的基本原则有着决定性的影响。如果我们制定政府信息公开法的目的是"为保障公众行使知情权，参与管理国家和社会事务，促进政府信息流动，监督政府机关依法行使职权"，① 那么政府信息公开法的基本原则就应该是：权利原则与公开原则、利益平衡原则、不收费原则、自由使用原则、救济原则。② 如果我们制定政府信息公开法是别的目的，那么必然就有别的基本原则。

立法的理论基础也对法律的基本原则有着重大影响。一定的行为和实践往往以一定的理论为先导，制定法律是一件十分严肃的、对社会影响深远的、因而应该多方研究论证的事情，它必须要有比较充分的理论依据。政府信息公开法的理论基础一旦确立就会对其基本原则产生重大影响。现在基本获得世界各国公认的政府信息公开法的理论基础有：人民主权理论；权力制约理论；基本人权理论中认为人民应该享有知情权、言论自由和表达自由权、新闻自由权等理论。这些理论是影响政府信息公开法基本原则的重要因素。

（四）我国的物质文化生活条件

马克思说过："只有毫无历史知识的人才不知道：君主们在任何时候都不得不服从经济条件，并且从来不能向经济条件发号施令。无论是政治的立法或

---

① 周汉华. 政府信息公开条例专家建议稿 [M]. 北京：中国法制出版社，2003：1.

② 参见周汉华. 政府信息公开条例专家建议稿 [M]. 北京：中国法制出版社，2003：1-2.

市民的立法，都只是表明和记载经济关系的要求而已。"① 我们在确定政府信息公开法基本原则的时候，当然也不能不考虑经济条件。如果我们确定的政府信息公开法基本原则在现有经济条件下根本无法实现，仅仅是我们一厢情愿的美好愿望，那么依照此原则制定出来的法律必将是不切实际的法律，根本无法实现立法目的和立法的意图。另外，确立政府信息公开法基本原则还必须考虑文化生活条件，这并不是说我们对现有的文化生活条件只能唯命是从，固守现有的文化生活模式，而是说我们必须对这些因素要有充分的认识，一方面挖掘发挥文化生活中有利于实现立法目的的因素，另一方面对文化生活中不利于实现立法目的的因素要设法加以克服。

三、政府信息公开法基本原则的意义

（一）政府信息公开法基本原则是连接立法目的和法律规则的中间环节

欲制定政府信息公开法必先明确立法目的，依据立法目的再确定政府信息公开法的基本原则，最后依据基本原则制定出具体的法律规则。基本原则是连接立法目的和法律规则之间必不可少的中间环节，一方面立法的目的需要结合我国的现实情况深化为基本原则，只有这样立法目的才有可能被实现，另一方面法律规则也需要有基本原则的统领和指导，只有这样法律规则才有灵魂。"法律原则是法律、法规的灵魂所在、活力所在。"② 没有基本原则统领，法律规则只是法律条文的堆砌，就不能保持协同一致，就有可能偏离立法目的。

（二）政府信息公开法的基本原则是指导该法运行的基本准则

政府信息公开法的基本原则一旦确立，它就能够指导立法机关制定法律规则，指导公民守法，指导执法机关执法，指导司法机关司法。政府信息公开法之所以能起到这些作用，归根到底还是因为其基本原则是整个法律的统帅和灵魂，明确、掌握了基本原则才能更好地制定出具体的法律规则，才能更好地理解法律从而指导守法、执法、司法。

（三）政府信息公开法的基本原则可以弥补该法的不足

在刑法领域，世界各国通行的做法是实行"罪刑法定"原则，禁止类推，这样做有利于保障人权。因为刑罚是对人最严厉的制裁。但是在其他部门法，如民法部门就可以依据法律原则在法律没有明文规定的情况下类推适用。政府信息公开法的具体法律规则制定得再具体、再细致都免不了有所疏漏，而且随

---

① 马克思，恩格斯．马克思恩格斯全集：第 4 卷 [M]．北京：人民出版社，1958：121-122.

② 李龙．法理学 [M]．武汉：武汉大学出版社，1996：76.

着社会的发展，必然会出现一些法律规则中没有规定的情况。因此，政府信息公开法的基本原则就可以发挥而且也应当发挥弥补法律规则的功能。政府信息公开法的基本原则一方面赋予执法主体和司法主体在法律规则没有明文规定的情况下类推适用的手段和工具，另一方面也是限制执法主体和司法主体滥用类推的有力保障，即它要求类推必须是在法律基本原则的指导下，符合法律基本原则的类推。

第二节　政府信息公开法的基本原则

借鉴世界各国政府信息公开法的基本原则，结合我国的实际情况，并参考了近年来有关学者对此问题的看法，我们认为我国政府信息公开法应确立以下基本原则：权利原则；公开原则；平等原则；及时原则；便民原则；权利救济原则。

一、权利原则

权利原则是指获得政府信息是公民、法人和社会组织的权利，相应的，公开和提供政府信息是政府有关部门的义务。确定权利原则的依据在于以下几个方面。

（一）人民主权。我国现行宪法第 2 条第 1 款规定，"中华人民共和国的一切权力属于人民"，表明是人民主权的国家。人民主权是指国家中绝大多数人即最广大的人民拥有国家的最高权力，它主要是相对于君主主权而言的。依据卢梭的"人民主权"理论，主权是不可转让、不可分割的，即主权者是一个以全体人民公意表现出来的集体生命，主体属于人民，国家和政府不是主权的所有者，而是人民意志的执行者，它们必须接受人民的监督并遵守人民制定的法律。卢梭认为政府："就是在臣民主权者之间所建立的一个中间体，以便使两者得以互相适合，它负责执行法律并且维持社会的以及政治的自由。"① 既然我国的主权在民，人民是国家真正的主人，而政府和国家工作人员是人民的公仆，那么人民有权利知道与政府机关有关的信息以及政府机关所掌握的信息，而政府机关有义务提供信息就是理所当然的事情了。

（二）知情权。知情权是一项基本人权。人权是指作为一个人应该享有的权利。"1791 年美国宪法的 10 条修正案（又称权利法案）和 1791 年的法国宪

---

① ［法］卢梭．社会契约论［M］．北京：商务印书馆，1980：76.

法是最早确认基本人权原则的资产阶级宪法。"① 自此以后，世界各国不管是资本主义国家还是社会主义国家都纷纷将基本人权写入宪法。现在世界上已有不少国家将公民获得政府信息的权利作为基本人权载入了宪法。1996 年的《南非宪法》第 32 条规定："（1）每个人都有权利获得（a）政府拥有的任何信息；和（b）由任何第三人拥有并且是行使或者保护任何权利所需要的信息。（2）国家必须制定法律实施该权利，并且可以规定合理的措施减轻国家的行政的财政负担。"1990 年的尼泊尔《宪法》第 16 条规定："每个公民应有权要求和得到任何有关公共事务的信息。"1987 年的菲律宾《宪法》第 3 条第 7 节规定："应承认人民得到公共信息的权利。除了法律所规定的限制以外，应向公民提供官方记录与文件，与官方行为、交易或决定有关的文件，以及作为决策基础的政府研究资料。"1997 年的泰国《宪法》第 58 条规定："除非公开政府信息会影响国家安全、公共安全或其他人受到法律保护的利益，人们应有权获得国家机关、公有企业或者地方政府机构所拥有的公共信息。"虽然我国现行宪法中未明确将知情权写入宪法，但这并不表明我国不承认这项基本人权，恰恰相反，依据我国的国家性质和宪法确认的其他人权，我们可以得出知情权是我国公民基本人权的结论。

知情权作为一项基本人权得到了国际法律文件的确认。首先，联合国的一些法律文件确认了这项基本人权。联合国 1946 年通过的第 59（1）号决议中规定："信息自由是一项基本人权，也是联合国追求的所有自由的基石。"1948 年的《世界人权宣言》第 19 条规定："人人有权享有主张和发表意见的自由；此项权利包括持有主张而不受干涉的自由，和通过任何媒介和不论国界寻求、接受和传递消息和思想的自由。"

1966 年通过的联合国《公民权利和政治权利国际公约》第 19 条第 2 款规定："人人有自由发表意见的权利；此项权利包括寻求、接受和传递各种消息和思想的自由，而不论国界，也不论口头的、书写的、印刷的、采取艺术形式的、或通过他所选择的任何其他媒介。"其次，一些区域性法律文件中也有不少关于获得政府信息的规定。1956 年签订的《欧洲人权公约》第 10 条规定："人人享有表达自由的权利。此项权利应当包括持有主张的自由，以及在不受公共机构干预和不分国界的情况下，接受和传播信息和思想的自由。"1981 年非洲统一组织通过的《非洲人权和民族权宪章》第 9 条规定："（1）人人有权接受信息。（2）人人有权在法律范围内表达和传播自己的见解。"最后，一些单行的国际条约也规定了知情权。1992 年的《合约环境与发展宣言》第 10 条

---

① 周叶中. 宪法 [M]. 北京：高等教育出版社、北京大学出版社，2000：99.

规定:"环境问题最好在不同层级公众参与的基础上解决。在国家层面,每个人应获得其社区的有害物质与活动的有关信息,并有机会参与政策制定。国家应通过广泛地提供信息,鼓励和促进公众觉悟与参与。"

由此可知,知情权作为一项基本人权已经得到了不少国家的宪法和国际条约的承认,作为将这项基本人权具体落实规范的政府信息公开法理应体现基本人权的精神。

(三)表达自由权。美国宪法修正案第1条规定:国会不得制定关于确定宗教或者禁止自由从事宗教活动的法律;不得制定剥夺言论或新闻出版自由的法律;不得制定剥夺人民和平集会和向政府请愿的权利的法律。继美国之后,许多国家的宪法中都规定了表达自由。普遍的观点认为表达自由是通过各种方式发表、传递自己的意见、思想、观点的自由。我国宪法第35条规定:"中华人民共和国公民有言论、出版、集会、结社、游行、示威的自由。"这明确地规定了我国公民的表达自由权。

《世界人权宣言》、《公民权利和政治权利国际公约》、《欧洲人权公约》以及《非洲人权和民族权宪章》中都将表达自由权与知情权连在一起规定,这是因为本来表达自由权与知情权就有着紧密的联系。如果我们要将表达自由确立为一项基本人权,那么知情权也应该成为一项基本人权。这是因为,首先表达自由是一个输出信息的过程,而获得政府信息是一个接受信息的过程,如果政府信息被严密封锁,公民没有信息来源,那么公民根本就无法表达对有关事情的思想、观点,表达自由就失去了意义。其次,表达自由一个最重要的功能就是公民参政议政管理社会,如果政府信息不公开,公民连政府的实际情况都不知道,公民就不可能真正地参政议政。最后,表达自由权和知情权共同组成了信息自由流通权,只有当公民同时享有这两种权利时,公民才既有权发出信息,又有权接受信息,才完整享有信息自由流通权。

(四)监督权。政府信息公开也是公民实现监督权的必要途径。早在50多年前,毛泽东同志就说过:"只有让人民来监督政府,政府才不敢松懈。只有人人起来负责,才不会人亡政息。"我国现行宪法第41条第1款规定:"中华人民共和国公民对于任何国家机关和国家工作人员,有提出批评和建议的权利;对于任何国家机关和国家工作人员的违法失职行为,有向有关国家机关提出申诉、控告或者检举的权利,但是不得捏造或者歪曲事实进行诬告陷害。"这项规定明确了公民享有监督权。政府信息公开是公民实现监督权的前提,如果政府信息不公开,公民连政府的情况都不知道,监督就会成为空谈。世界各国都把政府信息公开当做一项遏制腐败、实现公民监督权的重要手段。我国近年来实施的村级财务公开、农民负担情况公开、公开选拔干部、干部任前公示、重大工程公开招标等制度对遏制腐败、加大对政府机关及其工作人员的监督收到了非常明显的效果。如果我们能够比较好地实行政府信息公开，公民的监督权就能够较好地实现，渎职、贪污、腐败等政府工作人员的违法犯罪现象就会大大地减少。

二、公开原则

公开原则是指政府信息以公开为原则，以不公开为例外，政府信息中除了法律规定不公开的内容，其他的内容都应该公开。这里最关键的问题是哪些内容不公开，即不公开的范围有多大的问题。一方面我们要保障公民获得政府信息的权利，不能借口"保密"而无限扩大保密的范围，另一方面我们也不能不考虑"保密"的问题，也就是说我们必须平衡"公开"与"保密"的关系。世界上没有哪一个国家的政府信息公开是绝对的。平衡"公开"与"保密"的关系应遵循以下几个基本原则：

（一）遵守宪法的原则。宪法是一国的根本大法，其他法律均不得与其相抵触，我们处理政府信息的"公开"与"保密"的关系时，也必须遵守宪法，不得违背宪法随意扩大或者缩小"保密"的范围。我国现行宪法第 51 条规定："中华人民共和国公民在行使自由和权利的时候，不得损害国家的、社会的、集体的利益和其他公民的合法的自由和权利。"这条规定是我们处理"权利冲突"的基本原则，也是处理政府信息的"公开"与"保密"之间关系的基本原则。在现实生活中，公民行使其合法权利时与其他公民的合法权利、集体的权利甚至国家的权力或者利益相冲突的情况时有发生，同样公民行使知情权的过程中也会与其他权利、权力例如隐私权、商业秘密受保护的权利、国家保密权等发生冲突。现实中的情况往往很复杂，现行宪法第 51 条只是给我们提供了一个基本的原则，我们还应该有其他一些更为具体的解决问题的办法。

（二）严格限制有权规定免除公开的政府信息的主体的原则。我们应该严格限定只有较高层次的国家机关才有权规定哪些政府信息可以免除公开，如果每一级政府都有权自己规定哪些信息应该公开，哪些信息应该保密，那么政府信息公开法就会变成政府信息不公开法。

（三）有限免除公开的原则。免除公开的政府信息应该是明确规定的、有限的，而不应该是规定模糊的、可以无限扩大的。美国《信息自由法》第 2 条明确规定了 9 项政府免除公开义务的信息：（1）国防和外交政策的某些文件。（2）机关内部人员的规则和习惯。（3）其他法律明确规定不得公开的信息。（4）贸易秘密和商业或金融信息。（5）机关内部和机关之间的备忘录。（6）公开后会明显地不正当侵犯公民隐私权的人事、医疗档案或类似的个人信息。(7)执行法律的某些记录和信息。(8)金融管理部门为控制金融机构而使用的信息。(9)关于油井的地质的和地球物质的信息。① 这些规定比较明确具体，比较合理。

只有严格限制免予公开的政府信息的范围，即限制例外情况，才能使政府信息公开的原则得到真正落实。

三、平等原则

平等原则指公民、法人和其他组织都享有平等获取政府信息的权利，与信息相关的当事人可以申请获取政府信息，其他人也可以申请获取。这是由政府信息是一种公共资源的特性所决定。

信息、物质和能量是构成客观世界的三大要素，信息是人类社会生存和发展的基本条件，也是人类认识世界、改造世界的媒介，也是一种重要的生产力要素，归根到底，信息是社会存在和发展的必不可少的资源。资源原本指自然资源，即能够为人类提供生存、发展、享受的自然存在的物，如土地、矿藏、水流、森林等。工业革命使得传统的人力和畜力为主要动力的时代一去不复返，石油、煤炭、电力、水能、风能、太阳能、核能等能量资源越来越成为社会生产、生活不可须臾或缺的资源。"二战"以后，以电子计算机为标志的信息技术突飞猛进，信息产业已成为国民经济的重要支柱，信息社会已经到来，信息资源成为继自然资源、能量资源之后的第三大资源。有人认为物质、能量、信息这三者就好像是一个人的体质（物质）、体力（能量）和智力（信息）。只有体质、体力和智力都发展的人，才是一个真正健康的人。② 《孙子兵法》云："知彼知己者，百战不殆；不知彼而知己，一胜一负；不知彼，不知己，每战必殆。"表明我国古人已经认识到信息对于战争的巨大价值了。在现代社会中，信息资源越来越丰富，越来越重要。

政府信息资源是一种公共资源，这种公共资源如同政府提供的其他公共产品一样，是由政府用纳税人的钱生产、搜集和加工的，它也应该像政府提供的其他公共产品一样供全社会使用。依据宪政理念与精神，主权在民，人民建立政府的目的是为了实现人民的利益，从某种意义上可以说是为了完成单个的公民或者少数人无法完成的事以造福人民。政府有能力也有责任提供公共产品，只有政府才有能力利用纳税人的钱对信息进行生产、搜集和加工。政府在生

---

① 参见应松年、陈天本．政府信息公开法律制度研究 [J]．国家行政学院学报，2002（4）：61.

② 参见靖继鹏．信息经济与社会知识讲座 [J]．国外情报科学，1994（1）.

产、搜集和加工信息上有着其他的组织和个人所没有的优势。首先，政府有着雄厚的信息采集实力，政府拥有庞大的行政体系和专门采集信息的机构和专业人员，拥有无偿采集市场信息的行政权力。其次，政府自身是一个庞大的信息制造者，政府机关每年要制定大量行政法规、规章、规定，还要进行任免干部、调整机构设置等行为，这些行为本身就是在生产制造信息。再次，政府拥有强大的信息储存能力，拥有非常丰富的信息。据统计，1996 年我国运行的 1 038 个大型数据库中有 554 个属于政府机构，78 个属于企业，311 个属于科研机构，其他类型只有 95 个，由于我国科研机构大多数属于国家，因此，这 311 个属于科研机构的数据库大多数还是由政府机构掌握。最后，由于政府部门拥有先进的技术、专业的人才和丰富的信息资源，其信息分析能力强、效率高。

政府信息是政府应当向人们提供的一种公共产品，因此它应当平等供人们查阅利用。大多数国家所谓的"平等原则"指本国公民之间在获取政府信息权利上是平等的，但也有少数国家的政府信息公开法律，如美国、日本等国甚至使用了"任何人"的措辞。

四、及时原则

及时原则，是指政府不仅应当公开信息而且应该在最短的时间内及时公开，不得无故拖延，从而使信息发挥其最大的社会效益。

讲求效率是人们对政府行为特别是行政行为的基本要求，它要求政府及政府机关工作人员积极有效地工作，公开政府信息是政府部门的重要工作之一，当然也要求讲究效率，及时作为。不仅如此，政府信息的公开因其特殊性，应更加讲究及时，讲究效率。

信息具有很强的时效性，即只在有限的时间内信息才是有利用价值、有效用的，超出一定的期限的价值急剧下降，甚至毫无价值。信息之所以具有时效性，是因为信息是人类认识世界、改造世界的媒介，通过这种媒介，人们可以知道事物刚刚发生的或者正在发生的变化，为人们决策、行动提供依据，减少行为的不确定性。如果我们获得的信息是过时的，事物早已时过境迁，那么这样的信息的价值将大打折扣。人们不是为了得到信息而获取信息，获取信息的目的归根到底是为了指导行动，已过时的、不能指导行为的信息不是真正的信息。这也是保密的文件都有一定期限，期限一过，保密文件就失去保密价值的原因。政府信息因其对人们的行为具有重要意义而显得更加重要，因为政府的很多信息如法律性文件是人们行为的依据，一旦违反还会受到惩罚。因此，政府信息的时效性对人们有着更加突出的意义。

在特殊的情况下，政府信息的公开更应该及时。我国 2003 年爆发"非典"后，党和政府领导人民抗击"非典"，其中一个非常重要的举措是及时公布"非典"疫情。从 2003 年 4 月 1 日开始，卫生部每天向世界卫生组织报告疫情；4 月 14 日，国务院总理温家宝主持召开国务院常务会议，要求完善信息网络、及时、准确地对突发公共卫生事件作出预测、预报和预警。4 月 17 日，中共中央政治局常委会召开会议，中共中央总书记胡锦涛主持会议，要求准确掌握疫情，如实报告并定期向社会公布，不得缓报、瞒报。为了确保统计公布的数据的准确，政府采取了传统的约束方式，所有统计数据都要由当地一把手签字画押，每天公布一次疫情。为什么在紧急情况下，政府更应该及时公布信息呢？这一方面是因为紧急情况下，事情发展变化迅速，为了掌握最新的情况并用以处置紧急的情况，需要更及时了解情况；另一方面是因为只有及时地让民众知道情况，才能协调政府与民众的行动，更有效地战胜疫情。正因为如此，2003 年 5 月 12 日国务院公布的《突发公共卫生事件应急条例》对突发事件的报告与信息发布的时限作了明确的规定，它规定有下列情况之一的省、自治区、直辖市人民政府应当在接到报告 1 小时内，向国务院卫生行政主管部门报告：①发生或者可能发生传染病爆发、流行的；②发生或者发现不明原因的群体性疾病的；③发生传染病菌种、毒种丢失的；④发生或者可能发生重大食物和职业中毒事件的。

为了达到信息及时公开的目的，采用更快捷的公开方式和手段非常关键，互联网是迄今为止最快的，而且能迅速让广大公众接受到信息的方式，我国"非典"流行期间，互联网成为人们及时了解疫情的最主要途径。电子化政府是人们要求及时迅速获取政府信息的必然选择与结果。

五、便民原则

便民原则指政府公开的信息应能够让人们能够很容易、方便地获得和利用。政府信息是公共产品，它不仅应当被人们利用，还应该能方便地被人们利用，便民原则要求达到如下要求：（1）获取信息费用低，甚至免费使用；（2）节约时间，查找方便，能迅速获取信息；（3）使用自由，不受时间、空间的限制，能为不同人群所接受；（4）信息相对集中，内容全面，基本上能够达到这些要求的方式是"政府上网"即电子政府，电子政府的一项重要功能是政府信息上网。政府信息上网极大地方便了人民群众。

首先，上网获取、查阅政府信息相对于购买书籍、订阅杂志来说，费用降低了很多，一般只需支付上网费即可，政府网站提供的信息，人们能够上网免费获取。

其次，上网获取政府信息节约时间、查找方便、迅速。通过电话、查阅政府公报、查阅书籍等任何一种方式都没有上网查询更快捷、更方便、更省时。

再次，政府信息上网，使得人们可以自由使用政府信息，不受时间、空间的限制，政府的网站 24 小时提供服务，不存在上下班的问题和节假日休息的问题。从网上获取政府信息也不受空间限制，你可以在办公室，也可以在家里、网吧里，随着无线上网的实现，你可以在任何地方上网获取政府信息。

不仅如此，有些国家为了让残疾人和外国人也能自由获取政府信息，为政府网站设置了残疾人接口和外国语言接口，例如美国截至 2002 年，有 28% 的政府网站设有残疾人接口以方便聋哑人或盲人也能上网获取信息，有 7% 的网站具有语言翻译的功能（有语言翻译功能的网站比率不高，可能与官方认为懂英语的外国人已非少数有关）。

最后，政府信息上网，能够使政府信息相对集中，内容全面，便于查阅。一个网站可以储存大量的信息，这些信息的集中大大方便了人们查阅。政府信息上网的这些方便人民获取信息的优点，是世界各国政府包括我国政府大力建设电子政府的重要原因之一。

便民原则要求政府做到以下两点：

（一）政府信息应免费获取、利用。政府的信息是利用纳税人的钱来采集、加工或者制造而形成的，而且政府也不是一个商业机构，因此，政府机关不得出售政府信息以牟取利益。政府信息的获取是免费的，是指信息本身是免费的，如果有人申请政府机关为其检索、复制、寄送信息，那么政府机关有权收取成本费，而且只能收取成本费而不能牟利。收取成本费是为了减轻财政负担，控制并不真正需要这些政府信息的人随意索取政府信息的复印件。如果不收取成本费，必将造成要求政府为其检索、复制、寄送信息的人急剧增多，增加财政负担。最终，对广大纳税人不利，本身也不公平。

另外，依照法律应当支付检索、复制、寄送信息费用的人，如果经济非常困难，而来人又确实需要有关信息的文本的，政府应该予以减免，从而使经济困难人群不至于因经济原因而无法获知政府信息。

（二）政府信息应可自由使用。政府文件不适用版权保护是当今世界上大多数国家的做法。美国 1976 年的《版权法》规定，版权保护不适用于美国联邦政府的任何文件，政府不得以保护版权的名义，垄断政府信息，限制政府信息的开发利用和流动。我国《著作权法》第 5 条第 1 款也规定，著作权保护不适用于"法律、法规、国家机关的决议、决定、命令和其他具有立法、行政、司法性质的文件，及其官方正式译文"。政府信息不适用于版权保护一方面是因为政府并非商业机构，不得利用信息牟利；另一方面是鼓励商业机构或者社会团体复制、出售政府公开的信息，促使政府信息自由流通，方便民众获取信息，实现政府信息的价值。

六、权利救济原则

《牛津法律大辞典》对"救济"的解释是："救济是纠正、矫正或改正已发生或业已造成伤害、危害、损失或损害的不当行为。……权利和救济这样的普通词组构成了对语……更准确的分析可以这样来表达：法律制度赋予特定关系中的当事人以两种权利和义务；第一与第二权利和义务，前者如取得所购买的货物和取得货物的价款，后者如强制对方交货，或强制对方就未交货一事给付赔偿；或在另一方面，强制对方支付货物的价款或强制对方就拒收货物而给予赔偿。虽然只有在第一权利未被自愿或未产生令人满意的满足的情况下，第二权利或救济权利才能发生作用，但要求对方履行义务的权利，或要求对方就未履行义务或不适当履行义务给予救济的权利，却都是真正的法定权利。相应的，救济是一种纠正或减轻性质的权利，这种权利在可能的范围内会矫正由法律关系中他方当事人违反义务行为造成的后果。"① 依据这种解释，当"第一权利"受到侵害时，受侵害人就需要"第二权利"，即获得救济的权利发生作用，从而保障"第一权利"的实现。反之，如果"第一权利"没有受到侵害，那么作为"第二权利"的救济权就处于备而不用的状态。总之，作为"第二权利"的救济权是"第一权利"的保障，虽然"第二权利"不一定发生直接的作用，但是如果没有"第二权利"，"第一权利"将毫无保障，"没有救济就没有权利"，"救济"本身也是一种权利。既然任何权利都有可能受到侵害，那么任何权利都应该得到救济，知情权也不例外。知情权的"权利救济原则"就是指任何人的知情权受到侵害都有权依据法定程序获得救济，国家有责任和义务规定这种权利得到救济的方式和程序。知情权遵循"权利救济原则"更为重要，因为一方面传统的行政争议所指向的是行政相对人的具体的财产利益或人身利益，而有关政府信息公开的争议所指向的都是信息的知情权而不是具体的、直接的利益，因此往往被人们所忽视，往往更容易受到侵犯；另一方面有关政府信息公开的行政争议存在着取证难的问题，直接导致权利难以得到救济。

只要制定政府信息公开法的目的是真正要保障民众的知情权而不是欺骗民众，国家就会确定权利救济原则。尽管各国的具体制度各不相同，但是每个国

---

① 牛津法律大辞典［M］. 北京：光明日报出版社，1988：764.

家基本上都设置了三种救济模式：即行政救济、司法救济和独立机构救济。行政救济绝大多数国家采用行政复议的形式，但也有少数国家在行政系统之内设一专门负责对公民知情权救济的机构，例如，泰国的"官方信息委员会"由总理委任主席，主要的行政部门的首长和一些学者任委员，它负责指导信息公开法实施，并且可以直接处理申诉。司法救济即行政诉讼是绝大多数国家规定的获取政府信息权的最后救济手段。独立机构救济是少数国家采用的比较特殊的救济方式，其特点是救济机构既不属于行政系统也不属于司法系统，基本上从属于立法机关，比较典型的有加拿大的独立信息专员救济，独立信息专员的地位类似北欧国家的议会监察专员，另外英国和泰国还设有信息裁判所，它是独立于行政系统之外的准司法性的裁判机构，是行政裁判所的一种。

如果要真正坚持权利救济原则，必须坚持两个具体的原则：

第一，充分发挥行政救济和独立机构救济等非司法机关的救济。虽然行政救济有其致命的弱点，即只是行政系统内部的救济，有违"任何人不能做自己的法官"的原则，其公正性往往引起当事人的怀疑，独立机构救济也有其弱点，即它往往只是一个调解的机构，所作出的决定不具有终局性，往往只是"以理服人"，但是，行政救济和独立机构的救济也有其巨大的优越性，即能够方便、迅速地解决争议，将大部分的争议迅速消除在萌芽状态，从而减轻了法院的负担，达到及时解决争议，实现公民权利，维护社会稳定的目的。正因为如此，各国基本上都设置了行政救济或者独立机构的救济等诉讼前置程序，这些救济方式和程序的充分实施对于公民的知情权的及时、迅速实现具有重要意义。考虑到信息具有很强的时效性而行政救济和独立机构的救济等非诉讼救济具有迅速方便的特点，这些救济方式和程序的意义就更加重要了。

第二，坚持最终审查权归于法院的原则，即最终决定权只能属于法院。正如前面所提到的非诉讼救济既有其优点，也有其不足，即它往往只是一种系统内部的救济，而且只是采取书面审理的方式，不可能排除不公平和错误的可能，而司法机关则可以作为超然的中立者作出裁判，相对来说更令人信服。坚持最终决定权属于法院一方面可以让那些对行政复议等非诉讼方式作出的决定不服的人得到进一步申诉的权利，另一方面它可以反过来促使作出行政复议决定的行政机关秉公作出决定，否则复议决定有可能在诉讼中被推翻，也促使被提起行政复议或者被起诉的行政机关依法公开信息。即使现实中所有的有关政府信息公开的争议都在行政复议阶段即已被解决，没有一个人提起诉讼，我们也必须在法律中确立最终决定权属于法院的原则，这是对行政机关的潜在压力，就像即使现实中所有的民事纠纷都已在当事人的协调或者调解委员会的调解下得到了解决，我们也不能取消民事诉讼一样。

第六章 政府信息公开法上的知情权

第一节 知情权概述

一、知情权的含义及特点

知情权概念在两种意义上使用：一是从大众与政府的关系出发，主张大众有从政府获知各种公共信息的权利；二是从媒体与当权者的关系出发，主张媒体有从当权者处获知各种公共信息的权利。知情权概念虽然到 20 世纪中叶以后才为各国所广泛关注，但有关知情权的观念却由来已久。早期的知情权主张侧重于新闻自由方面，美国新闻记者肯特·库柏率先使用了"知情权"一词。① 1945 年 1 月 23 日，肯特·库柏在文章中呼吁：公民应当享有更加广泛的知情权，"不尊重（公民的）知情权，在一个国家乃至在世界上便无政治自由可言"。② 美国 20 世纪 70 年代初相继发生的"五角大楼文件"事件和"水门事件"都属于媒体维护自身"获知权"的著名例证。"总的来讲，知情权这一概念产生的社会性、政治性背景主要表现在：政府、特定企业等垄断了对于人们生活必不可少的大量信息，以至于人们无法有效地接近和收集信息；同时，一般国民对收集信息的重要性的认识不断提高，报道机关以及一般公民的信息收集运动不断发展。"③ 较早对知情权加以保障的是北欧诸国，瑞典早在 1776 年就制定了《出版自由法》，是世界上最早拥有信息公开立法的国家。法国《人权宣言》第 15 条规定"社会有权要求全体公务人员报告其工作"，这

---

① 参见夏勇. 谈谈当代西方宪法中的了解权 [J]. 外国法学研究，1985 (1)；转引自张明杰. 开放的政府——政府信息公开法律制度研究 [M]. 北京：中国政法大学出版社，2003：80.

② 宋小卫. 美国"情报自由法"的立法历程 [J]. 新闻与传播研究，1994 (2)；转引自张明杰. 开放的政府——政府信息公开法律制度研究 [M]. 北京：中国政法大学出版社，2003：80.

③ 转引自张庆福，吕艳滨. 论知情权 [J]. 江苏行政学院学报，2002 (1)：108.

一表述已凸显出公民对国家事务有全面了解权利的理念。"二战"结束以后，对知情权的保护从新闻媒介的知情权拓展至公众的知情权，知情权在各国纷纷从一项应然权利转化为法定权利。美国1966年的信息自由法在世界范围内影响最大，自20世纪70年代以来各国相继制定了相关的法律，形成了政府信息公开立法的世界潮流。

知情权（the right to know）又称为"知"的权利，也有学者称为知悉权、了解权。对于知情权的含义学界众说纷纭。曾任华盛顿邮报（Washington Post）总编辑的James R Wiggins，即主张知情权包含下列五项内容：得到资讯的权利；不受事前限制出版的权利；没有不经正当程序而受报复的处分的出版权利；拥有通常所必需的接近有关设备及资料的权利；不受借法律名义的政府及藐视法律的民众的妨碍而传播资讯的权利。① 美国学者 David N. Ivester 认为知情权应包括三项内容：从志愿资讯来源受领资讯的权利（the right to receive information from willing sources）；从志愿或中型来源收集资讯的权利（the right to gather information from willing or neutral sources）；从可能是非志愿的政府来源获取资讯的权利（the right to acquire information from a perhaps unwilling governmental sources）。日本学者认为"就广义而言，是指寻求、接受和传递信息的自由，是从官方或非官方获知有关情况的权利，就狭义而言仅指知悉官方有关情况的权利。从内容上讲，知情权包括接受信息的权利和寻求获取信息的权利；后者还包括寻求获取信息而不受公权力妨碍与干涉的权利以及向国家机关请求公开有关信息的权利"。② 我国学者通常从广义和狭义两个层次上来阐释知情权。"广义的知情权是指公民及居民、法人及其他组织依法所享有的、要求对方向本方公开一定的情报的权利和在不违法的范围内获得各类信息的自由。它既包括抽象的权利，也包括具体的权利；既包括宪法上规定的权利，也包括法律所规定的权利；既包括民主权利、政治权利，也包括人身权、财产权等与具体权利密切相关的基本权利。从范围上讲，它涉及政治、经济、社会、文化、教育等各领域及各法律部门。狭义的知情权是指公民及居民、法人及其他组织对国家机关掌握的情报知道的权利。该权利的实现，包括国家机关主动公开某些情报的义务和应相对方请求公开某些情报的义务。国家机关包

---

① Jama Russell Wiggins. Freedom of secrecy [M]. 1st (ed). Oxford University Press, 1956: 3-4.

② ［日］平松毅. 知情权 [J]. 法学家, 1986（增刊）: 100-101；转引自张庆福, 吕艳滨. 论知情权 [J]. 江苏行政学院学报, 2002 (1): 106.

括行政机关、议会、法院等，一般以行政机关为主，其核心是情报公开请求权。"① "广义的知情权泛指公民知悉、获取信息的自由与权利，狭义的知情权仅指公民知悉、获取官方信息的自由与权利。"② 有学者提出，如果不是仅仅从公法的角度，或者私法的角度，而是以请求权为中轴，可以将知情权定义为"是在实质不对等的法律主体之间，通过请求信息公开来实现的、对自己有直接或者间接利益的权利"。③ 也有学者赋予知情权概念以较窄的内涵："知情权就是指一个国家的公民依法享有了解国家行政机关及其工作人员在行政管理过程中所产生的、掌握的各种信息（法律明令应予保密的除外）的权利。"④ 笔者同意多数学者的观点，广义的知情权包括公众知悉、获取官方和非官方的信息的权利，私法领域中平等主体之间的知情权属于广义的知情权范畴，狭义的知情权仅指公法领域中的知情权，只针对国家机关所掌握的信息而言，其中针对行政机关的信息公开为知情权的核心内容，也是本章论述的重点，为了区别于广义的知情权，我们称为"行政知情权"。

知情权具有如下特点：第一，知情权发生在信息不对称的主体之间，无论知情权所指向的权利义务主体之间的法律地位是否平等，他们之间的信息是不对称的，正因为如此，才要赋予信息缺乏的一方主体以知情权，以充分地对抗掌握强大信息的另一方主体。第二，知情权既存在于公法关系主体之间，也存在于私法关系主体之间。公法关系主体尤其是公众对行政机关的知情权是知情权的核心内容，但知情权的内涵并非仅限于此，有些情况下"知情权"成了"行政知情权"的替代语，我们在使用时应注意区别这两个概念，前者的外延大于后者。第三，知情权既是一种消极意义的权利，也是一种积极意义的权利。完整意义的知情权应当包括两方面的内容：获取、接受信息的自由；收集、利用信息的自由。权利主体不仅是被动的接受信息，而更应该强调主体利用一切合法的手段收集信息，并对信息加以充分的利用。知情权不仅是一种被动性地接受信息情报的权利，更是主动地对政府信息情报进行请求的权利，具有请求权的特点。也就是说，依据知情权，公民有权要求国家保障其行使请求权而不受妨碍，并对国家课以公开情报信息的义务，这也是知情权的最大

---

① 皮纯协，刘杰. 知情权与情报公开制度 [J]. 山西大学学报：哲学社会科学版，2000（3）：16.

② 宋小卫. 略论我国公民的知情权 [J]. 法律科学，1994（5）：14.

③ 渠涛. 日本的公民知情权 [M] //李步云. 信息公开制度研究. 长沙：湖南大学出版社，2002.

④ 吴红宇. 知情权、WTO 与政府信息公开 [J]. 当代法学，2003（8）：21.

特征。

在现代社会，知情权是公众所享有的一项不可或缺的基本人权，也是实现其他权利的必要基础和前提。"网络正在改变着世界。伴随知识经济时代的开始与电子信息情报网络时代的到来，得知权已日益成为公民在新时代里的第一位基本权利。"① 20 世纪兴起的 IT 革命标志着人类已逐步进入信息社会，在信息社会里，大部分人都具有知的渴望以及获取信息的利益，对于知情权的保障，使得公民有机会充分获取对个人而言至关重要的各种信息，使得个人发展自身人格以及实现自身价值成为可能，在一定程度上也可以说是公民其他权利得以实现的基础。"在公民权利发展史上，知情权概念的主要贡献在于：它以简约、明了的形式及时地表达了现代社会成员对信息资源的一种普遍的利益需求和权利意识，从而为当代国家的公民权利建设展示了一个重要的、不容回避的认识主题。"② "从世界各国信息公开法律制度发展的历史来看，在建立信息公开法律制度的过程中，确认公众是否享有知情权始终是影响信息公开法律制度的建立和发展的关键。"③

二、知情权的分类

根据不同的标准，可以对知情权作不同的分类。根据知情权所针对的对象不同，可以分为对国家信息的知情权，即公民依法享有知道国家活动、了解国家事务的权利；对社会信息的知情权，即公民有权知道社会所发生的、所感兴趣的问题和情况，有权了解社会的发展和变化的权利；对个人信息的知情权，即公民有权知悉有关自己各方面情况的权利。根据知情权的能动性不同，可以分为消极意义的知情权和积极意义的知情权，消极知情权是指对那些公开发生的事件有关的信息，公民可以自由获取，国家、社会、他人只是承担了不予阻碍、干扰的义务；积极知情权是指由政府和其他公共机构控制的信息，应当让公民知道，国家机关承担了积极向公民提供的义务。根据知情权主体双方的法律关系不同可以分为公法上的知情权和私法上的知情权，以下分述之。

（一）公法上的知情权

公法上的知情权是公众针对国家的权利，包括寻求和获取立法机关、司法机关、行政机关所掌握的信息的权利。我国《立法法》第 23 条规定"全国人

---

① 赵正群. 得知权理念及其在我国的初步实践 [J]. 中国法学, 2001 (3): 49.

② 宋小卫. 略论我国公民的知情权 [J]. 法律科学, 1994 (5): 14.

③ 张明杰. 开放的政府——政府信息公开法律制度研究 [M]. 北京：中国政法大学出版社, 2003: 84.

民代表大会通过的法律由国家主席签署主席令予以公布"；我国《宪法》第
125 条规定"人民法院审理案件，除法律规定的特别情况外，一律公开进行"，
就属于对司法公开的规范。国家机关中尤以公众对行政机关的知情权最为典
型，这也是知情权的核心部分，许多国家的信息公开立法都规定的是行政信息
公开的内容，例如美国《信息自由法》适用于联邦政府行政机关所拥有的文
件，包括总统行政办公室、内阁各部、军事部门、政府公司、政府控股公司，
独立管制机构以及行政部门设立的其他公营部门；日本的信息公开法称为
《行政机关拥有信息公开法》，仅适用于行政机关；韩国的信息公开法虽称为
《公共机构信息公开法》，但该法明确解释为只适用于中央与地方政府以及政
府投资机构和根据总统令确定的其他机构。

　　少数国家在其信息立法中明确具体地规定了公众的"知情权"，该项权利
的宪法基础通常是表达自由权，因为表达自由包括寻找、接受与传播信息与观
念的权利。"表达自由，是指公民享有的受法律规定、认可和保障的，使用各
种媒介手段与方式公开发表、传递自己的意见、主张、观点、情感等内容而不
受任何他人或组织干涉、限制或侵犯的权利。"① "在西方法学理论和宪法学
中，表达自由被看做公民'最根本的权利'或'第一权利'，是其他自由权利
的'源泉'，又是其他自由的'条件'。"② 表达自由以言论自由和出版自由作
为最主要的内容。正因为知情权脱胎于表达自由，对于知情权的独立性存在争
议。多数学者都认为知情权是现代社会的一项基本人权、一项宪法权利，具有
不可剥夺的性质。但也有学者认为知情权是基本权利的派生权利。我们认为知
情权是一项独立的基本权利，理由在于知情权与言论自由权具有如下的区别：
"第一，言论自由是一种'输出'权，即由主体向外发送信息、发表信息的一
种权利；而知情权是一种'输入'权，是主体从外界接受信息，获取信息的
权利。两种权利在实现的途径与方式上是不同的。第二，知情权一般有特定的
义务主体，即要有相对'知情'的人，而言论自由没有特定的义务人，享有
言论自由的主体只要在法定的范围内就可以行使此项权利。"③

　　公法上的知情权首先是作为一种政治权利提出来的。"政治权利和自由，
是指宪法和法律规定公民有参政议政和参加国家政治生活的民主权利，以及对

---

　① 杜承铭. 论表达自由 [J]. 中国法学，2001 (3)：51.

　② 张文显. 二十世纪西方法哲学思潮研究 [M]. 北京：法律出版社，1996：555.

　③ 汪全胜. 知情权入宪问题探讨 [J]. 青海师范大学学报：哲学社会科学版，2004
(2)：48.

国家重大问题享有表达个人见解和意愿的自由而不受政府非法的限制。"① 公法上的知情权也是公众的一项基本权利，"知情权和其他基本权利之间具有关联性和依赖性。从具体运行的层面来讲表现为知情权是其他基本权利行使的先决性权利或知情权寓于其他基本权利行使的过程中。从公法上看：公民参与社会政治生活的基本条件之一是获取各种相关的信息，一切真正的政治民主决定必然建立在参与者获取的充分而真实的信息基础之上，没有知情权这一基础性权利，就没有实质意义的政治民主权利"。② 宪法是规定公民基本权利的根本法，既然知情权是一项基本权利，就应纳入宪法规范。知情权作为一项宪法权利，在权利纵向划分的层面上来说是最高层次的，也是抽象的权利，这种抽象的权利如同其他宪法权利一样要用尽可能简洁、概括性的语言在宪法中宣示，而对这种权利如何实现，一旦这些权利被侵犯如何救济等要通过具体的部门法律的确立和完善来实现。因此仅作为宪法权利仍然不够，对公众知情权的保护依赖于具体法律的规范和调整。随着知情权理论的发展和知情权观念的深入人心，有学者提出"人们需要在信息中获得发展自己的机会，因而对信息的需求更为迫切，这样就使得知情权的实现变得十分重要，因而知情权也是一种经济权利、发展权利"。③ "随着社会发展，知情权已不仅是排除国家妨碍的消极意义上的自由权，而是具有一定社会权性质的新类型权利。知情权兼具有自由权和社会权的性质。"④

（二）私法上的知情权

私法上的知情权是指基于特定的法律关系，一方要求另一方提供信息的权利。比较典型的私法上的知情权包括：

1. 患者的知情权

患者的知情权是指患者在医疗活动过程中，有询问和接受医疗信息、选择医疗措施的权利。其权利主体，广义上是指患方，包括患者、患者的代理人、患者的家属和单位组织等。狭义上是指有完全行为能力的患者。患者的知情权具体包括"病症知情权、治疗方案和手段知情权、用药知情权、护理过程知情权和治疗结果知情权以及医疗风险知情权等。从形式上看，则由口头知情权和书面知情权构成，前者指患者享有由医疗者口头告知有关医疗情况的权利，

---

① 蒋碧昆. 宪法学 [M]. 北京：中国政法大学出版社，2002：209；转引自刘俊祥. 行政公开的权利保障功能 [J]. 现代法学，2001 (5)：140.

② 刘广登. 论知情权与行政公开 [J]. 内蒙古社会科学：汉文版，2003 (5)：47.

③ 黄德林. "政务公开"初探 [J]. 中国行政管理，2000 (1).

④ 刘飞宇. 论知情权 [OL]. [2003-06-13]. http：//www.calaw.cn/.

后者指患者有获取自身病历、检查报告、图片等书面或影像资料的权利"。①
我国《医疗事故处理条例》第10条规定："患者有权复印或者复制其门诊病
历、住院志、体温单、医嘱单、化验单（检验报告）、医学影像检查资料、特
殊检查同意书、手术同意书、手术及麻醉记录单、病理资料、护理记录以及国
务院卫生行政部门规定的其他病历资料。患者依照前款规定要求复印或者复制
病历资料的，医疗机构应当提供复印或者复制服务并在复印或者复制的病历资
料上加盖证明印记。复印或者复制病历资料时，应当有患者在场。"第11条
规定："在医疗活动中，医疗机构及其医务人员应当将患者的病情、医疗措
施、医疗风险等如实告知患者，及时解答其咨询；但是，应当避免对患者产生
不利后果。"

2. 消费者的知情权

消费者的知情权是指消费者享有知悉其购买、使用的商品或者接受的服务
的真实情况的权利。为了实现其知情权，消费者有权根据商品或者服务的不同
情况，要求经营者提供商品的价格、产地、生产者、用途、性能、规格、等
级、主要成分、生产日期、有效期限、检验合格证明、使用方法说明书、售后
服务，或者服务的内容、规格、费用等有关情况。经营者应当向消费者提供有
关商品或者服务的真实信息，不得作引人误解的虚假宣传。经营者对消费者就
其提供的商品或者服务的质量和使用方法等问题提出的询问，应当作出真实、
明确的答复。② 只有在获取真实、准确、全面的信息的前提下，消费者才能根
据自己的需要选择商品，并有效、安全地使用消费品。消费者的知情权针对的
是经营者的信息披露义务，经营者提供的信息应当具有真实性、充分性、准确
性和适当性的特征，否则应承担相应的法律责任。

3. 股东的知情权

股东的知情权是指"法律赋予股东通过查阅公司的财务会计报告、账簿
等有关公司经营、决策、管理的相关资料以及询问与上述有关的问题，实现了
解公司的运营状况和公司高级管理人员的活动的权利"。③ 股东的知情权是保
障其对公司业务监督纠正权得以有效行使的必要前提和手段，也是全面保护股
东权益的重要一环。严格地说，世界各国公司法的立法中并没有"股东知情
权"这个名词，它是对一组股东权利集合、抽象之后的理论概念。股东的知
情权由下列子权利构成：第一，财务会计报告查阅权。我国《公司法》第34

① 刘复林. 论患者知情权的落实 [J]. 中国误诊学杂志, 2003 (7)：961.

② 《消费者权益保护法》第8条、第19条。

③ 刘玉杰. 论股东的账簿查阅权 [J]. 会计研究, 2004 (3)：46.

条规定，有限责任公司的"股东有权查阅、复制公司章程、股东会会议记录、董事会会议决议、监事会会议决议和财务会计报告"。第98条规定，股份有限公司的"股东有权查阅公司章程、股东名册、公司债卷存根、股东大会会议记录、董事会会议记录、监事会会议记录、财务会计报告，对公司的经营提出建议或者质询"。第146条规定："上市公司必须按照法律、行政法规的规定，公开其财务状况、经营情况及重大诉讼，在每会计年度内半年公布一次财务会计报告。"为了保证股东财务会计报告查阅权的行使，第166条规定："有限责任公司应当依照公司章程规定的期限将财务会计报告送交各股东。股份有限公司的财务会计报告应当在召开股东大会年会的20日前置备于本公司，供股东查阅；公开发行股票的股份有限公司必须公告其财务会计报告。"第203条规定："公司在依法向有关主管部门提供的财务会计报告等材料上作虚假记载或者隐瞒重要事实的，由有关主管部门对直接负责的主管人员和其他直接责任人员处以3万元以上30万元以下的罚款。"第二，账簿查阅权。"所谓账簿查阅权，又称为账簿书类阅览权或账簿记录检查权，是指股东对公司的会计账簿、会计书类或有关记录进行阅览的权利。"[1] 我国《公司法》第34条规定"股东可以要求查阅公司会计账簿。股东要求查阅公司会计账簿的，应当向公司提出书面请求，说明目的。公司有合理根据认为股东查阅会计账簿有不正当目的，可能损害公司合法利益的，可以拒绝提供查阅，并应当自股东提出书面请求之日起15日内书面答复股东并说明理由。公司拒绝提供查阅的，股东可以请求人民法院要求公司提供查阅。第三，检查人选任请求权，"是指当股东有正当理由怀疑公司的经营管理过程中存在违反法律或章程的重大事实时，有权申请法院选任检查人调查公司的业务和财产状况"。[2] 我国《公司法》未规定此项权利，仅在第153条规定"董事、高级管理人员违反法律、行政规或者公司章程的规定，损害股东利益的，肌东可以向人民法院提起诉讼"。

4. 劳动者的知情权

劳动者的知情权是指从事对身体健康有一定危害工种的劳动者有权知道相应信息的权利，例如法律要求化学品制造商等工商企业向公众及其工人公开危险物质的有关信息，使其对生活、工作的危险度有所了解，这类法律在美国的联邦法和州法中都有体现。我国的《劳动法》没有规定劳动者的知情权。《中华人民共和国职业病防治法》第32条规定"对从事接触职业病危害的作业的

---

① 刘俊海. 股份有限公司股东权的保护 [M]. 北京：法律出版社，1997：178.
② 刘俊海. 股份有限公司股东权的保护 [M]. 北京：法律出版社，1997：187.

人民当然有权利知道"代表们做了什么，正在做什么"。基于人民主权理念，可作如下推理——政府的权力源于人民授权，人民有权对政府进行监督，判断其行为是否符合人民意愿，而行使这一权力的前提是对政府行为的知情，只有了解政府的权力运作信息，公众才能知晓政府行为，才能客观公正地评价政府，判断政府是否值得信任。"使政府的活动置于国民监督之下，这是以国民主权和民主主义为基础的宪法体制的基本要求。公开是确保行政信息能够使国民知晓的基础。"① 信息对现代社会中个人、组织的活动起着举足轻重的作用。人民是国家的主人，是信息的生产者和所有者，政府只是受人民委托收集信息，政府信息的所有权归根到底属于人民，政府的一切财产都属于人民。作为信息的所有者当然有权知道政府信息，政府也有义务向委托者负责公开信息。我们必须确立公开的理念，坚信公共机关官员所拥有的信息都为公众所有，将其用于私人目的，无异于对公共财产的盗窃。从另一方面来说，公民负有向国家纳税的义务，税收是整个国家机器运转的基础。作为纳税人，公民当然有权了解各国家机关以及工作人员是怎样利用政府征收的税金进行管理的，进而形成自身的判断，有效地监督政府的行为，并通过各种途径对政府行为进行评价，影响政府决策，有效地参政议政。

（二）福利国家的要求

现代国家已从消极的法治国家步入积极的福利国家与行政国家，行政的范围不断扩展，导致国家行政权的扩张。政府的职能无处不在，广泛渗透于社会生活的各个方面。政府职能的增加意味着人民对政府的依赖加强，政府与个人之间的关系从"对立与对抗"的关系逐步演变为"服务与合作"的利益一致关系。服务与合作关系的实现有赖于双方的信任与沟通，有效的沟通首先意味着公共行政事务的最大公开，意味着公众享有对公共行政事务的知情权，可以获得有关资料。"资讯社会化的形成，资讯处理自动化的影响，使政府获得了更充分有效收集、累积并运用资讯的工具。但反观身为国家主人的人民，在其要求利用政府所掌握的资讯时，由于行政机关基于传统行政地位或行政机关特权的惯性，不当扩大行政秘密范围，往往遭到拒绝，而原本肩负提供人民资讯的大众传播媒体，也因资本主义及科技高度发展的结果，渐渐形成巨大且独占资讯市场的企业组织，在利润导向及独占资讯市场的情形下，其所传达的资讯往往欠缺多元性，无法满足人民的多元需求。人民无论是为达成参与国家政事的政治行动，或为追求个人精神与人格的健全发展，唯有强调与落实其自身

---

① 朱芒. 开放型政府的法律理念和实践——日本信息公开制度 [J]. 环球法律评论，2002（秋季号）：289.

'知情权'的保障，方有实现的可能。"①

（三）民主政府的要求

参与在现代民主的观念中越来越重要，以至于"民众的参与程度（在多大范围内参与和在什么事情上参与）"已成为衡量民主发展的标尺。现代社会政治、经济和文化的发展与公众个人的关系日益密切，传统代议制民主的形式已不能完全适应人民的需要，公众迫切要求以多种形式参与到国家管理过程。在现代行政管理模式下，相对人不仅是义务主体，单纯的接受行政主体的命令，而是更多的参与到行政决策过程中，参与的前提就是对公共信息的充分了解。传播学者麦克卢汉面对 20 世纪 60 年代大规模发展的电视就曾经预言，"随着信息运动的增加，政治变化的趋向是逐渐偏离选民代表政治，走向全民立即卷入中央决策行为的政治"。② 参与的前提是人民的知情权，知情权制度从内容到形式上保障公民的参与，因为"对于一个一无所知的公民而言，再完美的民主参与制度也不过是一场骗局"。③ 现代社会是一个高度信息化的社会，一方面以互联网为代表的信息技术强化和放大了人民获取信息的需要和权利，另一方面它使信息传播渠道呈多元化、加速化的状况和趋势，以更充分地满足人民获取信息的需要和权利，这就对政府信息公开提出了更为现实和迫切的需求。信息公开制度的建立，顺应了现代民主发展的潮流，使公众有更多的机会参与到国家管理活动中，并对政府行为进行有效的监督，弥补了传统代议制民主的不足。"阳光是最好的防腐剂"，一个民主的社会，政府有责任、有义务通过行政公开防止腐败和"暗箱操作"，一个诚信的、民主的政府必然是一个公开的、阳光下的政府。

三、行政知情权的法律依据

如果知情权仅仅限于对宪法的解释或者是一般性、原则性的规定，而没有上升为具体化的制度，则仍是一种抽象性的权利，在个人权、参政权、请求权等方面的作用亦无从实现。要真正使其得到保障就必须使其具体化，使知情权从一种人权、宪法权利落实为具体法律权利。现在，知情权不仅是一项国内法

---

① 冯国基. 面向 WTO 的中国行政——行政资讯公开法律制度研究 [M]. 北京：法律出版社，2002：84.

② 唐魁玉，贺芳. 网络传播与生活方式的现代性 [J]. 哈尔滨工业大学学报，2000 (12).

③ 宿一兵. 论公民的行政知情权与政府信息公开的关系 [J]. 行政与法，2003 (2)：23.

所规定的权利，而且在许多国际法律文件中也得到了确认；知情权不仅是宪法层面的权利，更是具体法律规定的权利，很多国家在宪法中明确规定公民的知情权或者通过宪法解释的方式确认知情权为公民的一项基本权利，自20世纪70年代以来在世界范围内掀起了信息公开立法的潮流，许多国家纷纷制定了信息公开法，将知情权制度具体化。

（一）国际法层面

联合国在1946年的第一次大会上，通过第59（1）号决议，肯定信息自由是一项基本权利。"信息自由是一项基本人权，也是联合国追求的所有自由的基石。"1948年《世界人权宣言》第19条规定："人人有权享有主张和发表意见的自由；此项权利包括持有主张而不受干涉的自由，和通过任何媒介和不论国界寻求、接受和传递消息和思想的自由。"1966年《公民权利和政治权利国际公约》第19条规定："人人有权持有主张，不受干涉。人人有自由发表意见的权利；此项权利包括寻求、接受和传递各种消息和思想的自由，而不论国界，也不论口头的、书写的、印刷的、采取艺术形式的、或通过他所选择的任何其他媒介。……"在这两个联合国的文件中，获得政府信息权并没有被作为独立的权利加以确认，而是作为表达自由的一部分。1992年《里约环境与发展宣言》原则10规定："环境问题最好在所有有关公民在有关一级的参加下加以处理。在国家一级，每个人应有适当的途径获得有关公共机构掌握的环境问题的信息，其中包括关于他们的社区内有害物质和活动的信息，而且每个人应有机会参加决策过程。各国应广泛地提供信息，从而促进和鼓励公众的了解和参与。"除全球性的公约和条约外，区域性的人权公约也对知情权作出了规定。1950年《欧洲人权公约》第10条规定："人人享有表达自由的权利。此项权利应当包括持有主张的自由，以及在不受公共机构干预和不分国界的情况下，接受和传播信息和思想的自由。"该公约只规定了"接收"和"传播"，而未规定"寻找"信息的权利。为了解决这一问题，1981年由欧洲部长委员会通过了获得公共机构信息的第19号建议，它规定："成员国内的每个人应有权经申请获得公共机构所拥有的信息。"1969年《美洲人权公约》第13条规定"人人都有思想和表达自由。这种权利包括寻求、接受和传递各种信息和思想的自由。"1981年《非洲人权和民族权宪章》第9条规定："人人有权接受信息。人人有权在法律范围内表达和传播自己的见解。"

WTO的相关文件从政府信息公开的角度规定了知情权。《中国加入世贸组织议定书》第2条（C）明确规定了透明度原则，根据该项的规定，中国承诺只执行已公布的、且其他WTO成员、个人和企业可容易获得的有关或影响货物贸易、服务贸易、TRIPS或外汇管制的法律、法规及其他措施。此外，在所有有关或影响货物贸易、服务贸易、TRIPS 或外汇管制的法律、法规及其他措施实施或执行前，应请求，中国应使 WTO 成员可获得此类措施。在紧急情况下，应使法律、法规及其他措施最迟在实施或执行之时可获得。中国应设立或指定一官方刊物，用于公布所有有关或影响货物贸易、服务贸易、TRIPS 或外汇管制的法律、法规及其他措施，并且在其法律、法规或其他措施在该刊物上公布之后，应在此类措施实施之前提供一段可向有关主管机关提出意见的合理时间，但涉及国家安全的法律、法规及其他措施、确定外汇汇率或货币政策的特定措施以及一旦公布则会妨碍法律实施的其他措施除外。中国应定期出版该刊物，并使个人和企业可容易获得该刊物各期。中国应设立或指定一咨询点，应任何个人、企业或 WTO 成员的请求，在咨询点可获得根据本议定书第 2 条（C）节第 1 款要求予以公布的措施有关的所有信息。对此类提供信息请求的答复一般应在收到请求后 30 天内作出。在例外情况下，可在收到请求后 45 天内作出答复。延迟的通知及其原因应以书面形式向有关当事人提供。向 WTO 成员作出的答复应全面，并应代表中国政府的权威观点。应向个人和企业提供准确和可靠的信息。

（二）国内法层面

知情权的国内法依据包括宪法层面的依据和单行法依据。

不同国家宪法对知情权的确认方式是有所不同的，概括说来包括三类：一是有的国家直接在其宪法条文中将知情权明确规定为一项独立的权利，如菲律宾 1987 年宪法第 3 条第 7 款规定："应承认人民得到公共信息的权利。除了法律所规定的限制以外，应向公民提供官方记录与文件，与官方行为、交易或决定有关的文件，以及作为决策基础的政府研究资料。"瑞典于 1766 年制定了《出版自由法》，1991 年以此为基础制定了《表达自由法》，共同构成宪法的一部分，对公民的信息权利和自由提供充分的保障。二是有的国家通过法院对表达自由的解释，将知情权视为宪法权利的一部分，如 1969 年日本最高法院在两个判例中即确认知情权是宪法所规定的表达自由的一部分。日本宪法第 21 条第一项规定保障集会、结社、言论、出版及其他一切表现自由。法律界认为，这里的其他一切表现自由，包括新闻报道自由作为利用大众传播媒介的表现权利的接近权，以及知情权等其他表现自由。日本最高法院 1969 年在博多驿通过电视录像提出的命令事件中，明确表示保障日本国民的知情权。自此案判决开始知情权在日本被普遍视为一项基本人权，成为三大新人权之一。①

① 参见冯国基. 面向 WTO 的中国行政——行政资讯公开法律制度研究［M］. 北京：法律出版社，2002：82.

三是有的国家宪法虽然没有明确规定知情权，但在事实上承认表达自由权中即隐含着知情权。在宪法和法律没有作出明确规定的情况下，能否推导出公民享有知情权的结论。"国家之所以在立宪之初没有用宪法规范对知情权作出规定，是因为立宪者的考虑以及社会经济因素的制约。无论是从世界各国宪政制度运行的实际情况，还是权利规范与现实之间的关系的角度，知情权作为公民必须享有、国家必须保障的权利，即便宪法中没有明文规定，也依然是有其存在的基础的，以宪法中没有明文规定否认知情权的存在是没有根据的。"①"虽然有人以没有明示性法律规定提及知情权为由，用一副得意洋洋的表情论述说没有这项权利，但这是否定宪法基础的谬论。"②

　　除了通过宪法确定知情权为一项基本权利外，很多国家针对知情权制定了专门的信息法，将知情权由一种宪法权利具体化为一种法定权利，以保障知情权的真正实现。瑞典是世界上最早确立新闻出版自由和信息公开制度的国家。美国的知情权立法在当代西方国家影响最为广泛。1966 年美国制定《信息自由法》，彻底改变了信息公开制度。该法规定每个人都有得到情报的平等权利，至此，知情权作为一项基本人权被确立，并为其他许多国家所仿效，美国信息自由法是许多国家立法的典范。在亚洲，韩国、泰国、日本纷纷于 20 世纪 90 年代制定了信息公开法，韩国《公共机构信息公开法》第 1 条开宗明义提出了"本法的目的在于保障国民的知情权，保障国民参与国家事务的权利以及保障国家政策运行的透明度"。

　　我国宪法没有明确规定公民的知情权，但宪法第 2 条规定："中华人民共和国的一切权力属于人民。人民行使国家权力的机关是全国人民代表大会和地方各级人民代表大会。人民依照法律规定，通过各种途径和形式，管理国家事务，管理经济和文化事业，管理社会事务。"第 35 条规定了我国公民有言论、出版、集会、结社、游行、示威的自由。宪法确立的人民主权原则和言论自由权利蕴涵了公民的知情权。随着信息时代的到来，知情权在公民的政治和社会生活中具有越来越重要的地位。为了保障知情权的真正实现，有学者提出宪法中应明确规定公民的知情权，我国以宪法形式确定公民的知情权的意义在于："第一，确定公民宪法的知情权，是公民真正得以参政议政的前提条件。我国宪法规定人民依照法律规定，通过各种途径和形式，管理国家事务，管理经济和文化事业，管理社会事务。而人民只有在充分了解这个政府活动的情况下，

---

　　①　刘飞宇．论知情权．［OL］．［2003-06-13］．http：//www.calaw.cn/.

　　②　［日］平松毅．知情权［J］．法学家，1986（增刊）：100-101；转引自张庆福，吕艳滨．论知情权［J］．江苏行政学院学报，2002（1）：111.

才能有效参与国家和社会事务的管理，实现公民的监督、罢免权。第二，满足公民日益增长的信息需要。现代社会被形容为'信息爆炸'的时代，信息在人们的日常生活和经济活动中的作用越来越大，来自政府的决策更是深刻影响人们行为的选择，客观上需要政府向公民提供信息和档案，满足公民日益增长的信息需要。"① 我们认为，如果说知情权在发展之初只是作为言论自由和表达自由的附属权利，那么社会发展到今天，知情权已日益显示出其重要性而应成为一项独立的权利。

四、行政知情权的要素

（一）权利主体

行政知情权作为一项具体的法律权利，其权利主体具有无限性，不仅本国公民、法人和其他组织享有知情权，居住在本国的外国人和组织甚至没有居住在本国的他国公民也享有一定范围内的知情权。"得知权与其他宪政权利的突出不同点在于，其他宪政权利的享有主体通常限于本国公民或国民。即使根据本国法律或国际法规范，给予非本国公民以国民待遇，通常亦实行对等原则。"② 美国《信息自由法》规定"任何人"都可以提出信息申请，包括个人（包括外国公民）、合伙、公司、协会、外国与国内的政府机关，"任何人"也可以通过律师或者其他代理人提出信息申请。根据法律，联邦政府机关不属于"任何人"之一，因此不能提出申请，但州与州政府机关可以提出申请。唯一的例外是逃犯，他们不能提出申请，也得不到法院的保护。日本《行政机关拥有信息公开法》也规定"任何人"都可以提出申请。韩国《公共机构信息公开法》第6条规定"人民有权请求信息公开。与外国人信息公开请求有关的事项由总统令规定"。《欧洲理事会部长委员会关于获得官方文件给成员国的2002年第2号建议》第3条规定了获取官方文件的基本原则："成员国应保证每个人都有权经申请获得公共机构所拥有的官方文件。这一原则的适用不应有任何理由的歧视，包括国别歧视。"从各国信息公开法的规定看，取消对申请人的国籍限制已成为普遍的做法。

权利与义务是相对的，权利的实现离不开义务的履行。行政知情权是公众所享有的法定权利，那么这种权利的实现就必须依赖于公共信息拥有者的公开。知情权作为人类法制文明进步的成果，意味着公民有权知道他应当知道的

---

① 皮纯协．行政程序法比较研究［M］．北京：中国人民公安大学出版社，2000：199.

② 赵正群．得知权理念及其在我国的初步实践［J］．中国法学，2001（3）：50.

事情，而国家应最大限度地确认和保护公民知悉、获取信息的这种权利。公开所拥有的公共信息对于政府来说，既不是权力的体现，更不是对纳税人的某种"恩赐"，相反的，这是其应当自觉履行的义务或职责。公民知情权与政府的信息公开义务如同一个铜板的两面，相辅相成，谁也离不开谁。行政知情权所针对的义务主体是政府、政府部门和其他行使行政职能的组织。"总的来看，各国信息公开法规定的行政机关的含义是不同的，一般都比较宽泛，尽可能扩大政府信息公开义务机关的范围。"① 行政知情权的具体法律属性要求义务主体依法公开相应的政府信息，如果拒绝公开，应承担说明理由的义务，并为申请人提供有效的救济途径，包括最终的司法救济。

（二）权利内容

完整意义的知情权应当包括两个层面，一方面是接受信息的自由，如果没有有效传播信息的途径，公众就必然丧失了得知各种信息的可能，如果公众的知情权受到侵犯，有权要求国家提供保护义务；另一方面是取得信息的权利，政府应该采取可能的多种方式便于公众获取信息，并且公众获得信息应支付较低的代价，才能切实保障知情权的实现。"知情权既是一种消极的权利也是一种积极的权利，在现代民主社会我们应该更多地强调它积极的一面，即公众即使不向政府咨询，不要求提供某方面的信息，政府也有义务向公民提供信息。"② 行政知情权由了解权、收集权和利用权三项子权利构成，知情权本身还可以延伸出更正权。

1. 了解权

知情权首先意味着公众有权充分了解信息的内容。了解权是知情权的最低要求。有学者认为知情权就是了解权，我们不同意此种观点。了解权强调静态意义上"知"的权利，知情权概念不仅停留在静态意义的层面，还强调了权利主体积极收集信息的权利。了解权针对的是国家不予干涉和妨碍公众了解信息内容的义务。为了达到排斥国家权力渗透这一领域，对于政府的否定性要求——即国家不得以主权者身份制定剥夺或者限制这类权利的法律条款。

2. 收集权

知情权不仅停留在被动的"知"的层面，更强调权利主体有利用各种合法渠道收集信息的权利。"如果仅仅是被动的接受信息，那么知情权永远都不

① 张明杰. 开放的政府——政府信息公开法律制度研究 [M]. 北京：中国政法大学出版社，2003：131.

② 冯国基. 面向 WTO 的中国行政——行政资讯公开法律制度研究 [M]. 北京：法律出版社，2002：79.

具有实益。"① 收集权是其他权利的基础，只有收集信息才能知悉信息的内容，进一步利用信息并更正错误的个人信息。对于行政机关所拥有的政府信息，收集信息的方式可能是公众利用政府的公开出版物、政府网站或其他方式主动获得政府信息，也可能是公众向拥有信息的行政机关申请公开政府信息，因此收集权包含了请求权能在内。国家应该承担积极提供信息的义务，公民有权通过各种渠道享受行政机关依法提供的信息服务。

3. 利用权

公众对于获得的政府信息还可以加以充分的利用。政府信息的自由使用原则是信息公开立法的基本原则之一。公众对于获得的政府信息可以自由开发和利用，政府机关对于信息的再开发和利用不得禁止或加以任何形式的限制。不过，政府信息的自由使用原则在世界各国的立法和实践中的落实却有差别。美国1976年的《版权法》明确规定，政府信息不受版权法的保护，但"禁止政府机关援用版权保护只适用于联邦政府，州与地方政府可以对它们的信息产品援用版权法，在一些州中，甚至法律文件本身也被赋予版权。另外，有些传统上公开的政府材料现在也被州政府封锁起来，如驾照与法院档案等。州政府对这些材料加以封锁，是为了通过出售它们获取经济利益"。② 有些国家对法律文件和其他官方文件适用版权保护，例如英国和爱尔兰。

4. 更正权

行政机关应保证为公众提供的信息是真实、有效的。公众是政府信息的生产者，行政机关在行政管理活动中收集、制作的政府信息可能与事实不符。如果公众发现行政机关拥有的信息不真实，有权要求行政机关予以更正。更正权的行使以公众知悉政府信息的内容为前提，如果公众无法了解政府信息，更正就无从谈起。更正权是行政知情权的必然延伸，没有更正权，就不能保证政府信息的真实。

（三）权利客体

行政知情权的客体是指政府信息公开的对象，即行政文件。政府信息公开的对象首先应是有一定载体的信息，而且还必须是与负有公开义务的行政机关有一定联系的信息。就信息与行政机关的关系而言，包括"拥有要件、现存要件、制作要件、获得要件和职能要件。构成公开的文件的各个条件在不同的

---

① 张庆福，吕艳滨. 论知情权 [J]. 江苏行政学院学报，2002（1）：107.

② 周汉华. 外国政府信息公开制度比较 [M]. 北京：中国法制出版社，2003：72.

国家具体组合不同，各国依据各自的需要选择适合本国的条件"。① 美国《信息自由法》适用于联邦政府行政机关所"拥有"的文件，政府机关没有义务为申请者收集它并不具有的信息，也没有义务为申请者研究或分析数据。日本《行政机关拥有信息公开法》第 2 条第 2 款规定："行政文件是指行政机关的职员在职务活动中制作或获得的，供组织性使用的，且由该行政机关拥有的文书、图画以及电磁性记录（指以电子、磁气以及其他依人的知觉难以认识的方式制作的记录）。"韩国《公共机关信息公开法》第 2 条第 1 项规定："信息是指公共机关在履行其义务的过程中起草、获得与管理的事项，它们以文书、图画、照片、胶卷、磁带、幻灯片以及由计算机所处理的媒介等予以记录。"行政文件的具体范围，将在下一章中具体阐述。

---

① 　张明杰. 开放的政府——政府信息公开法律制度研究 [M]. 北京：中国政法大学出版社，2003：131-139.

第七章 政府信息公开法的基本制度与程序

第一节 政府信息公开法上"政府"的范围

一、信息公开法"政府"定位的立法例概述

政府信息公开法律关系的主体是政府和非政府主体,但是在各国的立法例上,与信息公开的相关法律不一定使用"政府"作为该类法律的限定词语,因此在研究信息公开法的时候,有些学者将信息公开法律关系的双方称之为"义务主体和权利主体"。① 从各国各地区的立法例来看,权利主体不作特别规定,其范围相当宽泛,而义务主体的规定有相当大差别;有的信息公开法的名称加上"政府"或者"行政"的定语,政府或者行政机关是义务主体,有的不加这个定语,直接使用信息公开法或者其他相关名称,义务主体相对比较宽泛,因此各国的信息公开立法的权利主体几乎没有区别,而义务主体的范围都有或大或小的差异。总的来说,义务主体可以是行政机关、其他国家机关以及法律法规授权组织,甚至还可以包括更为宽泛的组织,诸如国有企业、依靠国家财政的公益组织等。学者们为了解决上述各国或者地区的立法差异,通常使用广义的政府、狭义的政府等名词,如果广义狭义的概念还不足以概括所有情形,还可以以范围从大至小概括为四种情况的政府,② 以区分不同的"政府"概念。

各国各地区的信息公开法律制度对义务主体的界定大致分为以下五种情况:一是仅仅指行政机关,如澳大利亚、日本、保加利亚、中国香港、荷兰、新西兰;二是指行政机关和其他具有行政职能的组织,以及国家财政支持的组

---

① 张明杰. 开放的政府——政府信息公开法律制度研究 [M]. 北京:中国政法大学出版社,2003:123.

② 张明杰. 开放的政府——政府信息公开法律制度研究 [M]. 北京:中国政法大学出版社,2003:13.

织、国有公司，如美国；三是行政机关、立法机关，如瑞典；四是行政机关、其他具有行政管理职能的组织、立法机关以及国家财政支持的组织，如英国；五是行政机关、其他具有行政管理职能的组织、立法机关、司法机关、国家财政支持的组织以及国有企业，如韩国、泰国、罗马尼亚、芬兰。

从以上五种情况看，"政府"或者信息公开的义务主体的范围，在各国各地区的立法上区别很大，归纳来说有以下特点：一是行政机关以及法律、法规授权组织，也就是行使行政管理职能的行政主体必须是信息公开的义务主体，这是社会信息由行政主体集中收集与储存的特点所决定的。现代社会，政府掌控之信息量与日俱增，生产生活的信息需求越来越依靠政府提供，监督行政权也以公开政府信息为前提，因此所有行政主体均须公开政府信息。二是义务主体广泛化，多种主体成为信息公开义务主体，目前各国立法越来越趋向于将信息公开义务主体的范围尽量扩展至所有涉及公共利益的主体，在南非共和国私立机构也被纳入信息公开义务主体范围。① 信息之于社会经济的发展已经处于举足轻重的地位，无论是私立机构还是公共机关，涉及经济发展的信息除有必要保密的个人隐私、商业秘密和国家秘密外，能为社会大众共享是信息社会的必然趋势，不仅私人对国家信息享有利用权，而且国家对私人信息也享有利用权，对于后者有些国家和地区已建立个人资料保护法制进行规范。三是部分大陆法系国家的立法例将司法机关纳入信息公开义务主体，但是英美法系国家始终保持司法机关的信息的不公开状态，这是司法机关的特殊性所决定的，司法机关本身所掌握的信息来源于外界，需要诉讼双方提供，因此司法机关不是信息资源的创造者与保存者，对于信息的来源司法机关应当保密，信息是否公开由原来的持有者根据法律决定。至于检察机关以及行使侦查权的警察机关本身的信息属于秘密，不适于公开，而进入诉讼程序之后，因为公开审判是司法制度的基本原则，这些信息在不违反法律禁止性规定的前提下应当公开。

二、"政府"的概念明确化的意义

信息公开义务主体"政府"的界定是政府信息公开的立法与研究的核心问题。

首先，政府的概念和外延决定着"非政府"主体的概念和外延。无论在

---

① 南非《信息公开促进法》适用于公共机构和私立机构所掌握的全部记录。公共机构包括国家立法、司法、行政三个系统中的国家、省、地方三个级别的任何实体单位和履行职能的机构，还包括私立机构中任何行使公共职能和职权的机构。私立机构是指除公共机构和不从事贸易、商业和职业活动的自然人之外的所有机构和个人。

立法中还是理论中往往表述"非政府"主体也即"知情权人"非常容易，因为"知情权人"主体外延非常广泛，有学者提出"权利主体具有无限性"①的观点，即"有权请求政府公开其拥有的行政文件的任何人"，② 这种观点将知情权人扩及所有公民、法人以及其他组织，最大限度地保障了人民的知情利益，但仍须注意两点：一是权利主体再怎么无限也必须明确，立法技术上的解决方式就是规定政府包括哪些机关或者组织，其他的就是权利主体，因此在国外信息公开立法例中无一例外的对政府或者义务主体作了列举式规定，以明确的义务主体范围来确定权利主体的范围，因此，明确政府包括哪些机关或者组织是明确权利主体范围的前提；二是权利主体中可能也有行政机关、法院甚至立法机关，权利主体与义务主体在范围上可能产生混淆，如果权利人请求信息公开的权利被侵犯，需要司法救济，那么可能造成法院、立法机关成为被侵害主体而提起诉讼的尴尬局面。因此，应对信息公开立法目的有正确的理解——为公众提供一个了解和监督国家行政机关行使行政权的途径，我们在定义政府时，应该考虑司法机关、立法机关，甚至是行政机关是否属于"公众"的范畴，明确界定政府的范围。

其次，是界定"信息"范围的需要。信息是政府信息公开法律关系的客体，然而是否所有的信息都属于信息公开法的调整范围，这是信息公开法必须明确的。从立法例看，界定信息作为信息公开法律关系的客体时，一般都要从主体掌握的信息的角度阐述和规定，因此，在信息公开法律关系中主体与客体不能截然分开考虑，必须注重两者的一致性。

最后，"政府"的概念对政府信息公开法的原则和制度影响重大。政府信息公开法的基本原则和制度的设计，关系到法律的可操作性。关于政府信息公开法的基本原则，如公开原则、平衡原则、免费原则、自由使用原则和救济原则等，都是在学者假定只研究行政机关作为政府信息公开义务主体的前提下提出的，如果"政府"包括了立法、司法机关，在原则上至少应当增加不同国家机关的信息公开的相关原则，否则极易引起混乱。这是由不同机关的设立的不同价值取向和制度差异所决定的。行政机关会以"效率优先"为价值取向，需要行政权的公定力，信息公开处于行政法律关系当中，当事人与行政机关的地位不平等，而司法机关、立法机关与信息公开的权利人处于平等法律地位，

---

① 张明杰. 开放的政府——政法信息公开法律制度研究 [M]. 北京：中国政法大学出版社，2003：123.

② 张明杰. 开放的政府——政府信息公开法律制度研究 [M]. 北京：中国政法大学出版社，2003：123.

以"追求公平"为首要的价值取向，因此其信息公开的原则与行政机关信息公开的原则不可能完全一致，而且有较大差异，不宜由统一立法规定。在制度上也存在类似问题，如程序问题，信息公开的申请、批准等是行政程序、司法程序还是立法程序？如果是行政程序，必然要与行政程序法一致，但是对于立法和司法机关来说，遵守行政程序法是立法权、行政权、司法权的混淆；再如，救济制度是行政诉讼、行政复议还是其他诉讼抑或申诉制度，最后是行政赔偿还是其他国家赔偿，这都会成为信息公开立法中的制度设计的重要问题。

三、我国政府信息公开法上"政府"的范围

由于学术界对"政府"的模糊定位，政府的范围被界定为广义的政府和狭义的政府。广义的政府用来指代国家机关，是包括立法机关、行政机关、司法机关、军事机关等公共权力机构的总合；狭义的政府是指一个国家的行政机关。随着政治民主化建设的发展，国家机关之间职能分配日益明确，立法、行政、司法机构之间形成相互制约和监督，使得狭义的政府概念被广泛接受。

（一）广义上的"政府"的信息公开制度

在信息公开法中，义务主体无非由以下五种组成：行政主体、立法机关、司法机关、国有公司或企业、国家投资的其他组织，但是在立法上不能笼统地将这些法律主体规定于政府信息公开立法之中，而应当根据信息公开立法的目的确定各个主体是否能作为信息公开法的义务主体。

1. 行政主体

行政主体在行政法理论中可以分为行政机关和法律法规授权的组织，行政机关为根据宪法和政府组织法设立的国家行政机关，具有相对的稳定性，根据信息公开法立法目的，为保证人民的知情权，监督行政机关依法行政，对外行使行政管理职能的行政机关都应当纳入信息公开法义务主体之中；法律法规授权组织是根据法律或者法规的规定，享有独立的行政主体资格，对外行使独立的法律、法规赋予的行政管理职能的组织，法律法规授权组织在行使行政管理职能的过程中掌握的大量的信息资源应当为公众所享有。但是该组织从事行政管理职能以外的其他活动所产生的信息则不应当属于信息公开法中应当规定的信息。

2. 立法机关

我国的立法机关为人民代表大会，根据宪法、立法法、选举法、全国人民代表大会组织法等有关法律，人民代表大会的召开、议事、法律法规的讨论、通过、公布已有详细完备的制度，从信息公开的角度看，人民代表大会的法律、法规都有固定并且权威的媒体进行披露，而且公布的内容、途径和方式在

宪法、法律中已经非常明确。① 对于信息公开的权利人来说，需要的只是如何快捷、便利地查阅这些资料，这是信息公开的技术性问题而不是法律规范的问题。因此在政府信息公开条例中对此没有进行重复规定。

3. 司法机关

我国司法机关包括法院、检察院。法院需要公开的信息包括审判的过程、审判的结果，而在三大诉讼法体系中对公开审判的规定已经包含审判过程的公开和审判结果的公开。因此在政府信息公开条例中也没有重复规定；检察院主要职能是刑事案件公诉以及监督法院审判的抗诉，刑事公诉案件一般涉及重大的人身财产问题。各国对于刑事犯罪的调查资料在没有审判之前都处于保密状态，就算是律师也只能查阅已经形成的案卷材料。对于尚在侦查阶段的案件，任何资料都处于保密状态。对于人民检察院的抗诉案件的资料，在刑事诉讼法中规定了律师的查阅权以及复制权，此时因为案件尚未定论，也不适于公开。至于庭审判决之后，检察院所掌握的案件涉及的资料和信息在不违反禁止性规定的前提下，应当予以公开，但是仍然要尊重隐私权和资料来源机关的权利，因此只能公开检察机关自行调查产生的资料，对于这些资料已经规定于诉讼法之中，而无须由政府信息公开法规定。

4. 国有公司和企业

国有公司和企业属于中国的特殊问题，是我国国民生产总值增长的主导力量，因此国有资产的保值、增值尤显重要。许多国家的立法例中都列举了国有公司作为信息公开的义务主体，主要目的也是为了监督国有资产的保值、增值，使国家的投资能够确实发挥作用。我们认为，国有企业和公司的保值、增资的信息公开不是国有公司和企业公开的问题。首先，作为国有企业和公司，必须遵守公司法和企业法的有关规定，登记必要的信息并且供公众查阅，这些信息的持有者、提供者是工商管理机关，② 因此信息公开者其实是信息公开主

---

① 《中华人民共和国立法法》第52条：签署公布法律的主席令载明该法律的制定机关、通过和施行日期。法律签署公布后，及时在全国人民代表大会常务委员会公报和在全国范围内发行的报纸上刊登。在常务委员会公报上刊登的法律文本为标准文本。第70条：地方性法规、自治区的自治条例和单行条例公布后，及时在本级人民代表大会常务委员会公报和在本行政区域范围内发行的报纸上刊登。在常务委员会公报上刊登的地方性法规、自治条例和单行条例文本为标准文本。

② 《中华人民共和国公司登记管理条例》第57条规定，公司登记机关应当将登记的公司登记事项记载于公司登记簿上，供社会公众查阅、复制。第66条规定，借阅、抄录、携带、复制公司登记档案资料的，应当按照规定的权限和程序办理。任何单位和个人不得修改、涂抹、标注、损毁公司登记档案资料。

体中的行政机关，而不是国有企业和公司，对于国有上市公司，必须遵守证券法的规定披露信息，① 这也不属于信息公开法的范畴；其次，国有企业的保值、增值的信息公开义务主体也不是国有企业和公司，国有企业和公司作为市场的主体，应当保留自身的商业秘密，除了在工商机关登记的信息以及证券法等法律、法规要求公开的信息以外，其他信息应当与私营企业、公司一样，属于自己商业秘密，没有公开义务。至于保值、增值与否的信息，其公开的机关应当为国有资产监督管理部门，国有资产监督管理部门在每年对国有企业进行审计之后，应当公开国有企业和公司的保值、增值情况，但是国有资产监督管理机关此时对国有企业和公司的保值增值信息的公开属于行政主体公开信息，而不是国有企业和公司公开信息。

5. 国家投资的组织和机构

国家投资的组织和机构在此的定义不包含国有企业和公司，主要指的是事业单位、学校等公益组织。这些国家投资的组织和机构因为具有公益性，为了保证国家对公益组织的投资具有合理的社会效益以及保护从这些组织受益的公民、法人、其他组织的合法权益，应当公开必要的信息。对于公益组织来说，公益性体现于其活动目的，这些组织的信息公开是组织章程中必然囊括的内容，对于这些社会团体的信息公开有特别法律加以规定；对于学校来说，凡是涉及学生教育权问题的信息应当公开，包括录取、学籍、处分、学历、学位授予等内容，但是这种活动已经由教育法和高等教育法专门规定，亦无须纳入政府信息公开的范畴。

（二）我国《政府信息公开条例》确定的"政府"的范围

《政府信息公开条例》第 2 条规定："本条例所称政府信息，是指行政机关在履行职责过程中制作或者获取的，以一定形式记录、保存的信息。"在把政府信息限定为行政机关记录和保存的信息的同时也限定了我国政府信息公开法上的政府的范围，即行政机关。此外，条例制定和颁布的机关是国务院，其适用范围也自然限定在行政机关。

该条例第 36 条规定："法律、法规授权的具有管理公共事务职能的组织公开政府信息的活动，适用本条例。"对该条的理解是：虽然这些具有公共管理职能的组织公开政府信息的活动适用政府信息公开条例的规定，但并不意味这些组织可以被纳入"政府"的范畴。仅因为其公开的是政府信息才适用政府信息公开条例。但应当注意的是，这里的组织虽不是行政机关，但仍是政府信息公开法律关系的义务主体，其活动应当受到政府信息公开法的制约和调整。

---

① 《证券法》第 53 条、第 59 条、第 64 条、第 65 条、第 66 条、第 64 条、第 70 条等。

此外，该条例第 37 条还规定："教育、医疗卫生、计划生育、供水、供电、供气、供热、环保、公共交通等与人民群众利益密切相关的公共企事业单位在提供社会公共服务过程中制作、获取的信息的公开，参照本条例执行，具体办法由国务院有关主管部门或者机构制定。"对该条的理解是：在这些与人民群众利益密切相关的公共企事业单位的信息公开的具体办法还未制定和实施以前，其信息公开活动的规范可以参照政府信息公开条例进行。这与第 36 条规定的具有公共管理职能的组织公开政府信息不同，前者是直接适用该条例的规定，条例规范对其活动必然产生制约，后者是参照该条例的规定，条例规范对其活动不一定必然产生制约。由此可见，这些公共事业单位也不属于"政府"的范畴，自然也不是政府信息公开法律关系的义务主体。

因此，我国政府信息公开法中的"政府"只是行政机关。不能采纳广义的政府概念，把立法机关、司法机关、国有公司和企业、国家投资的组织和机构职责范围内的公开纳入到政府信息公开的体系中。否则将可能会造成立法的重复和冲突以及实践上的混乱。

第二节　政府信息的范围

政府信息公开的范围是指哪些政府信息应当公开的问题。各国关于信息公开的范围的立法，通常来说，采取一方面概括地规定政府信息都应当公开，另一方面列举规定不予公开的例外信息的模式。这一模式在理念上体现了公共信息以公开为原则，不公开为例外的指导思想；在立法技术上也体现了一定的科学性，避免了正面列举公开信息的艰巨而几乎不可能完成的任务，而又能较明确地限定不公开的信息的范围，只留给信息公开主体较小的自由裁量空间，有效防止信息公开主体恣意扩大保密的范围损害公众利益。

一、政府信息的范围

首先需要说明的是，很多国家和地区的立法，没有使用政府信息（information）的概念，而直接使用政府文件（document）或记录（record）的概念，① 以文件、记录而非信息作为政府公开的客体。文件和记录本质上没有

---

① 如使用信息的国家立法有泰国《官方信息法》、南非《信息公开促进法》、罗马尼亚《自由获取公共利益信息法》、新西兰《政府信息法》、英国《信息自由法》；使用文件的国家立法有日本《行政机关拥有信息公开法》、挪威《信息自由法》、芬兰《政府活动公开法》、《关于公开获取欧洲议会、委员会和理事会文件的规则》、瑞典《出版自由法》、澳大利亚《信息自由法》；使用记录的国家立法有美国《信息自由法》、爱尔兰《信息自由法》。

太大区别。对于信息和文件的关系，在此有必要作一说明。文件或记录指能以一定可阅读、收听的方式记载信息，并能被复制的各种信息载体及其负载的信息。文件的介质形式各国立法趋势是对其不作限制，包括可直接阅读的"纸"面文件，包括各种文书、图书、图画、照片及其胶卷等，也包括不能直接阅读而需借助一定技术手段的文件形式，如磁介质形式的软盘、硬盘、磁带，光感材料介质的光盘等各种形式。文件作为信息的载体，使得信息可以被获取和准确复制，而不因时间的推移而受影响。而信息不一定要以文件、记录的形式存在，如口头语言表达的信息。各国的信息公开立法多是以文件、记录为信息公开的客体，原因在于文件、记录的准确性和可复制性为政府信息公开提供可操作性。但实际上文件、记录的公开本质上仍然是信息的公开，两者是形式与内容的关系，政府公开的本质和目的也是政府信息的全面公开，而不应被信息的形式所局限，这是政府公开的价值理念所决定的。因此，一方面，要尽量完善各行政机关或公共机关的工作文书制度，使尽可能多的工作信息被尽可能准确地以文件载体的形式记录下来。缺乏完善的公共文书的制作与保存的规定，将为公共机关规避政府信息公开法大开方便之门，如该记录的信息不记录，或不合规范的记录，以防止和影响公众对之进行审视和监督，或者大量销毁该保存的记录或未过保存期限的记录，以至无文件可供公众审查。① 另一方面，对于未以文件形式记录的信息，满足一定可操作性条件的，也应当对公众公开。对此，也有国家已经有了立法先例，如美国联邦 1976 年的《阳光下的政府法》就规定合议制政府的决策会议应当向公众公开，这就是非文件形式的政府信息作为信息公开的客体向公众公开的典范。一般而言，各国以信息自由、信息公开等类似词语命名的法律通常是指规定文件公开制定的法律。本章讨论的信息公开的客体也主要是涉及记录或文件形式的信息。

何为政府信息，② 各国规定的角度、范围不一致，使用的表述也有多种，如政府"持有"、"拥有"、"管理"、"控制"的信息等。在其信息立法中专款对政府信息或政府文件下正面定义的国家不是很多，以下是部分国家立法中政府信息或公共信息的定义：

《挪威信息自由法》：政府文件是指由行政机关制定的文件，行政机关已经收到或被送达的文件。文件的制定是指文件已经发布，或者虽没有发布，但行政机关已结束处理案件。

---

① 各国法律大都规定，政府只有公开处理申请时现存文件的义务，而无主动为申请人制作文件的义务。这是为保障公共机关有足够人力、物力、时间，以维持其正常工作的规定。

② 依据信息公开的主体的不同，有的国家也称之为公共信息，或官方信息等，本书对此未作区分。

《罗马尼亚自由获取公共利益信息法》：公共利益信息是指不论信息的支持或者表现形式，任何有关或者产生于公共权力机关或者公共机构活动的信息。

《芬兰政府活动公开法》：官方文件是指由国家机关所拥有的文件，以及由国家机关准备或者国家机关提供服务中由个人准备的文件，或者与国家机关履行公务有关的、或为考虑某事递交给国家机关的文件。

《关于公开获取欧洲议会、委员会和理事会文件的规则》：（欧洲议会、委员会和理事会）"文件"指涉及机构的职责范围内的有关政策、活动和决定的事项的任何内容而无论其形式如何（书面形式或以电子形式储存或者声音、视觉或视听录音）。

《瑞典出版自由法》：官方文件是指公共机关所持有的由公共机关所制定或由其从别处收到的文件。发给公共机关官员个人的信函，如果信函中涉及该公共机关职责范围内的事项，则该信函也属于官方文件。

《日本信息公开法》：行政文件指行政机关的职员在职务活动中制作或获得的，供组织性使用的，且由该行政机关拥有的文书、图画以及电磁性记录。

各国关于政府信息的表述虽然不同，但各国大致都认可政府信息必须是与政府职权行使有关的信息，何为与政府职权行使有关，又有如下几种判断依据：

1. 是否为政府所有。为政府所有的信息指通常能够区别此政府与彼政府，体现政府特点的基本信息，如政府机关的名称、主要机构、工作地点、工作程序和方式等。如美国《信息自由法》规定的"各行政机构的中心机构、系统组织以及公众可以获得信息、提出要求或申请，或者得知决定的指定地点、雇员（在统一服务时，则是成员）及其采用的方式的详细情况"[①] 即属于为政府所有的信息。这些信息不一定要以专门规定的形式出现在政府的办公文件中，但在政府的办公文件的署名中往往会有体现。

2. 是否为政府制作。政府制作指由政府起草或最后定稿的文件，通常有行政机关或其工作人员的署名。国家机关委托制作的文件视为国家机关制作的文件。瑞典《出版自由法》对"制作"有较为严格的要求，其所谓"公共机关所制定"，是指文件不仅已经制作完成，而且已经发出。未经发出的文件，即使已经定稿和完成审批的手续，也不能视为已由"公共机关所制定"。以下几种情况属于例外，即使文件尚未发出，也应视为"已经制定"[②]：（1）已经

---

① 美国《信息自由法》第1条第1款，5 U.S.C. § 552（a）（1）。

② 瑞典新闻自由法第二章第7条，参见方向. 信息公开立法 [M]. 北京：中国方正出版社，2003：311.

做好，准备登记在日记簿、账簿、注册簿、表册等上面的文件；（2）根据有关规定，必须宣告和发出的司法裁决或其他决定以及在司法裁决或其他决定已经宣布或发出后，与该裁决或决定相关的记录或其他文件；（3）公共机关保管的已经最后审订和批准或以其他方式最后确定的记录以及类似的备忘录。从瑞典的规定可以看出，一般来说只有具备最终法律上或职务工作上意义的信息才是公共信息。

3. 是否为他人为政府行使职权之目的提供。他人可以自愿或依法律规定的义务为政府提供其获取或制作的文件，这些文件通常会被政府机关作为资料保存，并为其行政决定提供参考。他人纯粹向政府职员提供的私人性质的信息不属于政府信息。文件递交给国家机关委托的人或者代表国家机关的人视为递交给国家机关。他人为政府机关提供的信息也即政府机关从他处收到的信息，瑞典《出版自由法》对这类信息也有严格规定，① "公共机关从别处收到"，是指文件已经送达至公共机关，或已为主管的官员所收到。文件密封送达且制定了开启日期的，在开启日到来之前，不得认为文件已为公共机关所收到。

4. 是否"供组织性使用"。实质上处于组织共用状态的文件，即行政机关的组织活动中，基于业务上的必要性处于被使用、被保存状态的文件也属于政府信息，因此，职员在个人考虑事务阶段的文件就不应该属于组织共用文件，但如果职员个人的备忘录、笔记之类的文件如果对组织决定起着重要作用或对正式文件起着补充作用，那么该类文件也应成为公开对象。日本《信息公开法》设定的公开的对象文件应具有的三项要件之一就是"该行政机关的职员供组织性使用的文件"。②

5. 是否为公共机关"管理"，即公共机关信息管理系统保存并能被迅速检索的信息。公共机关能够通过其信息系统获取的其他信息系统的信息在被公共机关下载并保存在自己的信息系统前，不属于该公共机关的公共信息，即便该信息能为该公共机关方便地获取，但该公共机关并没有向他人提供该信息的义务。

各国立法通常综合采用以上几种判断标准中的两种或多种。根据上述的判断标准及一些国家立法的规定，以下信息不属于政府信息：（1）非公共机关掌握的信息。由非公共机关掌握的有关公共机关职权活动范围内的信息，虽然也能提供了解和监督公共机关的一种途径，但该非公共机关无公布该信息的义

① 瑞典新闻自由法第二章第7条，参见方向．信息公开立法［M］．北京：中国方正出版社，2003：331.

② 周汉华．外国政府信息公开制度比较［M］．北京：中国法制出版社，2003：92.

务，如公众信托财产保管人所掌握的信托财产保管人的权利范围内的信息；①公共机关的职员个人掌握与其职务无关的个人信息时，也是非公共机关掌握的信息，如部、部长、组织以代理人身份或仅为安全管理之目的以个人身份而非官方身份持有的信息；②由其他公共机关掌握的信息，即使本公共机关有能够获取的方便途径，也是非本公共机关掌握的信息，无公开的义务，但可告知申请人向其他公共机关申请公开，如"澳大利亚联邦法律改革委员会等机构认为，不能单单因行政机构可以通过其他机关的电脑系统或互联网可以进入特定信息，信息即为该机关所拥有"③。（2）公共机关掌握的非为职权之用的信息。如公共机关签订的民事合同的信息；公共机关图书馆所保存的印刷品、音像资料或其他文件以及私人为安全保管、研究或学习的目的而存放在公共档案室中的印刷品、音像资料或其他文件；④ 政府机构仅仅为了加强联系之目的而传送或拟定的信件、电报或其他类似文件；⑤ 行政机构仅仅为了公开之目的而在由其主办并出版的期刊中传送的或拟定的通知或其他文件。⑥

二、不予公开的政府信息

对于不予公开的政府信息，各国法都采取了列举的形式予以规定，而且为了防止适用该法律的机关随意解释该法，扩大不予公开的范围，以上列举通常是完全列举。综观各国立法规定的不予公开的信息，可对其进行多角度的分类。

1. 根据保密程度的不同，可分为一般例外信息和特殊例外信息。例外信息指可以豁免政府信息公开义务的信息。一般例外信息指其内容可获公开豁免的信息。特殊例外信息指例外信息中特别敏感的部分，公开其存在与否的信息也足以造成损害了，因此对此类信息应当给予比一般的例外信息更加严密的保障。如美国《信息自由法》规定了信息公开例外的两种情况：免除（exemption）

---

① 新西兰《政府信息法》第 2 条对政府信息的解释（g）款，参见方向．信息公开立法［M］．北京：中国方正出版社，2003：119.

② 新西兰《政府信息法》第 2 条对政府信息的解释（f）款，参见方向．信息公开立法［M］．北京：中国方正出版社，2003：119.

③ 周汉华．外国政府信息公开制度比较［M］．北京：中国法制出版社，2003：94.

④ 瑞典《新闻自由法》第二章第 11 条，参见方向．信息公开立法［M］．北京：中国方正出版社，2003：313.

⑤ 瑞典《新闻自由法》第二章第 11 条，参见方向．信息公开立法［M］．北京：中国方正出版社，2003：313.

⑥ 瑞典《新闻自由法》第二章第 11 条，参见方向．信息公开立法［M］．北京：中国方正出版社，2003：313.

制度和除外（exclusion）制度。① 免除制度对例外信息的内容以显性方式保密，即一般公众根据行政机关提供的拒绝公开的理由以及已公开的文件中对删除部分的说明可以判断有文件或文件中的部分信息被采取了保密措施，甚至可以知道被保密的信息属于哪一种类的信息。除外制度对例外信息中的特别敏感的部分以隐性方式保密，即不仅是信息内容保密，信息是否存在也保密，一般公众不能根据已公开的文件判断是否有部分信息被采取了保密措施，申请人向行政机关申请公开某一信息时，行政机关可以否认相关文件的存在。除外制度适用的范围，主要有如下三种情况：（1）行政机关在可能涉及犯罪的事件的调查或刑事诉讼中保留的相关记录。如果有理由相信调查对象不知道该调查、诉讼悬而未决时，如果合理地认为披露记录的存在会干扰调查、诉讼程序，则行政机构可以在该情况持续的时间内处理这些记录而不受信息自由法规定的义务的限制。（2）当由刑法执行机构按告发人的姓名或个人识别号所保存的告发人记录。除非告发人作为告发人的身份被官方证实，当第三方按照告发人的姓名或个人识别号要求获得时，行政机构可以处理这些记录而不受信息公开法规定的义务的限制。（3）联邦调查局保留的有关外国情报、反情报或者国际恐怖主义的记录。当这类记录的存在属于总统行政命令规定的机密信息时，只要记录的存在处于机密信息状态，联邦调查局就可以处理这些记录而不受信息自由法规定的义务的限制。②

2. 依据信息公开主体是否必须履行强行性保密义务，分为强制性保密的信息和可以自由裁量保密的信息。如果信息公开主体公布了强制性保密的信息必然要承担责任，而只是公开了自由裁量性保密信息，则不一定承担责任。涉及信息保密的法规、条款附加给公共机关的保密义务不一定都是强行性保密义务，但通常来说，涉及国家安全的《保密法》通常附加给公共机关的都是强行性保密义务，而《商业秘密法》和《隐私权法》的大多数内容允许公共机关自由裁量进行利益权衡。如果基于公共利益的考虑，公开的利益大于保密的利益的，可以公开。如新西兰《政府信息公开法》就规定了政府信息保密的绝对理由和相对理由：③ 绝对理由一般是与一国的重大利益相关的理由，符合绝对理由的信息，政府应当无条件地保密，无权自由裁量予以公开；相对理由保护的利益相对而言没有绝对理由重大而可能被更重要的利益压倒，符合相对理由的信息，政府可以保密，但在特定情形下，如果政府信息公开的公共利益的需要大于信息保密的利益，那么政府应裁量予以公开。新西兰《政府信息

---

① 美国《信息自由法》第2条和第3条，5 U.S.C. § 552（b）-（c）。

② 美国《信息自由法》第3条，5 U.S.C. § 552（c）。

③ 新西兰《政府信息法》第6条、第7条、第8条，参见周汉华. 外国政府信息公开制度比较［M］. 北京：中国法制出版社，2003：246-248.

法》规定的绝对理由有：①危害新西兰的国家安全、国防及国际关系；②其他国家的政府及其代表机关、国际组织基于信任而提供给新西兰政府信息；③危害法律的维护，包括危害对违法行为的预防、调查、侦查和获得公正审判的权利；④危害个人安全；⑤过早公开政府改变或继续经济和金融政策的决定而将严重损害新西兰的经济的。新西兰《政府信息法》规定的相对理由有：①保护自然人的隐私；②公开会泄露商业秘密，或损害信息提供人或信息主体的商业地位；③公开信息提供人基于信任而自愿提供的信息，或基于法律的强行规定而提供的信息，从而影响类似信息或同一信息源的信息继续被提供，从而损害公共利益的；④避免损害旨在保护公众健康和安全的措施；⑤避免损害新西兰的实质性的经济利益；⑥避免损害旨在防止、减轻公众成员物质损失的措施；此外还有维护法律职业的特权、维护公共事务的有效执行等。①

3. 根据同一文件上所载的信息是否同一性质，可分为全部公开的信息、部分公开的信息和全部保密的信息。许多国家法律规定，某一文件存在部分信息应当保密时，不应当将整个文件都予以保密，而应当在删除了保密信息后公开其他信息，这里的"其他信息"就属于部分公开的信息。如美国《信息自由法》规定：为了防止对个人隐私造成明显的不法侵害，行政机构在提供或公布一项意见、对政策的说明、解释、工作人员手册、指示等时，可以删除能识别个人身份的细节。然而，在每个案件中，应当以书面形式对删除的正当理由作出完整的解释，并且应当在公开的部分记录上表明删除的范围，除非被删除的部分属于"除外"制定的范围。如果技术上可行，应当在记录中作出删除的地方表明删除的范围。② 该分类的意义在于为最大限度地保障公众知的权利，对保密的文件中不具备保密利益的那部分信息，也应当公开。

4. 以规定例外信息的方法为标准对例外信息进行分类，可分为类别例外信息和内容例外信息。"基于类别所规定的例外信息，也许并不含有披露后会损害某些利益的信息。因此，信息公开的倡导者通常对类别例外信息都比较谨慎。而内容例外信息则是根据具体文件的内容判断是否为例外信息。"③

5. 依据信息的保密利益是否为其他法律予以保护，可以分为法定保密的信息和基于信赖和约定保密的信息。

（1）法定保密的信息。其他法律明确规定予以保密的信息，是法定保密的信息。其他法律是指信息公开法之外的有关信息保密的法律和法律条款，如

---

① 新西兰《政府信息法》第8条第2款，参见方向. 信息公开立法 [M]. 北京：中国方正出版社，2003：125.

② 美国《信息自由法》第1条第2款，5 U.S.C. § 552 (a) (2)。

③ 张明杰. 开放的政府——政府信息公开法律制定研究 [M]. 北京：中国政法大学出版社，2003：147.

《保密法》、《商业秘密法》、《隐私权法》，以及其他非信息保密法中关于特定信息保密条款的规定。①

实际上其他法律法规规定的保密事项有相当大一部分已经为信息公开法所列举的其他公开豁免事由所容纳，② 多数国家往往仍然在信息公开法列举的公开豁免事由中增加"其他法律法规规定予以保密的事由"这一条款。规定这一条款的理由，一方面是由于信息公开法对其他法律法规规定的保密事项的列举难以做到毫无遗漏，且难以对其他众多法律法规的修改作出迅速反映；另一方面，其他法律法规为保密事项的具体、特殊情况提供了开阔且更为适当的特别规定的空间。但这一条款同时也为公共机关利用其他法律规避信息公开义务提供了一条途径，从实质上突破信息公开法公开豁免事由的"完全列举"。为避免公共机关利用其他法律规避信息公开义务，一些国家对其他法律的规定有一定条件的限制，如美国《信息自由法》规定其他法律对予以保密的事项的规定要满足如下条件之一：①其他法律对予以保密的事项予以了明确的规定，而不给行政机关留下任何自由裁量的权利。如其他法律若规定"行政长官认为文件的公开不是公共利益所需时，可以拒绝公开"，则不符合《信息自由法》的规定，当事人可以依据《信息自由法》要求政府公开该文件。②其他法律确定了特定的豁免标准或明确了特定的豁免事项。③

（2）基于信赖和约定保密的信息。基于信赖和约定保密的信息，是指其他法律未为规定予以保密，而是公共机关基于信息提供人的信赖或与当事人的约定予以保密的信息。这里的其他法律亦是指信息公开法之外的有关信息保密的法律和法律条款。信息公开法列举的公开豁免事由不全都是由其他法律所规定的保密事由，其他法律未规定保密的事由，满足一定判断标准时，信息公开法也可予以保护。这一判断标准从形式上看，是基于对信息提供人主观意图的尊重，信息提供人要求保密或提供信息时表现出对信息接受者的保密信赖时，可以不予公开；从本质上看是基于对信息公开的利益与不利益的比较、权衡，公开的结果弊大于利时，不予公开。所谓公开的结果弊大于利，主要有两个判断标准：①影响到行政机关再次从同一信息源获取信息或获取同类信息的利益；②对信息提供人的利益造成明显损害，虽然这些利益还未为相关保密法规和保密条款予以规定，如不构成商业秘密但对信息提供人具有一定商业价值的

---

① 如美国《公共卫生和幸福法》规定有关年轻人的记录不得泄露其姓名的条款。

② 如美国《信息自由法》第 2 条规定的第 6 项免予公开的事由很大部分上和美国《隐私权法》的规定在实质上重合，参见 5 U. S. C. § 552（b）（6），5 U. S. C. § 552（a）。

③ 参见美国《信息自由法》第 2 条第 3 款，5 U. S. C. § 552（b）（3）。

商业信息。①

　　信息公开法以外的保密法律已经予以明确保护，当事人仍然寄予信赖或和公共机关约定予以保密的，不属于基于信赖和约定保密的信息，公共机关对之采用的保密措施以法律为依据，而非依据当事人的约定和信赖，当事人的信赖和法律不一致的，从法律规定；这类信息可以是公共机关行使调查监督职能时，线人、检举揭发人等提供的信息；外国国家及其代表机关、国际组织提供给公共机关的信息等，对于前者，各国的行政程序法一般予以保密规定，对后者各国的国家秘密保护法一般予以保密规定，若其他法律未予以规定，而信息公开法将其作为公开豁免事由予以列举时，该项事由则属于基于信赖或约定的保密事由。

　　6. 根据信息上所载的利益的不同分为涉及国家利益的信息（包括涉及国家安全、国防、外交利益的信息、涉及公共安全利益的信息、涉及社会经济安全利益的信息等）；涉及行政利益的信息（包括有关行政效果的信息、涉及行政决策自由的信息、涉及行政效率的信息等）；涉及个人利益的信息（包括涉及个人隐私及个人其他精神性人格利益的信息、涉及个人生命健康安全利益的信息、涉及个人财产利益如商业秘密利益的信息等）；涉及其他利益的信息，等等。这是对豁免公开的信息最细化的分类，一般的立法都是以该种分类为基础进行规定的。

　　（1）涉及国家利益的信息

　　①涉及国家安全、国防、外交的信息。对于此类信息，各国法律均规定其为公开豁免的范围，且为必须保密的信息，行政机关不能自由裁量予以公开。但是对于该类信息必须有一个认定的标准，而不能由各个信息公开的主体自由判断，各国法律对此的规定不一致。大多数国家都有相应的保密法规对此进行规定，限定了确定该信息范围的标准，以及享有确定权的主体和确定程序。而对上述信息范围的界定也有规定得更为宽松的国家，如澳大利亚，该国的信息自由法规定，只要某一大臣认为，一份文件的披露将或者能合理地被预期为对如联邦共和国的安全、国防、国际关系、外国政府及其机关、国际组织的信息，即可签署一份证明书，确定该文件为豁免公开的文件。② 澳大利亚对于上述信息没有更为具体的规定，而将其自由裁量权赋予了机关的负责大臣。

　　②涉及国家经济安全和国家实质性经济利益的信息。该类信息的披露可能会被合理地预期为对国家的财政利益或政府管理国民经济的能力产生严重的负

---

　　① 参见美国《信息自由法》第2条第4款中的商业秘密外的商业和金融信息，5 U.S.C. § 552（b）（4）。

　　② 澳大利亚《信息自由法》第33条第2款，参见方向. 信息公开立法［M］. 北京：中国方正出版社，2003：59.

面影响，或对国内一般业务或特殊种类的业务的正常进行造成过分干扰。① 涉及国家经济安全及实质性经济利益的信息通常是金融信息、证券信息、货币信息等。这类信息可以是来自决策机关的决策信息，如中央政府的财政、金融和外汇政策，也可以是来自监管机关的调查信息和监管信息，或来自市场主体自身的决策信息。

来自决策机关的决策信息、监管机关的监管信息一般来说，相关金融决策机构、监管机关都是要予以公布的，但是必须找到适当的时候公布。在其公布的时机成熟之前，应当保密。这些如果在公布以前被透露，可能引起金融动荡和经济投机行为从而影响国家经济的安全。属于这一公开豁免范围的决策信息主要有：有关汇率、对海外外汇交易的控制的信息；有关对银行和信用制度的规范的信息；有关税收调整的信息；有关政府债务的信息，有关加入海外贸易协定的信息等。

另外，各国的证券法、金融法、货币法等，对于市场主体自身的决策信息在公布之前的保密义务都有所涉，如市场主体尤其是上市公司等大型企业准备发行证券、股票的信息，进行公司兼并、合并、分立的信息，其提前披露可能引起市场波动和混乱，这些信息被监管部门获得时，监管部门也应当在该类信息被正当披露前予以保密。

③涉及社会公共安全的信息。信息的披露会对保护公共安全所采用的合法方法的维护或者执行造成损害时，该信息可获得披露豁免。② 如信息之披露可能使警察系统的通讯系统的安全遭受破坏的，该信息可获公开豁免。对此进行规定的国家立法有：爱尔兰《信息自由法》、澳大利亚《信息自由法》等。

（2）涉及行政利益的信息

①涉及行政执法效果的信息。公共机关为满足检查、监控或者其他监督职能之需所产生的信息。这类信息的披露可能影响行政决定执行效果，引起当事人提前做好准备规避法律。某一机关进行的或将要进行的特定测试、检查、审计、评估行为的信息都属于该类信息的范围，如对违反税法的行为进行调查的信息、对特定产品进行质量抽查的信息。为预防、侦查、起诉、审判犯罪行为的信息，但其本质上也是属于上述涉及行政执法效果利益的信息。

②涉及行政决策自由的信息。该类信息往往是指涉及行政机关决策过程中的信息。其信息的披露可能对公众产生误导、阻碍行政机关职员决策的充分讨

---

① 爱尔兰《信息自由法》第 31 条第 1 款，参见方向. 信息公开立法 [M]. 北京：中国方正出版社，2003：212.

② 澳大利亚《信息自由法》第 37 条第 2 款第 3 项，参见方向. 信息公开立法 [M]. 北京：中国方正出版社，2003：67.

论。该类信息主要涉及行政机关的备忘录或信件，即行政机关在作出最后决定前的准备过程中的文件，包括行政机关在作决定以前讨论过程中的各种观点、意见、建议、方案等一系列文件。这些观点、意见、建议、方案可以来自机关内部职员、其他行政机关，也可来自国会、法院及其他团体和个人。但是纯粹的事实性资料、科学或者技术专家的有关科学或技术事项及其意见的报告不包括在内。①

③涉及行政工作效率的信息。也即与行政机关职权行使无关的纯粹内部行政事务的信息不予公开。如机关内部的食堂规则等。这类信息的公开不会影响行政职权的行使效果，但是处理该类申请可能占用行政机关的人力和物力，从而影响行政机关处理其正常工作事务的效率。对此类信息，行政机关可以拒绝公开。一般来说，这类信息通常和社会公共利益没有关系，但是，这也不是绝对的，如果相对人能够证明行政机关的这些内部事务对其利益或公共利益造成了重大影响的，也可以要求政府公开。

（3）涉及个人利益的信息

①涉及个人隐私及其他精神性人格利益的信息。各国法律都对个人隐私给予一定程度的保护，对个人隐私的保护，除信息自由法外，往往还有专门的隐私权法立法，如美国的《信息自由法》和《隐私权法》。这两部法律对个人信息保密的具体规定并不一致，而两部法律地位平等、独立适用、互不干涉，②因此，根据信息自由法不能得到的个人信息可以根据隐私法获取，根据隐私法不能获得的个人信息可以根据信息自由法获取，只有两者都予以保密的信息才能真正起到保密的效果。一些国家从个人资料披露豁免的角度对自然人的精神性人格利益予以较全面的保密，如爱尔兰《信息自由法》第28条关于个人信息披露豁免的规定。

②涉及个人的财产利益的信息。此类信息的主要部分是涉及个人商业利益的信息，如商业秘密，对此商业秘密法予以了规定。另外，非属于商业秘密的其他商业信息，其披露会影响到信息提供人或信息主体的可预期的商业利益和商业地位的，也属于可以公开豁免的信息。除个人商业利益外，一些国家的法律对个人的财产利益也予以一概保护，如瑞典《出版自由法》第二章第2条

---

① 爱尔兰《信息自由法》第20条第2款，参见方向. 信息公开立法 [M]. 北京：中国方正出版社，2003：198-199.

② 美国《信息自由法》第2条第3款规定的"其他法律"不包括美国《隐私权法》，参见王名扬. 美国行政法 [M]. 北京：中国法制出版社，1995：1095.

第 6 款规定，国家可以基于对个人经济环境的保护，限制查阅官方文件的自由和权利。①

③涉及个人的生命健康安全的信息。信息的公开可能危及任何人的生命或人身安全的，该信息可获得公开豁免。对此进行了规定的国家立法有澳大利亚《信息自由法》、爱尔兰《信息自由法》等。

（4）涉及其他利益的信息

如瑞典《出版自由法》第二章第 2 条第 7 款规定的涉及动植物物种保护利益的信息。② 又如爱尔兰《信息自由法》第 30 条第 1 款第 2 项规定：公共记录中所包含的信息可能会被合理地预期为损害一种文化遗产或自然资源，或动植物的一个物种或动植物的自然环境时，可获公开豁免。③

各国立法基于立法技术的需要往往综合以上两种或两种以上的分类方式列举公开豁免的信息，以期对各种利益进行不同角度和层次的全面保护，防止法律规定的遗漏。

第三节　政府信息公开法的基本制度

一、公布制度

政府信息公开的途径大致可以分为两大类：依申请公开和主动公开。依申请公开的信息，政府只对申请者公开，一般不向其他人公开，此种情况下公开的信息只面对特定人而不是面向不特定的公众。主动公开则是政府部门采取一定的方式，将依据信息公开法应该公开的信息以一定方式公之于众，其公开的对象是不特定的公众，这种公开途径也就是"公布"。公布制度即公开宣布制度，是指信息的拥有主体通过一定方式将信息公之于一定范围内的不特定公众的制度。

信息公布制度包括以下几个方面：公布的主体、途径、形式和期限。

1. 信息公开的主体。大部分的信息由信息拥有者或者信息收集、制造者公布，但是也有许多例外。例如，我国 1982 年宪法的四次修正案（即 1988

---

① 参见周汉华.外国政府信息公开制度比较［M］.北京：中国法制出版社，2003：24-25.

② 参见周汉华.外国政府信息公开制度比较［M］.北京：中国法制出版社，2003：24-25.

③ 参见方向.信息公开立法［M］.北京：中国方正出版社，2003：211.

年、1993年、1999年、2004年修正案）都是由全国人民代表大会的大会主席团公布施行的。另外，我国现行宪法第80条规定："中华人民共和国主席根据全国人民代表大会的决定和全国人民代表大会常务委员会的决定，公布法律……"即在我国除宪法外，由全国人大或者全国人大常委会制定的法律由国家主席公布。《中华人民共和国立法法》第61条规定："行政法规由总理签署国务院令公布。"在一个政府机关中，负责管理信息公布事宜的是具体分管信息的办事机构。

2. 公布的途径。公布的途径是指信息通过何种信息渠道传递至接受者。随着科学技术的发展，信息传播的途径越来越多，报纸、期刊、公告栏、广播、电视、互联网等都是政府信息传播、公布的途径。这些途径各有其优缺点。报纸、期刊、公告栏等形式的优点是投入少、直观、实在、简单，不需要像从广播、电视、互联网上获取信息那样，需要收音机、电视机、电脑以及它们的站点和转播设备；其缺点是传播速度较慢，而且获得信息的人的数量也受到很大的限制。广播、电视的优点是迅速，而且对人的文化程度要求低，即使是文盲也可以通过声音来获取信息；其缺点是一方面它需要转播站和转播设备，一些偏远地方由于没有讯号，因而无法接收，另一方面它不是文字形式，不易保存，更不易复制和查阅。互联网的缺点是建设网站、购买电脑等前期投入较大，如果政府财力紧张，技术水平不高就难以建成，对于公民来说，也并不是所有的人都有电脑或者都能有上网的便利条件；但是，互联网的优点非常突出，一是前期投入之后的运行和使用费用非常低廉，二是信息传递迅速、方便，传播范围大，三是人们可以根据各自的需要选择打印成书面材料的信息，而且网上的信息非常容易储存和查阅并易于传播给其他人。

现实生活中，大多数国家的做法是采用多种途径公布政府信息，特别是一些重要信息，对于重要的法律法规，有些国家还规定了公布的途径和以何种途径公布的文本为标准文本。我国《立法法》第52条第2、3款规定："法律签署公布后，及时在全国人民代表大会常务委员会公报和全国范围内发行的报纸上刊登。在常务委员会公报上刊登的法律文本为标准文本。"第62条规定："行政法规签署公布后，及时在国务院公报和在全国范围内发行的报纸上刊登。在国务院公报上刊登的行政法规文本为标准文本。"

在所有这些政府公布信息的途径中，相比较而言，网络是最有前途、最适合的公布途径。这主要是因为随着经济与科学技术的发展，政府网站越来越多，越来越普遍，普通民众中拥有电脑或者有条件上网的人越来越多，这使得政府信息通过网络的途径迅速而大范围的传播有了可能性。只要克服了或者说解决了前期基础建设问题，网络就是获得政府信息的最快、最准确、最廉价、最方便、最自由、最易储存的途径。随着互联网和电脑的普及，互联网将成为政府信息公开的主要途径，政府网站上的文本应该成为标准文本之一。所以，可建议我国《立法法》如此规定：在常务委员会公报上刊登的和在常务委员会网站上登载的法律文本为标准文本。在国务院公报上刊登的和在国务院网站上登载的行政法规文本为标准文本。

3. 公布的形式。政府信息必须要以一定的形式通过一定的途径来公布。信息的表现形式主要包括文字、声音、照片、图像、符号、数据等。政府信息以何种形式公布应视信息的内容而定。一般情况下，法律、法规等规范性法律文件适宜以文字形式公布和传递，而一些有关处理问题的方法、技巧等信息适宜以影像的形式公布和传递。例如，在我国发生"非典"疫情期间，政府公布的有关防治"非典"的有关知识就适于用音像的形式传递给民众。

4. 公布的期限。信息具有很强的时效性，即信息只有在一定时间内被人们掌握才能发挥作用，产生预期的效果。经过一段时间后，信息就没有利用价值或者利用价值大大减小。为了让政府的信息能够迅速被人们知晓、掌握，必须注意两个时间，一是政府拥有信息到政府公布信息这段时间，二是政府公布信息到民众接收到信息这段时间。要让民众更快、更迅速获得信息，必须尽可能缩短这两个时间。要缩短第二个时间就要求我们选择更好的信息传播途径，能够及时将信息传递到广大民众。要缩短第一个时间就需要我们严格规定公布的期限，即严格规定政府拥有信息到公布信息的时间，这个时间越短，民众就越能迅速获得信息。有的国家在一些具体事项的公布上规定了明确的期限，例如意大利宪法规定，法律自批准之日起 1 个月内由共和国总统公布。我国的法律公布期限的规定几乎是空白，我国《立法法》第 52 条规定法律签署公布后，"及时"在全国人民代表大会常务委员会公报和在全国范围内发行的报纸上刊登；第 62 条规定行政法规签署公布后，"及时"在国务院公报和全国范围内发行的报纸上刊登。什么是"及时"，不同的人有不同的理解。这样的规定与没有规定并没有什么两样，我们应当明确规定法律、行政法规等规范性法律文件通过后予以公布的期限。"非典"期间，政府部门特别注重信息的时效和信息的公布期限，每 24 小时公布一次疫情，收到了非常好的效果，依据这个经验，我国的政府信息的公布期限一定要有明确的比较合理的规定。

二、告知制度

告知属于政府主动公开信息、公民获得信息的一种途径，但这种途径有其特殊之处。特殊之处表现在这五个方面：

1. 告知的信息一般情况下早已公开，只是当事人不一定很熟悉、了解。

因此，从严格意义上来说，告知不算是一种信息公开制度，只能算是一种信息"提醒"，即"提醒"当事人注意你有哪些权利等。例如，行政机关在对某人实施行政处罚的时候，有义务告知当事人作出行政处罚决定的事实、理由及依据，并告知当事人依法享有的权利。比如，我国的《行政处罚法》早已公布，当事人有可能知道，也有可能不知道，在这种情况下，行政机关有义务"提醒"当事人注意他有这些权利。然而信息公开的目的是为了让人们知信息、懂信息、用信息，从这个意义上讲，告知是真正有用的、具体针对当事人的信息公开。

2. 告知的内容往往是当事人享有的权利，而不是当事人的义务。最典型的莫过于在 1966 年的米兰达诉亚利桑那州一案中，由沃伦首席大法官领导的最高法院确立的"米兰达警告"规则。这个规则规定警察在侦查案件过程中，必须告知犯罪嫌疑人：在我们向你询问任何问题前，你必须了解你的权利：（1）你有权保持沉默；（2）你所讲的一切都可能在法庭上用做对你不利的证据；（3）在我们向你询问前，你有获得律师帮助的权利，询问时有权要求律师在场；（4）如果你无钱委托律师，如果你希望的话，将在询问前为你指定一名律师；（5）如果你现在决定在没有律师的情况下回答问题，你可以随时要求停止询问，直至你和律师交谈。上述权利你懂了吗？在了解这些权利后现在你愿意回答我的问题吗？

我国法律中规定行政机关或者司法机关必须告知的内容一般也都是当事人的权利。

3. 告知发生在执法、司法的具体过程之中。一方面它一般不会发生在立法过程之中，因为立法不会具体地影响某个人的权利和利益，另一方面它是特定的执法机关或者司法机关的义务。例如，我国《刑事诉讼法》第 33 条第 2 款规定："人民检察院自收到移送审查起诉的案件材料之日起 3 日以内，应当告知犯罪嫌疑人有权委托辩护人。人民法院自受理自诉案件之日起 3 日以内，应当告知被告人有权委托辩护人。"这里的检察院就是指在特定的案件当中具体负责审查起诉的检察院，而不是泛指。

4. 告知的对象是特定的行政过程或者司法过程中的当事人，而不是不特定的人。一方面告知并不是应申请的信息公开，而是政府机关必须主动公开，另一方面它又只是针对特定人的公开。

5. 告知是有关政府机关的义务，如果没有履行告知义务，往往会产生具体的法律后果。我国《行政处罚法》第 41 条规定："行政机关及其执法人员在作出行政处罚决定之前，不依照本法第 31 条、第 32 条的规定向当事人告知给予行政处罚的事实、理由和依据，或者拒绝听取当事人的陈述、申辩，行政处罚决定不能成立；当事人放弃陈述或者申辩权利的除外。"前文提到的"米兰达诉亚利桑那州"一案中，因警方未能履行告知义务，产生的法律后果就是：宣告无效，发回重审。

我国的告知制度存在着不少的问题，行政法和诉讼法中规定的许多当事人的权利，虽然有一些情况下法律规定国家机关必须履行告知义务，而许多情况下法律未作有关规定。我国《刑事诉讼法》第 33 条规定："人民检察院自收到移送审查起诉的案件材料之日起 3 日以内，应当告知犯罪嫌疑人有权委托辩护人。"第 40 条也规定，人民检察院、法院应当告知有关当事人及其法定代理人有权委托诉讼代理人。第 154 条规定，人民法院在开庭审判时，应当告知当事人有权对有关人员提出申请回避。告知被告人享有辩护权。这些规定有利于当事人明了自己的权利，从而能够用法律赋予的权利维护自己的利益，但是我们还应看到不少情况下，法律未规定国家机关的告知义务，如《刑事诉讼法》第 96 条规定："犯罪嫌疑人在被侦查机关第一次讯问后或者采取强制措施之日起，可以聘请律师为其提供法律咨询、代理申诉、控告。犯罪嫌疑人被逮捕的，聘请的律师可以为其申请取保候审。"如此重要的权利，却没有告知的规定是很不恰当的。

法律制定的目的是为了得到人们的了解、遵守和利用，但是我们不能苛求每个人都是律师，更不可能苛求每个人都知道政府公开的每条信息，这就要求执法者、司法者告知当事人，并将告知规定为国家机关的义务。特别是要求国家机关告知当事人享有的权利，而不能只图自己方便，只告知当事人应履行的义务而不告知当事人享有的权利。我们应该从保护公民合法权利，贯彻法律法规精神的目的出发，将行政机关、司法机关在执法、司法过程中当事人依法享有的而又不是为绝大多数人知晓的权利都应规定为行政机关、司法机关应该告知当事人的内容。

三、说明理由制度

说明理由制度是指行政机关、司法机关在作出或者拟作出具体的行政行为或者作出司法裁决，涉及当事人的权利义务时，应当以一定方式说明这样做的理由。它主要包括作出决定所依据的法律法规和事实、证据。其实，立法也需要说明理由，即立法说明，但是我们一般所说的"说明理由"不包括立法说明，因为它并不涉及具体的人和事。说明理由制度在世界上大多数国家里都有表述，如美国《联邦行政程序法》第 557 节中规定应记载"对案卷中所记载的事实的、法律的、或自由裁量权的实质性争议所作的裁定、结论及其理由或根据；以及有关的法规、裁定、制裁、救济、或对它们的拒绝"。① 日本 1991 年的《行政程序法纲要集》第 25 条规定："行政厅在作出不利处分的场合，除因紧急而无暇出示理由外，对不利处分的接受者，须出示构成该不利处分根据的理由，当因紧急未出示理由时，应在处分后一定期限内出示理由。"在司法领域，说明理由更为重要，法院作出的每一个判决都应有充分的说理，在这方面最有代表性的国家莫过于美国了。"当年著名的马伯利诉麦迪逊案件仅仅用了 20 多页的篇幅，而今天美国最高法院的判决超过了百页的已不罕见。"② 相对来说，我国法院的判决书的判决理由又过于简单，很少有甚至没有法律论证和推理，一般情况下很少超过一页纸。

说明理由制度有如下特点：

（1）说明理由的对象是在具体的行政程序或者司法程序中的当事人，受到不利处分的当事人更需要知道理由。也就是说如果要作出对某人不利的制裁、决定或者判决，更要求我们要说明理由。

（2）国家机关应主动向当事人公开自己作出决定的理由。一方面这种公开是国家机关的义务而且不需要当事人的申请，另一方面这种公开的对象是特定的当事人而不是普通民众。

（3）公开的信息的内容是理由，即行政机关作出行政决定或者司法机关作出判决的理由。这种理由主要包括两类，一类是行政决定或者司法判决所依据的法律、法规等，即法律理由；一类是作出行政决定或者司法判决所依据的事实、证据等，即事实理由。

应该说，我国现行的法律中对"说明理由"的规定是比较完善的。行政决定中对公民权利影响最大的莫过于行政处罚，我国《行政处罚法》第 31 条规定："行政机关在作出行政处罚决定之前，应当告知当事人作出行政处罚决定的事实、理由及依据，并告知当事人依法享有的权利。"最高人民法院在《人民法院五年改革纲要》中明确提出："加快裁判文书的改革步伐，提高裁判文书的质量。改革的重点是加强对质证中有争议证据的分析、认证，增强判决的说理性；通过裁判文书，不仅记录裁判过程，而且公开裁判理由，使裁判文书成为向社会公众展示司法公开形象的载体，进行法制教育的生动教材。"现实中，无论是行政机关还是司法机关都存在着说理简单化、公式化甚至不说理由的问题，要解决这个问题关键是要明确国家机关如果不说理或者少说理所应承担的责任。《行政处罚法》第 41 条就规定："行政机关及其执法人员在作

---

① 转引自王名扬. 美国行政法 [M]. 北京：中国法制出版社，1995：1127.

② 苏力. 判决书的背后 [J]. 法学研究，2001（3）：16.

出行政处罚决定之前，不依照本法第 31 条、第 32 条的规定向当事人告知给予行政处罚的事实、理由和依据，或者拒绝听取当事人的陈述、申辩，行政处罚决定不能成立……"我国其他的法律中涉及行政机关或者司法机关的说明理由责任时应作类似规定。

四、听证制度

"听证"的英文是"hearing"，原本指法院在审理案件过程中，法院作为居中裁判者听取双方当事人和证人的意见，以便作出公正的判决的程序。由于听证程序的科学性与合理性，现在已广泛被应用于立法和行政之中。现在我们所说的"听证"一般包括立法听证和行政听证。2000 年 3 月 15 日九届全国人大第三次会议通过的《中华人民共和国立法法》第 58 条规定："行政法规在起草过程中，应当广泛听取有关机关、组织和公民的意见。听取意见可以采取座谈会、论证会、听证会等多种形式。"这是我国首次明确规定"立法听证"。我国的行政听证制度由 1996 年颁布的《行政处罚法》第五章第三节"听证程序"规定下来。自此以后我国的行政听证案件逐年增加，据不完全统计，1997～1998 年全国工商行政管理系统实际举行听证的案件为 688 件，1999 年为 952 件，2000 年为 4 327 件。2001 年 8 月 1 日国家计委颁布实施的《政府价格决策听证暂行办法》规定，消费、电缆、煤气费、电话费、交通费等一些和老百姓生活密切相关的费用，在定价和调价的时候都必须举行听证。2002 年因春运铁路票价问题而举行的听证会，引起了社会各界的普遍关注。

听证制度与其他的政府信息公开制度相比有自己的特点。

1. 双公开原则。所谓双公开原则，是指政府信息的公开，一方面作为听证案件一方当事人的国家机关应将自己所掌握的信息向听证机关和另一方当事人公开，另一方面只要不涉及国家秘密、商业秘密或者个人隐私，听证应公开举行，即听证应向社会公开。因此听证具有很强的公开性，它不但向与听证有直接利害关系的人公开，原则上还应向全社会公开。这一点与告知制度和说明理由制度是不相同的，因为告知的对象、说明理由的对象都只是特定的人。

2. 互动性。听证制度与一般信息公开制度不同，一般的信息公开制度是政府单向传递信息给公民而政府机关并不接受公民传达的信息，而听证制度则是听证主持机关、双方当事人三方的相互交流与互动。例如，我国《行政处罚法》规定，"听证由行政机关指定的非本案调查人员主持"。因此行政听证的主持者是行政机关的非本案调查人员，双方当事人中一方是行政机关的本案调查人员，另一方是行政相对人。在听证过程中，行政机关的本案调查人员和行政相对人所提供的材料、信息、证据、理由都会对对方和听证主持者产生影响，最终会对行政机关的决定产生重要的影响。

3. 居中裁决性。原本为司法程序的听证之所以能被立法机关和行政机关广泛接受，一个非常重要的原因是听证所具有的居中裁决性。听证的基本规则就是由双方当事人之外与双方当事人没有直接利害关系的第三者主持听证，充分听取双方当事人的意见，最后作出裁决，它秉承的是"任何人都不能作自己的法官"的原则，目的是在国家机关的行为作出之前预防国家机关的行为对公民的合法权利造成较大的伤害，而不仅仅是在国家的行为作出以后再采取救济措施。例如，由于立法没有举行听证导致立法出现漏洞，给国家、社会和公民造成不良后果后，立法机关采取法律解释、修改法律等措施；具体行政行为作出后，行政相对人采取的申请行政复议、提起行政诉讼等措施。

听证的居中裁决性一方面要求双方当事人提供的信息，特别是作为一方当事人的国家提供的信息要真实、准确，以便于听证主持机关作出公正的、合理的判断。例如，如果在春运铁路票价听证会上，铁路部门提供的有关运输成本的材料、信息是虚假的，听证主持者就不可能据此作出公正的判断；另一方面要求听证主持者与案件无直接利害关系，《行政处罚法》第42条第1款第4项规定："听证由行政机关指定的非本案调查人员主持；当事人认为主持人与本案有直接利害关系的，有权申请回避。"

我国的听证制度特别是行政听证制度在现实生活中发挥着越来越重要的作用，人们对听证有了更进一步的认识，听证已成为促进国家机关依法行使国家权力，保障公民合法权利的重要制度。然而我们应该看到我国的听证制度还存在着不少的问题。第一，听证范围较窄。我国法律规定的听证非常有限，大多数情况下都无听证的规定。我们认为应该规定只要是对当事人的利益有较大影响而且时间允许的都应该赋予当事人选择听证的权利。第二，居中性不足。我国《行政处罚法》中规定的听证中听证主持者与作为一方当事人的案件的调查者是同一机关的工作人员，只不过不能是同一人。因此，这样的设计并不合理，应该设立独立的听证机构，只有这样才可能有真正的居中性。第三，未规定听证的法律效力。我国法律中只规定了在何种情况下应举行听证程序，但都没有规定如果国家机关没有依法举行听证应承担何种责任。法律应该既规定在何种情况下应当举行听证，又规定如果有关国家机关不举行听证应承担的法律责任，只有这样才能真正将听证制度落到实处。

第四节　政府信息公开的基本程序

政府信息公开程序是掌握政府信息的行政机关公开信息的方式、步骤、顺序和时限的总称。政府信息公开必须遵守一定的程序，才能有章可循。"程序正义是保障人权的基本手段。"① 公民所享有的知情权，只有通过一定的法律程序才能实现。"行政公开基本由两部分组成：其一为具体行政程序中行政机关向个案当事人或利害关系人的公开；其二为一般公民对政府文件的了解和获取相关信息。前者主要由行政程序法规定，后者则主要规定在专门的单行法律中，行政程序法只是将之作为公民的一项权利作原则性规定。"② 这里所说的主要是上述第二种意义上的行政公开程序，即政府信息公开程序。从法理及各国立法例可知，政府信息公开的方式主要有两种：其一为主动或强制公开，即立法者课以行政机关必须公开某些政府信息的义务，而无须特定人的申请；其二为被动或依申请公开，即行政机关的公开态度较为消极，只有在相对人提出申请的情况下行政机关才应申请而提供政府信息，符合法定限制公开条件的除外。北欧国家多采用第二种公开方式，奥地利、日本亦然。同时兼采两种方式的，有美国、法国、荷兰、澳大利亚、加拿大、新西兰等国。至于仅采用第一种公开方式的国家，则没有。主动公开程序与被动公开程序互补，共同保障公众的知情权，以下分述之。

一、主动公开政府信息程序

主动公开政府信息是指行政机关在没有相对人提出申请的情况下，将自己掌握的政府信息按法定的范围和方式向公众公开，也可称为依职权公开政府信息。"通过政府主动通知方式公开的资讯主要包括两类：首先是政府必须主动公告的行政资讯；其次是政府不需要主动公告，但是应该放置于公共场所以备人民查阅、复制的行政资讯。"③ 上述两种不同的公开形式适用于不同的政府信息，而且公开的方式也有差别。

（一）主动公告的政府信息

1. 公告的范围

行政机关应主动公告的政府信息涉及公众的基本利益，对公众参与国家和社会事务的管理具有重要意义，主要包括：第一，行政组织方面的政府信息，例如该政府机关的办公场所、组织机构、职能分工、领导成员的基本情况、公

---

① 徐亚文. 程序正义论 [M]. 北京：人民出版社，2004：312.

② 皮纯协. 行政程序法比较研究 [M]. 北京：中国人民公安大学出版社，2000：179.

③ 冯国基. 面向 WTO 的中国行政——行政资讯公开法律制度研究 [M]. 北京：法律出版社，2002：123.

务员录用、选拔任用、评选先进的条件、程序及结果；第二，财政收支和使用方面的政府信息，例如财政预算、决算和实际支出以及审计情况，政府采购情况，专项资金的使用情况，公共工程和社会公益的资金使用情况，重大项目的招投标情况；第三，行政事项方面的政府信息，例如本机关所办理的行政事项，行政决定的依据，本机关制定的法规、规章和规范性文件，行为程序和时限，救济途径和期限，重大突发事件的处理情况，经济社会发展的规划、计划及其执行情况以及按照法律法规规定应当主动公布的其他政府信息。美国法典第552条规定，下列信息应在《联邦公报》上公布并说明：总部和基层组织的机构设置，以及公众可以获得信息、提交呈文或要求、得到决定意见的地点、雇员和方法；功能运转和作出决定的一般途径和方法，包括所有可以采用的正式和非正式程序的性质和要求；程序的规则，可以使用的表格或可以获得表格的地点，以及所有文件、报告和检查的范围和内容；由法律授权而制定的普遍适用性实体规章，以及机关制定并通过的一般政策说明和普遍适用性解释；上述各项的修改、修订或废除。

2. 公告的方式

行政机关应主动公布的政府信息都是涉及重大公共利益的事项，因此应保证公众能准确、及时地获得信息。一般来说，各国都规定行政机关应在法定的媒体上公布政府信息。法定的媒体主要是政府公报，如美国的《联邦公报》，中华人民共和国《国务院公报》。我国《行政法规制定程序条例》第28条规定："行政法规签署公布后，及时在国务院公报和在全国范围内发行的报纸上刊登。国务院法制机构应当及时汇编出版行政法规的国家正式版本。在国务院公报上刊登的行政法规文本为标准文本。"《规章制定程序条例》第31条也有类似的规定。为了便于公众获取信息，行政机关应当采取可能的多种方式公开政府信息。

随着互联网的发展，网络已成为人们获取信息的重要渠道。在这种背景下，行政机关应当推行电子政务，加强政府网站建设，通过电子形式直接为公众提供政府信息。"政府上网，即政府把为实现对社会的管理职能和服务职能而登录、收集、整理的有关文件、资料及其所承担的职能、职权、职责、事务处理标准、办事程序等情况通过电子网络向社会公开。"① 我国政府上网工程启动于1999年1月，由中国电信和国家经贸信息中心主办，联合48家信息主管部门共同倡议发起。政府上网工程被看做是实行行政公开的一项最具有影响

---

① 赵正群. 情报公开法制化的世界潮流与政府上网工程的意义 [M] //夏勇. 公法: 第2卷. 北京：法律出版社，2000：332.

力、最具有透明性的举措。但是，相当部分政务信息系统在建成以后，往往遇到无米下锅的尴尬境地。数百万元的投资，换来的往往是网页上寥寥无几且过时的新闻，再加上电子邮箱和联系电话"重建设、轻应用"的痼疾，直到最近才有所改观。美国 1996 年《电子政务法》规定美国政府机关要在自己的网站上通过下列三种形式公开政府信息：建立电子阅读室，在电子阅读室中要有政府信息公开的一切内容，并且"这些文件必须能通过电子阅读室直接得到"；建立电子信息自由法资料的引导；刊登上年度本政府机构的信息自由法执行报告，包括未公开信息的个案及原因。① 在我国已有政府网站的基础上，加强电子政府建设，既适应信息化的世界潮流趋势，也建立了一个政府与公众沟通和合作的平台。在利用网络公开政府信息方面，改革开放的前沿深圳市走在了前列，《深圳市政府信息网上公开办法》于 2004 年 4 月 1 日起施行，该办法第 2 条第 2 款规定"本办法所称网上公开是指将本条第 1 款所述政府信息在与国际互联网相联的深圳市政府的公众信息网络（以下简称政府公众信息网）上予以发布"。

3. 公告的时间

为了保障公众及时获取信息，必须以法律规范明确规定政府主动公告信息的期限。行政机关对于应主动公告的政府信息，信息制作完成后应立即公告，对于一些特别重要的政府信息，公布之日和实施之日应设置合理的间隔期间。如韩国《行政程序法》第五章第 46 条规定："行政预告之期间应考虑预告内容的性质而定，若无特别理由，定为 20 日。"新西兰《官方信息法》第 20 条第 2 款规定"司法部应该以出版新版本或出版新材料的方式，在不迟于 2 年的时间内，对上述所公布的信息予以更新"。根据我国《行政法规制定程序条例》和《规章制定程序条例》的规定，行政法规和规章应当自公布之日起 30 日后施行，这就意味着行政法规和规章公布之日和实施之日应至少间隔 30 日以上。

（二）其他应主动公开的政府信息

行政机关拥有的信息非常庞杂，如果事无巨细要求行政机关将所有的信息主动公告，既没有必要，又增加行政机关的工作量和负担。对于较重要的政府信息，行政机关应主动公告，其他政府信息行政机关虽不必主动公告，但应采取必要的方式主动向公众公开，以备公众查阅。

1. 公开的范围

---

① 参见杨海洋. 在电子政务背景下的政府信息公开立法 [J]. 国家行政学院学报，2003（6）：77.

政府信息以公开为原则，不公开为例外，除法律明确规定可不公开的政府信息外，其余信息都应向公众或利害关系人公开。在公开的形式上，一部分较重要的政府信息在法定的出版物上公告或以法定的其他方式公布，其他应公开的政府信息应采取适当的方式向公众公开。例如《美国法典》第 552 条规定："除非已及时出版且有销售，各机关应保证公众可以查阅和复制下列材料：案件裁决所作出的最终裁定意见，包括补充意见、不同意见和裁决令；由机关制定并通过但没有在《联邦公报》上发表的那些政策的说明和解释；行政人员手册以及发给行政人员并影响到公众成员的指示。"综观各国行政法的规定，除行政机关应主动公告的政府信息外，其他应主动公开的信息包括："作为先例的行政裁决及其理由；政策说明和解释；对公众有影响的行政职员手册和指示；重要政府职员的财产情况；合议制行政机关表决的记录；合议制行政机关的会议。"① 属于行政机关内部人事规则与处理制度、对公众权益没有影响的，可以不对公众公开，但应实行内部公开。《广州市政府信息公开规定》第 12条规定："下列内部政府信息，应当实行内部公开：领导成员廉洁自律情况；内部财务收支情况；内部审计结果；公务员人事管理情况；其他应当公开的内部政府信息。"内部公开的形式可以是内部发行的刊物、内部通报、会议通知或纪要等形式。

2. 公开的方式

行政机关主动公布政府信息可以采取下列形式：政府网站；政府新闻发布会；政府信息热线电话；广播、电视、报纸、杂志等公共媒体；在政府机关主要办公地点或其他公共场所设立的公共查阅室、资料索取点、公告栏、公开栏、电子屏幕、电子触摸屏等场所或者设施；其他便于公众获取信息的形式。行政机关应当至少采取符合该信息特点的一种形式公布信息。如果法律规定了公布的方式，则必须按照法定方式公布。美国 1996 年《电子信息自由法修正案》规定，公众查阅与复制的材料（或 1996 年 11 月 1 日后制作的材料）必须在该修正案制定后的 1 年内能够从网上和书面两种方式获得。

有学者对上述几种公开方式的认知度作了调查②：普通公民按照取得信息方便的快捷程度，对公开形式的排序依次是：广播、电视或报纸期刊等新闻媒介、固定的政务公开栏、互联网、便民手册、电子触摸屏、会议。行政机关工

---

① 冯国基. 面向 WTO 的中国行政——行政资讯公开法律制度研究 [M]. 北京：法律出版社，2002：126-128.

② 参见李傲，许炎. 关于行政公开认知度的调查报告 [J]. 法学评论，2004（2）：70.

作人员对公开形式的排序是：固定的政务公开栏、广播电视或报纸期刊等新闻媒介、互联网、便民手册、会议、电子触摸屏。固定的政务公开栏属于传统的公开形式，普通公民将其列为第二位，行政机关工作人员仍对政务公开栏情有独钟，将其摆在第一位。政务公开栏应属较早的公开形式，行政管理双方均对其比较熟悉。随着社会的发展，行政管理信息量的增大，固定的政务公开栏正在逐渐失去往日的优势地位，显现出形式单一、内容有限、更新缓慢等缺点。为了使政务公开栏继续发挥往日的优势，必须进行改革、创新。目前，一些行政机关已将政务公开栏由黑板报形式改变成电子显示屏，滚动信息不仅代替固定有限的信息，而且实现了经常更新和网络管理，使之更好地发挥了作用。便民手册、会议，对于双方来说，均有成本高等不便利之处。电子触摸屏比较普遍，但容易损坏，常出故障，而且电子触摸屏等设施经常被放置在普通公众难以接触的地点，妨碍了公众对信息的获得和利用。行政公开既要现代化，又要现实化；既要先进，又要实用。行政公开的形式选择体现了公开主体对于"公开效果"的价值取向，是选择方便公开、利于公开工作、节约公开成本的公开形式，还是选择方便获取，有利于公民知晓、节约取得成本的公开形式？行政公开要成为实质公开而非形式公开，让公民乐于获取并易于获取信息，必然要"以方便公民取得为标准"、"以公民利益为本"，实质公开才能最终服务于行政。

3. 公开的时间

对于行政机关应主动公开的政府信息，应做到及时公开。我们认为，行政机关应在信息制作完成后 30 日的期限内采取必要的方式向社会公开，对于一些具有即时性特点的信息，应做到立即公开。有些情况下，行政机关在作出决定前应实行预公开。涉及重大公共利益或有重大社会影响的事项，行政机关在正式作出决定前应向公众公开拟作出决定的理由和依据以及决定内容，听取有关方面的意见。《广州市政府信息公开规定》第 19 条规定"涉及个人或组织的重大利益，或者有重大社会影响的事项在正式决定前，实行预公开制度，决定部门应当将拟决定的方案和理由向社会公布，在充分听取意见后进行调整，再作出决定"。预公开可以采取新闻发布会、在报纸、电视以及当地流行广泛的公共媒体上公布的形式。行政机关听取有关方面的意见可以采取听证会、论证会的形式，邀请有关专家、社会人士、利害关系方等参加会议，会议笔录应作为行政决定的重要依据。

4. 政府信息目录和索引

行政机关拥有的信息数量巨大、种类繁多，公众并不能准确地知道行政机关拥有哪些信息，为了便于公众查阅政府信息，各政府机关应当编制并及时更新本机关可以公开的政府信息目录。政府信息目录应当记录每条政府信息的名称、主题、索引、基本内容的简单描述以及产生日期。《美国法典》第 552 条第 1 款第二项规定 "……每个机关应备有现行的文件索引供公众查阅和复制。此索引应向公众提供自 1967 年 7 月 4 日以来发布、通过或颁行的而且根据本项规定应该提供或发表的全部文件的检索信息。各机关应按季度或更短周期及时出版并发行（以出售或其他方式）每期索引及其补充，除非该机关以在《联邦公报》上发表命令的方式决定出版索引是没有必要和不切合实际的"。

二、被动公开政府信息程序

被动公开政府信息，是指行政机关在相对人提出申请的情况下，按照法定的范围和方式向申请人公开政府信息，也可称为依申请公开政府信息。被动公开政府信息程序的设置是为了弥补主动公开程序的不足。行政机关拥有的信息非常庞杂，除属于应保密的政府信息外，行政机关也不可能做到全部主动公开，为了保障公众的知情权，可以要求行政机关依申请公开。被动公开程序是政府信息公开的另一核心，属于行政机关不需要主动公开的政府信息但可依公众请求而公开时适用的程序。涉及申请人个人利益的政府信息，不宜向公众公开，但应向本人公开，利害关系人也可以提出公开申请。申请公开政府信息的一般程序为：申请人提出口头或书面申请；行政机关初步审查后决定是否受理；行政机关受理申请并进行审查，在法定期限内作出公开或不公开政府信息的决定以及是否收费和收费多少的决定。以下详述之。

（一）申请与受理

1. 申请人

任何人都可以提出政府信息公开申请。信息公开的权利主体，即哪些人有资格提出信息公开申请，其范围经历了从窄到宽的发展历程：

（1）利害关系人规则

行政信息公开制度的立法之初，由于缺乏对行政信息公开制度的宪政基础——知情权的研究，缺乏对于行政信息公开制度的监督目的的探讨，各国大多认为政府信息只对有利害关系的人提供。

（2）公民规则

随着研究的不断深入，学者认为行政信息公开制度的宪政基础不仅仅是满足表达自由和表达的需要，而是公民基于人民主权的监督依法行政所需的知情权。在此基础上，再强调请求人身份的特定性就与行政信息公开制度的建立目的存在一定差异，因此各国纷纷改变规则，强调申请人身份的不确定性。行政信息只要对参加行政、政治有必要，不管是谁都应能够接触，即使对于各个请求人不重要的信息的请求也应该允许。与此同时，政府信息公共财产性质的确立，获取权原则得到认同，即对于所有公民来说，政府信息具有公共财产性质，每个人都有得到信息的平等权利。不仅和文件相关的直接当事人可以申请得到文件，其他任何人都可以申请得到信息，没有申请人资格的限制。

（3）任何人规则

在确定了公民申请原则后，随着世界各国交流联系的密切以及"地球村"的形成，行政信息公开制度权利主体的确定规则经过了"互惠规则"到"所有人"的转变。所谓互惠规则是指外国人的本国法允许本国公民在申请的情况下，本国才能允许该外国的公民获得本国信息，互惠规则确定的主要依据仍然是"有限的司法管辖权"以及"公民规则"。但随着经济一体化的趋势、WTO 透明度规则的约束、互联网技术的发展，行政信息公开的权利主体由"公民"向"所有人"转变的课题被提上议程。"今日各国间人民来往交流如此频繁密切，事实上亦甚难防委托本国人代为申请。至于忧虑有关国家安全等保密事项，则已有例外条款足以应付。"① 所以，这里的所有人应该是不加区分的本国人（组织）和外国人（组织）。美国、日本的信息公开法都明确规定了申请人为"任何人"。

涉及个人记录的政府信息，如果公开会对本人的合法权益造成损害的，不应向公众公开，但应向本人公开，特定情况下也可以向利害关系人公开。申请公开个人记录，申请人是本人的，只要提供身份证明即可；申请公开他人的个人记录，则必须要有正当的手续，"此种手续不外乎两种：（1）申请人获得第三人的书面同意，或依第三人的书面授权请求与第三人相关的私人资讯；（2）申请人为了诉讼的目的，在获得了法院的许可，或是在法律法规许可的情况下，请求第三人的私人资讯，以为诉讼所需之证据"。②

2. 申请方式

为了便于公众获得政府信息，应允许申请人以多种方式提出政府信息公开申请。申请的方式既可以是书面的形式也可以是口头的形式。申请书、信函、电报、传真等方式都应认为是书面形式，申请人书写申请书有困难的，可以允许委托他人代书，也可以口头提出申请，由行政机关记录在卷。随着电子技术的发展，人们越来越多地利用互联网进行信息交流，申请人多以电子数据交换

---

① 法治斌.迎接政府资讯公开时代的到来［M］//杨解君.行政契约与政府信息公开——2001 年海峡两岸行政法学术研讨会实录.南京：东南大学出版社，2002：191.

② 冯国基.面向 WTO 的中国行政——行政资讯公开法律制度研究［M］.北京：法律出版社，2002：139.

和电子邮件的形式提出申请，因此行政机关应当加强电子政务建设，通过采用网上认定身份的技术，方便公民、法人和其他组织通过互联网提交申请，实现政府管理的"无纸化"。英国《信息公开法》规定，"如果申请是以电子、可读的或者可以作为以后的资料使用的形式提出的申请也可以认为是书面的形式"。

申请应包含下列内容：申请人的基本情况——申请人是自然人的，应写明其姓名、住址、身份证明；申请人是法人或其他组织的，应写明名称、住所、法定代表人或主要负责人的姓名；申请人的联系方式；申请公开政府信息的详细描述；申请时间。申请书需要采用格式文本的，行政机关应当向申请人提供申请书格式文本。申请书格式文本中不得包含与申请事项没有直接关系的内容。申请人申请公开政府信息，应当准确描述申请公开政府信息的有关情况，方便行政机关查找。美国法典第 552 条第 3 款第（3）项规定申请应"合理地描述该档案材料，符合已公布的关于时间、地点、收费（如果有的话）的规章和应遵循的程序"。而且，申请者只能申请政府机关保存的现有材料，政府机关没有义务为申请者收集它并不拥有的信息，也没有义务为申请者研究或分析数据。公众对于可以公开的政府信息在不侵犯公共利益和个人利益的前提下可以自由利用，因此一般情况下政府信息公开申请不必表明利用信息的目的。但有些国家和地区根据申请人的身份与利用信息的目的不同，决定适用不同的收费，此时申请人需要提供相应的信息以便行政机关决定如何适用收费标准。如我国台湾地区"行政资讯公开办法"（草案 2001 年 2 月 24 日）第 10 条规定申请书中应载明"请求行政资讯之用途"。韩国《公共机构信息公开法》也要求在申请中载明请求公开信息的使用目的。

3. 受理

行政机关对申请人提出的政府信息公开申请，应当根据下列情况分别作出处理：

（1）申请材料存在可以当场更正的错误的，应当允许申请人当场更正；

（2）申请事项依法不属于本行政机关掌握的，应当即时告知申请人，并告知申请人向有关行政机关提出申请；

（3）申请公开的政府信息不明确，应当场或者在一定期限内告知申请人需要补正的内容，逾期不告知的，自收到申请材料之日起即为受理；

（4）申请公开的信息属于本行政机关掌握，申请材料能准确描述信息的状况，或者申请人按照本行政机关的要求提交全部补正申请材料的，应当受理政府信息公开申请。

行政机关收到政府信息公开申请后应当场登记，并出具加盖本行政机关印章和注明日期的书面凭证。

4. 申请的移送

申请人应向掌握所申请信息的行政机关提出公开申请，但申请人往往不能准确判断哪个机关拥有自己所要获取的信息，以致向不掌握该信息的机关提出申请。此种情况下，行政机关应告知申请人该信息不属于本行政机关掌握，并告知其应向哪个机关提出申请。如果行政机关受理申请后发现所申请公开的信息不属于本机关掌握，应将申请移送掌握该信息的行政机关。作出移送决定的机关应书面通知申请人，接受移送决定的机关不得自行移送。

（二）审查与决定

1. 对申请的审查

（1）涉及第三人利益的处理

政府信息公开与个人的隐私权保护息息相关，申请公开的政府信息涉及个人隐私时，应采取适当的方式保护公民的隐私权不受侵犯。申请公开的政府信息涉及第三人合法权益的，行政机关在作出公开或部分公开的决定前应书面征询第三人的意见，书面征询意见书应指明第三人答复或提出异议的期限。第三人在规定的期限内未作答复的，视为不同意公开。第三人不同意公开，行政机关经过利益衡量后仍决定公开的，应书面通知第三人并说明理由，并告知相应的救济途径和期限。在第三人寻求救济的同时可以申请政府信息公开决定的停止执行，即在法定的救济期限内和尚未穷尽救济途径时，赋予第三人对抗政府信息公开决定的权利，以避免信息公开对第三人权益的损害。日本《行政机关拥有信息公开法》第 13 条第 3 款规定："给予提出意见书机会的第三人提出反对公开该行政文件的意见书的，行政机关的首长在作出公开决定时，在公开决定之日与实施公开决定之日之间至少应设置两周的间隔时间。行政机关的首长在作出公开决定后应立即以书面方式将公开决定的内容和理由以及公开决定的实施日通知提出该意见书的第三人。"我国《香港公开资料守则》规定"如决定有关资料应予披露，便会通知该第三人，表示会在通知日期起计的 30日后披露这些资料"。

（2）不能确定是否属于国家秘密的信息的处理

对于申请公开的政府信息尚未确定是否属于国家秘密的，应按照保密法律法规规定的程序和期限进行确认。《中华人民共和国保守国家秘密法》第 11条第 2 款规定，"对是否属于国家秘密和属于何种密级不明确的事项，由国家保密工作部门，省、自治区、直辖市的保密工作部门，省、自治区政府所在地的市和经国务院批准的较大的市的保密工作部门或者国家保密工作部门审定的机关确定。在确定密级前，产生该事项的机关、单位应当按照拟定的密级，先行采取保密措施"。《中华人民共和国保守国家秘密法实施办法》第 11 条规定："对是否属于国家秘密和属于何种密级不明确的事项，产生该事项的机关、单位无相应确定密级权的，应当及时拟定密级，并在拟定密级后的 10 日内依照下列规定申请确定密级：①属于主管业务方面的事项，逐级报至国家保密工作部门审定的有权确定该事项密级的上级机关；②其他方面的事项，逐级报至有权确定该事项密级的保密工作部门。接到申请的机关或者保密工作部门，应当在 30 日内作出批复。"经确认属于应予公开的政府信息，应及时向申请人公开；属于不予公开的政府信息，应书面告知申请人并说明理由。

（3）申请公开的信息属于主动公开范围的处理

申请公开的政府信息属于主动公开范围的，行政机关没有义务为申请人重复提供信息，行政机关主动公开政府信息既是为了加强公众的监督，也便于公众随时获得信息。如果每个人都向行政机关提出申请，行政机关不得不花费人力财力和时间处理这些申请，申请信息属于主动公开范围的，行政机关没有义务为申请人提供该信息。但行政机关应对申请人作出指引，以书面的形式即时告知申请人获取信息的途径和方式。

（4）申请公开的信息无法查找的处理

申请公开的事项不存在或者行政机关经过多方努力仍无法查找到的，应以书面的形式告知申请人，并告知其救济途径和期限。申请人不服的，可以寻求救济。

2. 决定的种类

对于政府信息公开申请的处理结果有两种：批准公开或拒绝公开。特殊情况下，行政机关可以不明确答复信息是否存在，实质上仍然是拒绝公开。也就是说，拒绝决定适用于两种情况：一是明确告知申请人行政机关拥有申请信息，但不予提供；二是不明确答复是否拥有该信息。

（1）公开决定

申请事项属于应向申请人公开的政府信息，行政机关应作出公开的决定。特殊情况下，申请事项属于不予公开的政府信息范围，但基于公共利益的要求，行政机关可以裁量决定公开。日本《行政机关拥有信息公开法》第 7 条规定"被请求公开的行政文件中即使记录有不公开信息的，行政机关的首长认为在公益上存在特别的必要性时，可以向公开请求人公开该行政文件"。

（2）不公开决定

申请事项属于不予公开的政府信息，行政机关应作出不公开的决定。行政机关作出不公开的决定应向申请人说明理由并告知其享有的救济权利和途径。获得个人信息是个人的权利，行政机关拒绝向本人公开个人信息的，应具有法定的理由。新西兰《官方信息法》第 27 条规定了拒绝个人信息请求的理由，包括：信息的公开会损害《官方信息法》所保护的相关利益，而且没有足以抵消的公共利益；信息的公开会不当公开他人事务或已去世之人的事务；作为评估材料，信息的公开或表明信息提供者身份的信息的公开将会违反向信息提供者作出的信息或提供信息者的身份或两者都将保密的明示或暗示的承诺；信息的公开将侵犯法律职业特权；申请轻佻、无根据或无足轻重。

（3）部分公开或部分不公开决定

申请公开的政府信息部分属于不予公开的范围部分属于可以公开的范围，在信息可以分割的前提下，行政机关应作出部分公开的决定。申请公开的个人信息除去姓名、生日、身份证件号码等可以确定特定个人的信息后，其余信息即使公开也不会影响个人合法权益的，行政机关将上述可以确定个人信息的部分去除后可向申请人公开。

（4）不明确答复

对于申请公开的政府信息，如果明确回答该信息是否存在，即会导致该信息公开的后果的，行政机关可以不明确回答信息是否存在。日本《行政机关拥有信息公开法》第 8 条规定"针对公开请求，仅回答该请求的行政文件是否存在就会导致不公开信息公开的后果时，行政机关的首长可以用不确定该行政文件是否存在的方式拒绝该公开请求"。

3. 公开的形式

政府信息可能以文字、图表、图片、录音、录像、照片等视听资料或电子记录的形式存在。行政机关决定公开政府信息，应采取符合该信息特点的形式。公开的方式可以是：口头告知；查阅、收听或观看；摘抄；复制。申请的信息简单，可以即时答复的，行政机关可以口头告知相关内容；以文字、图表、图片形式存在的信息，申请人可以查阅、摘抄和复制；以视听资料和计算机数据形式存在的政府信息，行政机关应安排申请人收听或观看，申请人可以复制，如果可能，还可以获得该信息的书面记录。

申请人可以在申请中要求获得政府信息的优先形式。申请人要求以邮寄、递送、传真、电子邮件等形式获取政府信息复制件的，政府机关应当以该申请要求的形式提供。因技术原因无法满足的，政府机关可以选择符合该政府信息特点的形式提供，并向申请人说明理由和依据。

随着信息技术的发展，以电子形式记录的政府信息日益增多，人们更多的利用电子形式进行信息交换。日本《行政机关拥有信息公开法》第 14 条规定"……行政文件为电磁性记录的，根据其种类、信息化的发展程度等状况以政令规定的方法公开。"对于申请公开的政府信息，如果以电子形式提供更加便利、经济的，行政机关应选择电子形式。当然，由于我国目前没有普及电脑以及国民素质的差异，很多地方没有电脑，很多人不会用电脑，行政机关在选择公开方式时，既要考虑行政成本又要考虑申请人的实际情况。

4. 决定书

行政机关作出公开或不公开政府信息决定的，应当制作决定书。公开决定书应载明获取信息的时间、地点、形式、应支付的费用等事项。不公开决定书应载明不公开的理由、法律依据，并告知申请人相应的救济途径和期限。决定书应加盖行政机关的印章并注明日期。部分公开或部分不公开政府信息的，也应制作决定书并载明相应的内容。如果行政机关明确答复信息存在或不存在就会导致信息被泄露的结果的，应以适当的方式制作决定书。书面决定的意义在于："有利于促使政府机关在作决定时，就事实问题和法律问题进行认真考虑，慎重作出决定，以避免职业性的草率；取得当事人的信服，避免对立，有利于事后执行；便于当事人请求救济；便于受理行政争议的机关审查；为一般公众提供行为预测。"①

（三）期限

1. 一般期限

不同的国家和地区对政府信息公开请求规定的决定期限不同：

（1）10 日

美国《信息自由法》规定处理信息申请的期限为 10 日（不包括星期六、星期日和法定节假日）。我国《香港公开资料守则》规定作出回应的时间，"在可能范围内，会在接获书面要求后的 10 日（历日）内提供有关资料"。

（2）15 日

韩国《公共机关信息公开法》第 9 条第 1 项规定"……公共机关应从接受申请之日起 15 日之内作出是否公开的决定"。

（3）20 日

英国《信息公开法》规定"应当在 20 个工作日将信息提供给申请人，将交费通知交给申请人之日起到收到费用之日的期间不计算在 20 个工作日内"。新西兰《政府信息法》第 14 条也规定了 20 日的答复期限。

（4）30 日

日本《行政机关拥有信息公开法》第 10 条第 1 款规定"应自公开请求之日起 30 日内作出决定"。

---

① 张明杰. 开放的政府——政府信息公开法律制度研究 [M]. 北京：中国政法大学出版社，2003：182.

公开政府信息决定的期限无论多久，申请人补正材料的期限都不应计算在内。

2. 期限的中止和延长

因客观上无法避免、无法克服的原因或者其他法定事由不能在规定的期限内答复申请人或者向申请人提供政府信息的，期限中止。从中止原因消除之日起，期限继续计算。期限的中止和恢复，行政机关应当以书面的形式及时通知申请人。

申请公开的信息非常复杂以至于行政机关不能在一般期限内作出决定的，经行政机关负责人批准可以延长一定的期限，并应当以书面的形式通知申请人延长的期限和延期理由。

（1）法定的延长期限

信息公开法对可以延长的期限明确作出规定，行政机关只能在法定最长期限内延期。通常情况下，可以延长的最长期限和一般期限相同，韩国《公共机关信息公开法》第9条第2项规定："因无法避免的事由不能在第1款规定的期限内作出是否公开信息的决定时，从期限届满之日起，公共机关可最多延长15日作出决定。但应以书面形式及时通知申请人其延期理由。"日本《行政机关拥有信息公开法》第10条第2款规定："有事务处理方面的困难及其他正当理由，行政机关的首长可不受前款限制将该款规定的期限延长30日。行政机关的首长应及时以书面方式将延长后的期限和延长的理由通知公开请求人。"多数国家和地区规定只能延期一次，但我国《香港公开资料守则》规定可以延长两次，一般情况下的决定期限是10日，如情况不许可，可以延长10日。"届时，作出回应的预定时间会是接获要求起计的21日。只有在特殊情况下回应才可超过21日，但应向申请人作出解释。不过，通常不得再延迟超过额外30日才回应。"

（2）裁量的延长期限

信息公开法对可以延长的期限没有作出规定，由行政机关自由裁量决定，这种情况只存在于少数例外的情形下。日本《行政机关拥有信息公开法》第11条（公开决定等事项的期限的特别规定）规定："因被请求公开的行政文件极其大量，自公开请求之日起60日以内对全部事项作出公开等决定可能严重妨碍事务处理的，行政机关的首长可不受前条规定的限制，对被请求公开的行政文件中的一部分作出在该期限内公开等决定，对其余部分的行政文件在相当的期限之内作出公开等决定。届时，行政机关的首长应在该条第1款规定的期限以内，以书面方式通知公开请求人下列事项：适用本条的内容和理由，对其余部分的行政文件作出公开等决定的期限。"

延长期限的理由，有的国家只规定具有"正当理由"即可，有的国家详细列举了延期理由，如美国《信息自由法》规定特殊情况下可以延期，但不得超过 10 个工作日，"特殊情况"如下，但以正当处理具体要求之合理需要为限：受理该申请的部门需要分设于他处的基层单位或其他机构查找和收集所要的档案材料；需要在大量互不相关且互不相同的档案中查找、收集并适当检查才能满足该申请的要求；需要同与该申请之决定有实质性利害关系的其他机关磋商，或者需要在本机关内与该决定有实质性主题利害关系的两个或多个部门之间磋商；诚然，这种磋商应尽快进行。

3. 期限届满的处理

期限届满时，行政机关应作出公开或不公开政府信息的决定，但如果行政机关对申请置之不理应如何处理？此时法律可以作出两种推定：视为申请获得批准，即公开政府信息；视为申请未获批准，即不公开政府信息。通常情况下，如果行政机关对申请不予答复应视为决定不予公开政府信息，申请人可以寻求相应的救济。韩国《公共机关信息公开法》第 9 条第 4 项规定"从请求公开信息之日起 30 日之内，如果公共机关没有决定是否公开信息，应视为决定不予公开"。

4. 信息的加速处理

加速程序的设置是为了满足具有高度时间性的信息迅速处理的需要。申请人具有"特别的需要和紧迫性"时，可以申请行政机关在一般期限内加速处理信息申请。美国《信息自由法》规定了加速处理程序并要求政府机关必须在 10 日内作出决定。"当个人的生命与安全受到现实的威胁，或者当申请人主要是为了传播有关联邦政府活动的紧急信息时，应该适用加速程序。联邦政府机关还可以在其规章中规定适用加速程序的其他情况。"

（四）费用

政府信息公开以免费为原则，免费并不意味着无偿。申请人申请公开政府信息，行政机关要耗时耗力，为了减轻行政机关的负担，也为了减少各种不合理的申请行为，信息公开的申请人应承担一定的费用。

1. 成本收费原则

行政机关向申请人收取费用不得以信息的市场价值为准，实行成本收费的原则。《欧洲理事会部长委员会关于获得官方文件给成员国的 2002 年第 2 号建议》第 8 条第 2 款规定："向申请人提供官方文件副本可以收费，该收费应合理，不超出公共机构因此而产生的实际成本。"

美国是对信息公开收费制度规定较为完备的国家。收费标准应该以保证收回检索、复制和审查文件的直接成本费用为限。根据美国法典第 552 条之一第

1 款第（4）项的规定，收费分为三类：第一，只收取复制费。如果查档不是为了商业用途，而且这项要求是由以学术或科学研究为目的的教育或非商业性科研机构或新闻机构的代表提出的，那么收费应以复制文件的合理费用为标准。第二，收取检索、复制和审查费。如果查档是为了商业用途，那么收费应以检索、复制和审查文件的合理费用为准。审查费用应该以为确定该文件是否属于应提供的文件，以及其中有无可以依法不予提供之内容而对该文件进行第一次检查的直接费用为限。审查费用不得包括在申请过程中提出之任何法律或政策问题而造成的花费。第三，收取检索和复制费。对于不属于上述情况的查档要求，收费应以检索和复制文件的合理费用为标准。

2. 收费的减免

在实行成本收费的同时，如果申请人符合法定的范围和条件可减免收费。

（1）一定范围内的减免

为了保障公众获得政府信息权利的实现，对小额的政府信息公开申请不予收费。如美国《信息自由法》规定："如果不是为了商业用途申请公开政府信息，那么检索的前 2 小时或复制的前 100 页是免费的。"《欧盟第 1049/2001 号规章》第 10 条规定："现场查阅、少于 20 页 A4 纸的复制以及以电子形式或者通过登记簿形式直接提供信息不应收费。"

（2）特殊情况下的减免

对于符合特定条件的申请人也应减免收费，特定条件包括：第一，申请人具有经济困难；第二，为了维护和促进公共利益利用政府信息。

有些国家规定在上述两种情况下都可以减免收费，如日本《信息公开法》第 16 条第 3 款规定："行政机关的首长确认具有经济上的困难或其他特别的理由时，可以依据政令的规定减少或免除手续费。"也有的国家仅规定在第二种情况下可以减免收费。如美国法典第 552 条之一第 1 款第（4）项 1.（3）规定："如果信息的提供很可能因有助于公众对政府活动或运转状况的理解而有利于公众，而且其主要不是服务于申请人的商业利益，那么该文件应免费提供或以低于上述收费标准提供。"也就是说，在美国仅仅因为贫穷并不能获得政府信息公开收费的减免。韩国《公共机关信息公开法》第 15 条也有类似的规定。

3. 交费时间

（1）预先收费

行政机关向申请人收取费用，申请人只有在缴清费用后才能获得申请的政府信息。《香港公开资料守则》1.24 规定"……有关资料会在所需的费用缴清后才发放"。英国《信息公开法》规定"收费通知书应当说明要求得到该信息所应支付的费用。申请人应当在通知发出后的 3 个月内交清费用，在申请人没有支付费用之前，被申请机关没有义务提供信息"。

（2）事后收费

申请政府信息公开收费以实际发生的成本为限，费用数额只有在行政机关提供信息后才能确定，但行政机关在提供信息前可以告知申请人预计收取的费用。特殊情况下，为了保障申请人确实交费，减轻财政负担，允许行政机关预先收费。澳大利亚《信息自由法》第 29 条第 1 款规定，"在处理信息自由申请之前，有关政府机关须向申请人提供本机关打算收取的预计费额"。美国《信息自由法》规定"行政机关不得要求预先付费，除非该申请人以前曾经未及时付费，或者该机关预算该费用将超过 250 美元"。

（3）行政机关裁量决定收费时间

信息自由法不对收费时间作出规定，由行政机关自由裁量决定。新西兰《政府信息法》第 15 条第 1 款规定"……部、部长、组织可以要求事先支付全部或部分费用"。行政机关既可以事先收费也可以事后收费，既可以事先收取一部分费用，也可以收取全部费用，如何收费由行政机关自由选择。

（五）特别规定

1. 个人信息的更正

个人对涉及自身的政府信息记录享有知情权和更正权。属于法定不予公开的个人信息，虽不能向公众公开，但应向本人公开，法律另有规定的除外。如果公民、法人或其他组织发现与自身相关的政府信息记录不准确、不完整或有其他错误的，有权要求有关政府机关予以更正。除法律、法规有特别规定外，申请更正个人信息与申请公开政府信息适用相同的程序。申请更正个人信息涉及个人的隐私，应慎重对待，设置严格的审查程序。我国台湾地区"行政资讯公开办法"（草案）第 15 条规定"申请更正个人信息，申请书除载明基本情况和日期外，还应载明下列事项：请求更正或补充资讯之姓名、件数及记载错误或不完整事项；更正或补充之理由；相关证明文件"。新西兰《官方信息法》第 26 条规定"如果修正个人信息的请求被拒绝，个人可以要求附加一份自己试图修正该信息但未果的陈述"。

2. 对少数民族和残疾人的帮助

申请人是盲、聋、哑人或阅读有困难的，政府机关应以适当的形式为其提供政府信息，并提供必要的帮助。我国《宪法》第 4 条规定："……国家保障各少数民族的合法的权利和利益……各民族都有使用和发展自己的语言文字的自由……"第 45 条第 3 款规定"国家和社会帮助安排盲、聋、哑和其他有残疾的公民的劳动、生活和教育"。《中华人民共和国残疾人保障法》第 3 条规定："残疾人在政治、经济、文化、社会和家庭生活等方面享有同其他公民平等的权利。残疾人的公民权利和人格尊严受法律保护。"第 4 条规定："国家采取辅助方法和扶持措施，对残疾人给予特别扶助，减轻或者消除残疾影响和外界障碍，保障残疾人权利的实现。"

3. 新闻媒介申请公开政府信息

新闻媒介既包括传统的报纸、期刊、杂志以及其他印刷品，也包括电视、广播、录音录像以及计算机互联网等新兴的媒体。新闻媒介没有比一般公众更多的特权，因此新闻媒体申请公开政府信息与一般公众适用相同的程序。新闻媒体通过舆论监督对政府信息公开施加的压力，对信息公开制度起着不可忽视的作用。"目前我国新闻媒介在宣传民主权利、推动法制建设方面可谓功不可没。通俗易懂、丰富多彩、真实生动、不拘一格的法制节目，深受群众欢迎。特别是在农村，电视的普及使其成为绝大多数农民获得外界信息的主要渠道。"① 瑞典早在 1776 年就制定了《出版自由法》，这是世界上最早的一部新闻出版自由法，1991 年以《出版自由法》为蓝本又制定了《表达自由法》作为补充。由于我国目前没有《新闻法》，在将来出台的《政府信息公开法》中对新闻媒介的信息获取权作出单独的规定十分必要。

---

① 李傲，许炎. 关于行政公开认知度的调查报告 [J]. 法学评论，2004 (2)：70.

第八章 电子化背景下政府信息公开的法律问题

第一节 电子化背景下的政府信息公开及其作用

一、电子化信息公开及其推动原因

近几年政府信息公开愈来愈受到政府和人民的重视，特别是突发性重大卫生事件的发生（例如 SARS、禽流感）让普通老百姓对于政府信息公开的重要性有了更加感性的认识。政府信息公开的意义不仅在于监督政府施政，建设透明化政府，还在于它与人民自身的利益息息相关。为了防止政府机关对信息公开的阻碍，使政府信息资源不再成为权力寻租的工具，在法律层面上，建立符合我国国情的信息公开制度实有必要。目前，在我国《政府信息公开条例》已出台的背景下，重点讨论建立电子政府，实现电子化的政府信息公开显然更具有现实意义。

由于信息技术的发明与创新，尤其是伴随着网络的发展，为政府的变革带来了机遇。许多国家希望通过信息技术的应用建立一个高效的电子化政府。所谓电子化政府，是指政府有效利用现代信息和通讯技术，透过不同的信息服务设施（如电话、网络、公用电脑站等），在其更方便的时间、地点及方式下，对政府机关、企业、社会组织和公民提供自动化的信息及其他服务，从而建构一个有回应力、有效率、负责任、具有更高服务品质的政府。① 目前，发达国家纷纷提出了自己的"电子政务（电子政府）计划"，如美国的政府再构建计划（Reinvent Government）、英国的政府现代化计划（Modernizing Government）和新加坡的政府互联计划（Connected Government）。电子政府的出现，为政府信息公开的电子化提供了平台。面对这股世界性的发展潮流我们不能不思考其背后的推动力。

---

① 参见张成福. 电子化政府：发展及其前景 [J]. 中国人民大学学报，2000（3）.

政府信息公开的基础在于人民的知情权（right to know）。为了监督政府施政，建设透明化政府，政府必须将其掌握的信息资源向人民公开。建立在满足人民知情权基础上的信息公开，对于政府而言完全是一种消极的公开模式或者说是放任的公开模式。在电子化信息公开的背景下，政府信息公开已经超越了监督政府或满足人民知情权的消极地位，而是为了满足国家增强国际竞争力的需要。1993 年，克林顿委任当时的副总统戈尔领军进行政府再造，其实质是利用信息技术对政府进行重组，从此美国开始加强电子政府的建设。美国的电子政府建设引发了世界性的潮流，英国、日本等发达国家纷纷效仿。2000 年 9 月下旬当时的日本首相森喜朗在国会会议上发表施政演说，提出所谓"e-日本"的构想，拟在 2003 年建成日本的"电子政务"，力争 5 年内在全球信息化浪潮中超越美国，成功实现其"第二次追赶"。这个电子政府的浪潮目前席卷全球，有人甚至将其比喻为一次"军备竞赛运动"。① 电子政府的全球化发展趋势，究其背后的推动力量，虽然得益于信息技术的发展，但是至关重要的还是综合国力竞争的白热化。

在我国，政府与国民经济之间具有最密切的联系。在尚未建立完善的市场经济的前提下，我们的改革是政府领导下的改革，政府自身素质的高低，是影响我国改革成败的关键。建设电子化政府，进行电子化信息公开将对我国经济产生重要影响。政府将其信息资源在网上公开，对于商事主体而言，可以更迅速、更方便地了解政府对经济的宏观调控政策，把握产业导向，并在此基础上作出理性的商业决策，增加企业盈利的机会，同时也必然将提升企业在国际上的竞争力。

二、电子化对政府信息公开的影响

电子化使信息公开的面貌发生了深刻的变化。最明显的变化在于政府信息公开的方式发生了转变，电子化政府信息公开的方式与信息技术和网络的发展密切相关。另外，最深层次的变化在于政府信息的加值利用方面。资讯（信息）的加值利用可以说是"电子化政府"的主轴。②

（一）电子化对政府信息公开方式的影响

传统政府信息公开的方式，无非是以下几种：政府公报；政府新闻发布

---

① 参见孙正兴，戚鲁．电子政务原理与技术［M］．北京：人民邮电出版社，2003：47-48.

② 参见叶俊荣．迈向"电子化政府"：资讯公开与行政程序的挑战［J］．经社法制论丛，1998（22）.

会；广播、电视、报纸、杂志等公共媒体；在政府机关主要办公地点或其他公共场所设立公共查阅室、资料索取点、公告栏、公开栏等。传统政府信息公开方式的弊端是显而易见的：其一，政府公开广度有限，除非是通过公共媒体广泛的宣传，其他的公开方式影响范围不广，并不能使社会公众对政府信息有及时的了解。其二，传统的公开方式成本高。信息公开并不是没有成本的一项制度。对于申请公开的社会公众而言，可能不得不分担这项成本，甚至会使某些民众因经济原因而无法获得政府信息；对于提供信息的政府而言，并不是所有的政府机关都能承受这样的成本。上海市每个影响面较大的法律法规的公开，需要印制 12 万份放到公共的售报亭免费发给市民。在传统的纸介媒体下，保障政府公开需要巨大的成本，对于上海这样财政情况良好的城市不会造成太大的困难，但对于一些经济发展水平落后的城市而言，则很难维持。信息技术的发展和网络的普及，大大转变了政府信息公开的方式，通过计算机网络对政府信息进行公开可以克服传统公开方式的弊端。对于社会公众而言，它可以减少民众的信息申请和相应的成本负担；对于政府机关而言，利用因特网发布政府信息也便利了管理和信息保存，减少了大量的事务性工作。政府信息公开的电子化可以采取以下几种方式：其一，建立政府电子信息公告栏。随着我国网上"虚拟政府"的建立，采用政府电子信息公告栏的做法，是行之有效的电子化信息公开方式。其二，政府信息通过网上订阅方式公开。目前很多商业网站都采用无偿或有偿的信息订阅方式，网站注册用户只要留下电子邮箱地址，便可以在约定好的期限内，定期收到网站提供的信息。由于此项服务成本低廉，政府可以仿效商业网站的做法，向注册的网络用户，通过电子邮箱免费邮寄政府信息。当然通过这种方式提供的政府信息是特定的，并不是所有的政府信息都能采用这种方式公开。其三，建立政府信息资源搜索系统。第一种和第二种信息公开的方式，所公开的信息内容和范围极其有限，并不能满足社会公众对政府信息资源的需求。建立政府信息资源搜索系统，公众可以便捷地搜索到自己需要的信息，大大节约了其搜集信息的时间。但是采用这种电子化的信息公开方式，需要配合相应的信息资源数据库的建立，所以，政府耗费的成本也是比较大的。

（二）电子化政府信息的加值利用

电子化对传统政府信息公开的最重要的影响体现在对政府信息资源的加值利用方面。电子化政府信息公开在一定程度上改变了传统政府信息公开的功能定位，不在于仅仅满足社会公众的知情权，更为重要的是如何充分有效地利用政府信息资源，使其发挥更大的作用——这也是世界各国加紧政府信息公开电子化，实现信息化的真正推动力。政府信息公开的理论基础已经不再是单纯的满足人民的知情权，更重要的是通过政府信息公开大幅度提升国家的竞争力。政府信息资源的加值利用体现了政府信息公开的全新价值。根据学者的描述，政府信息资源的加值利用体现在两个方面：其一是商业利用；其二是决策利用。①

　　对于政府信息的商业加值利用表现在相关产业部门，通过获取政府公开的具有公信力的信息，根据一定的方式进行有目的的加工，再通过有偿的方式向社会公众提供。比如目前中国法律资源网（http：//www.lawbase.com.cn/）、经天法律网（http：//www.law369.com/）这些典型的法律法规搜索网站，它们通过搜集立法机关和行政机关已经制定并公布的法律法规，并对已经掌握的法律法规进行系统化、体系化的整理，然后再有偿提供给有此项需求的购买者。这是商业网站对政府信息加值利用的情形，目前在我国还存在政府网站自身对其掌控的信息资源进行加值利用的情形。例如由国家测绘局主办的国家基础地理信息系统，一方面该系统免费公布一部分信息资源，在这个系统中全国1：400万数据库全部数据均可浏览，其中，中国国界、省界、地市级以上居民地、三级以上河流、主要公路和主要铁路等数据可以自由下载。另一方面国家基础地理信息系统也向社会公众有偿提供其拥有的信息资源，比如其主页上明确注明："如果您要购买基础地理信息数据，请认真填写数据预订单，我们在接到预定单后，将及时与您联系，并对数据进行处理，以满足您的需要。"这样的做法与政府信息免费公开的原则是不相符合的，同时也违背了我国的法律规定。根据《国家基础地理信息数据使用许可管理规定》（1999年12月22日国家测绘局第5号令）第9条的规定，使用国家基础地理信息数据的部门、单位和个人，必须得到使用许可，并签订《国家基础地理信息数据使用许可协议》。根据该法第10条、第11条的规定，使用许可协议分为甲、乙、丙三类。甲类使用许可协议适用于中央国家机关、省级政府等用于宏观决策和社会公益事业。乙类使用许可协议适用于非企业单位、个人为教学或者科学研究、规划管理等目的在本单位内部或者个人使用，或者将研究成果向中央国家机关、省级政府等部门提供用于宏观决策和社会公益事业。丙类使用许可协议适用于企业单位，或者非企业单位用于商业目的、营利或者直接为建设工程项目服务。适用甲类使用许可协议的，无偿使用国家基础地理信息数据；适用乙类使用许可协议的，有偿使用国家基础地理信息数据，给予价格优惠；适用丙类使用许可协议的，有偿使用国家基础地理信息数据。有偿使用是指收取国家基

---

① 参见叶俊荣. 迈向"电子化政府"：资讯公开与行政程序的挑战 [J]. 经社法制论丛，1998（22）.

础地理信息数据的部分成本费用。各类使用许可协议的单位均应支付提供数据中所实际发生的介质费、人工费和其他费用等工本费。从以上的规定来看尽管使用国家基础地理信息存在有偿使用的情形，但是这里的"有偿使用"仅指工本费，显然不能理解为"出售"。我们应该允许商事主体免费获得国家基础地理信息数据（不排斥交纳适当的工本费用），然后允许其对获得的信息进行加值利用，比如制作地图出售。

政府信息加值利用的第二个方面体现在政府决策的加值利用上。政府是人民的政府，所以政府的施政必须体现并且满足人民的福祉。为了使政府的行政行为更加民主，更加体现人民的意愿，增强行政决策过程中的民主化，扩大民众的参与程度是必要的。比如说如果政府要提高自来水的价格，按照现在大多数地方的做法是召开听证会。但是能出席听证会的代表毕竟是少数，代表性不高；另外代表所提的合理化建议能够多大程度上影响政府的决策也受到代表自身素质的影响。政府在其制定行政法规以前，可以将草案稿通过信息网络向社会公开，广泛听取社会公众意见，在尊重民意的基础上作出更加理性的决策。在此意义下，政府透过网络所作的资讯（信息）公开，不仅是消极地资讯公开，而是进一步积极地对资讯（信息）公开机制作加值利用，以回馈行政程序。①

三、电子化信息公开的作用

电子化信息公开的功能与作用，在现代社会应该重新定位。所谓重新定位并不是抛弃以往的传统信息公开功能，而是在此基础上增列下列功能：

1. 强化政府部门及机关间信息流通，进而提升行政效能；
2. 促进信息流通互动，进而健全民主政治；
3. 建立有效的信息流通体系，进而提升国家的竞争力。②

较之于传统的政府信息公开，电子化政府信息公开的作用主要体现在以下几个方面：

第一，大大减少了政府信息公开的投入。美国各级政府都广泛利用功能强大的政府网站向社会公开大量政务信息。例如，政府领导人的重要活动及演讲，政府工作的最新动态，民众到政府办理注册、登记等事项的有关信息，与政府工作相关的研究、支持机构的有关信息等。可以说，大部分与民众相关的

---

① 参见叶俊荣. 迈向"电子化政府"：资讯公开与行政程序的挑战 [J]. 经社法制论丛，1998（22）.

② 参见林河名. 电子政府与资讯公开 [D]. 台湾东吴大学法律学系硕士论文.

政府事务，民众都能及时通过政府网站获得详尽的信息。在传统的信息公开模式下，政府针对个人的申请进行公开，导致大量重复工作，政府机构公务人员需求量增加，政府财政支出甚巨。由于电子化的介质可以为数人同时、重复阅读，采取电子化的方式进行信息公开比纸质方式的公开节约了巨额成本。

第二，公众获取政府信息的时间大大缩短了。采取电子化的方式进行信息公开后，公众获取政府信息的渠道更为通畅，不但没有了空间限制，24 小时的信息服务亦成为可能。公民想了解特定的政府信息，可以登录相应政府部门的网站浏览。如果政府信息发布及时，公众也能在最短的时间内获取想知道的信息。政府信息资源搜索系统建立后，政府信息的查询搜索则更为便利。

第三，改善了行政效率与行政公开化。政府通过信息技术提高行政效率并快速回应民众的需求，包括利用信息技术消除政府各部门与机构间的界限并进行政府组织的简化与整合工作。行政公开化主要表现在除了法律明确规定不得公开的资料（包括与国家安全、商业机密或个人隐私有关的资料）外，其他的政府信息都应该尽量以电子化形式并经过系统地处理之后公开，让民众能够更容易地取得所需的信息。①

第四，信息公开的内容更加全面。在纸质媒介时代，由于受成本的限制，不可能把政府收集的信息以及作出的规定、命令、裁定都印刷公布，只可能择其要者公布。电子政府突破了上述限制，网络服务中心主机具有巨大的资料存储空间，政府持有的所有信息都可送上网络。公众根据自己的需求，有选择地接受信息服务。电子政府还增强了政府与公民之间的互动，公民可以通过在电子公告板留言或发送电子邮件，向政府提出公开信息的请求，政府应在规定时间内予以答复。电子政府大大提升了信息公开服务的质量，满足了公民多方面的信息需求。②

第五，对经济的重大影响。如果将政府信息公开的功能定位局限于"满足人民知情权"，是无法解释世界各国政府花费大量人力、物力推广电子化信息公开这样的现象的。在电子化信息公开的背景下，这样的功能定位无疑是消极的。电子化背景下的政府信息公开与产业竞争力、社会活力以及国家的总体实力紧密相关。首先，政府可以对重大的工程项目或资源开发项目采取网上招标的方式，实现资源的有效配置。其次，政令不畅是目前我国中央与地方关系中一个比较突出的矛盾，中央政府的经济宏观调控政策很难贯彻执行。采用电子化政府信息公开的方式可以更好地宣传中央的政策，使人民更好地监督地方

---

① 参见张成福. 电子化政府：发展及其前景 [J]. 中国人民大学学报, 2000 (3).

② 参见袁春娟, 张志泉. 论电子政府的信息公开服务 [J]. 政法论丛, 2002 (1).

政府对中央政府调控政策的执行情况。再次，产业界可以更便捷快速地了解政府的相关政策，调整生产经营活动，更有活力地参与国际市场竞争。最后，企业可以有效地利用政府信息资源，对其进行商业利用。

第二节 电子化信息公开的弊端

一、电子化信息公开对国家安全的冲击

过去，攻城略地，控制资源，是战争的起因和目标，国家安全的概念更多地表现在疆界的稳定，安全是一个和主权联系在一起的、有着明确目标、可以控制的固定的概念。① 网络时代，信息安全成为国家安全的重要组成部分。信息安全不仅表现为"黑客"对国家信息高速公路的入侵，更重要的表现是一个国家信息被其他国家掌控后，可能造成的不利影响。电子化信息公开，不仅方便了本国公民对政府信息资源的查询，也为他国大肆搜索本国情报大开方便之门。企业可以依据政府信息作出经营调整，国外政府也可以根据一国公布的信息，调整对应的外交策略。我们必须明确，不仅加密档案对国家的安全具有重要意义，一些存在于政府公开信息范围以内的信息同样给国家安全带来威胁。因此国家在通过电子化方式对政府信息资源进行公开的同时，必须做好相应的防范措施。

举例说明，就国家基础地理信息而言，虽然这些信息属于政府信息公开的范畴，而且我国也允许企业对其进行商业利用，但是如果不正当的使用这些信息，就有可能对国家安全造成影响。一个国家的地理信息和一国的国防军事有比较密切的联系，如果被敌国掌握，可能影响国家的军事安全。因此对国家地理信息的公开与使用必须作出相应的限制。在我国全国 1:400 万数据库的全部数据均可浏览，其余比例的地理信息是否可以公开取决于政府。因为越精确的地理信息，其中标明的设施越容易成为军事打击的目标。另外，对国家基础地理信息的使用也应该进行限制，我国采用许可方法来限制这些信息的使用。要使用地理信息的，必须得到使用许可，并签订非独占不可转让的《国家基础地理信息数据使用许可协议》。只有采取类似措施，国家才能掌握信息使用的具体情况。使用单位应当确保国家基础地理信息数据的安全，防止数据丢失或者泄露；若发生数据丢失或者被盗，应当及时向提供单位报告；发生损害的，

---

① 参见陈传刚，谢永亮. 网络时代的政治安全 [M]. 郑州：中原农民出版社，2000：2.

应当承担责任（《国家基础地理信息数据使用许可管理规定》第 15 条）。

二、电子化信息本身遭遇安全问题

电子化的信息公开主要凭借信息技术和网络，由于信息和网络技术的不成熟，很可能威胁政府信息安全。电子化信息极大地依赖于计算机软件和硬件设施，如果这些设施存在安全问题，则很有可能造成数据的毁坏或丢失。

对于电子化信息造成的攻击主要有以下几种形式：第一，主动攻击，包括试图阻断或攻破保护机制、引入恶意代码、偷窃或篡改信息。主动进攻可能造成数据资料的泄露和散播，或导致拒绝服务以及数据的篡改；第二，物理临近攻击，是指未被授权的个人，在物理意义上接近网络、系统或设备，试图改变、收集信息或拒绝他人对信息的访问；第三，内部人员攻击，可以分为恶意或无恶意攻击。前者指内部人员对信息的恶意破坏或不当使用，或使他人的访问遭到拒绝；后者指由于粗心、无知以及其他非恶意的原因而造成的破坏；第四，软硬件装配分发攻击，指在工厂生产或分销过程中对硬件和软件进行的恶意修改，这种攻击可能是在产品里引入恶意代码，比如后门。

为了确保电子化信息的安全，必须从技术和制度上进行防范。我国目前也正讨论通过《关于加强信息安全保障工作的意见》，指导实现信息和信息系统的安全运行。

三、电子化信息公开在我国遇到的问题

虽然我国已经有 90% 的城市建立了政府网站，但是毋庸置疑，这些网站所提供的信息产品品质不高。主要表现在信息陈旧，信息公开范围狭窄等方面。例如在有的地方卫生系统的网站上，到目前为止，其主页上的信息还是抗击非典的内容。在我国推广电子化信息公开必须考虑以下几个问题：

第一，信息获得的公平性问题。由于我国地域辽阔，经济发展不平衡，因此信息公开电子化也呈现出发展不均衡的问题。调查显示，各地政府门户网站发展很不均衡，大城市、东南沿海地区发展水平高于中西部地区。西藏、青海、四川等省（自治区）政府网站空缺数量较多，在 33 个政府网站空缺型城市中，以上省（区）占据了相当的比例。西藏所有城市均未建立自己的政府网站，空缺比例达 100%；其次是青海，有一半的城市尚未拥有自己的政府网站，空缺比例严重；再次是四川、甘肃、广西和宁夏，这些省（自治区）尚有超过 20% 的城市没有建立政府网站。更严重的是，西部有些市县连政府网

站以外的网站都没有。① 技术和投入上如此，内容建设上也是如此。由于各个地方电子化发展水平的差异，有些地方可能很难通过电子化的方式公布政府信息。政府信息原则上应向全社会公开，如果只有掌握信息技术和计算机操作的一部分人能获得信息，对于其他社会公众而言显然是不公平的。有些电子信息的提供，还需要缴纳一定费用，经济上的贫困可能造成人民获得政府信息的阻隔，这对经济上的弱势群体来说也不公平。

第二，参与者的代表性问题。电子化信息公开，作为一种积极的信息公开方式，已经不再是一种单方面的公开，而涉及信息接收方或参与者的互动问题。前文已经论述，在我国熟练掌握计算机操作的毕竟是少数，而且要掌握政府公布的电子化信息必须具备一定的计算机设备，同时还要负担数目可观的上网费用。因此，有能力参与政府信息公开过程，与政府形成互动，最终影响政府决策的绝大多数属于我国的富裕阶层。因此，政府通过计算机网络收集到的反馈信息具有代表的局限性。

第三，在电子化信息公开的过程中，有可能涉及商业秘密和个人隐私问题。如何更好地保护商业秘密和个人隐私，明确三者的界限，合理解决三者之间的冲突，是值得进一步考虑的问题。

第三节　信息公开电子化对行政程序的影响

电子化背景下的信息公开，我们要重视两个问题：一是电子化对信息公开的影响，二是电子化的信息公开对政府有何影响。电子化信息公开对政府的影响，重点表现在对行政程序的影响。

所谓行政程序是指由行政机关主持，为作出行政行为而有计划进行的信息收集和处理过程，是任何内部或外部行政活动方式所包含的事实过程。行政程序的功能主要体现在以下几个方面：首先，扩大公民参政权行使的途径。行政程序法制化不仅实现了公民对行政行为合法性行使有效的监督权，公民更可以及时保护本人的合法权益。其次，保护行政相对人的程序权益。程序权益和实体权益是紧密联系在一起的，程序权益是实现实体权益的前提和基础，离开了程序权益的法律保护，实体权益也是难以实现的。再次，提高行政效率。从各国规定的行政程序法的实践看，为行政主体行使行政职权而设置的行政程序，不仅可以保障行政目的的实现，而且有利于减少怠于行政现象，从而提高行政

---

① 参见透视中国电子政务：电子"无病"政务"有恙" ［OL］. ［2004-08-08］. http://news.sohu.com/20040809/n221423643.shtml.

效率。最后，监督行政主体公平实施行政职权。行政法治要求行政主体依法行使行政职权。但是，由于行政自由裁量权的广泛存在和作用，行政法治也向行政主体提出了公平实施行政职权的要求。①

对于行政程序的具体制度，学者们有不同的见解。有学者认为，行政程序的具体制度主要有听证制度、告知制度、公开制度、证据制度、回避制度、时效制度。② 信息公开的电子化对于行政程序基本制度的影响比较大的主要有告知制度和公开制度。所谓告知制度是指行政主体作出影响行政相对人权益的行为，应事先告知该行为的内容，包括行为的时间、地点、主要过程、作出该行为的事实和法律根据，行政相对人在行政过程中依法享有的权利如陈述权、申辩权、听证权等。③ 行政机关作出行政决定的，在决定作出以后，必须及时通知相对人，这对于维护公民的权益十分重要。电子化使告知制度的方式发生了变化。随着通信技术的应用，告知完全可以通过网络的方式向行政相对人作出。电子政府与传统政府最大的不同就在于政府行政方式的电子化，即政府在行政中大量地采用电子文件的形式发布决定、送达通知等。所谓信息公开是指除法律、法规有明确的限制外，自然人、法人或者其他组织有权利获得政府信息。信息公开是公民实现知情权的必由之路，是现代民主法治建设的必然要求。信息技术带来的最大影响之一就是拉近了政府与公民之间的距离。通过网络对政府拥有的信息向民众公开，极大地方便了公众对政府信息的了解，增强了政府的透明度，也有利于公众对政府行政行为的监督。

由于信息公开与行政程序在理念以及制度构造上并不相同，因此除美国以外，大多数国家和地区都没有将信息公开制度纳入行政程序法之内。尽管从严格意义上来讲，政府信息公开制度不能归入行政程序法的范畴，但是伴随着政府信息公开电子化的进程，信息公开的电子化对行政程序的影响越来越大。信息公开电子化对行政程序最重要的影响就是行政程序的电子化。所谓行政程序电子化，是指将信息与通信技术应用于行政机关处理事件之过程及手续中。根据我国台湾地区的信息基础计划，行政程序电子化的具体措施包括行政组织现代化、信息处理流程合理化、便民服务自动化及电子资料流通等。④

---

① 参见章剑生. 行政程序的法律价值分析 [J]. 法律科学，1994 (3).

② 参见徐银华，泽想. 关于行政程序几个基本理论问题的认识 [J]. 南京社会科学，1995 (5).

③ 参见姜明安. 行政的现代化与行政程序制度 [OL]. [2004-06-03]. http://www.gongfa.com/xingzhengchengxujiangma.htm.

④ 参见林河名. 电子化政府与资讯公开 [D]. 台湾东吴大学法律系硕士论文.

学者一般认为传统行政行为的目标主要有三个：参与（participation）、效率（efficiency）以及形式（formality）。行政程序的电子化对这三个传统目标都产生了影响。①

一、行政程序电子化对参与的影响

一般认为，参与原则是行政程序法的基本原则之一。所谓参与原则是指，受行政权力运行影响的人有权参与行政权力的运作，并对行政决定的形成发挥有效作用。"参与"包含行为主体的自主、自愿和目的性，是一种自主、自愿、有目的的参加，参与者意在通过自己的行为，影响某种结果的形成，而不是作为一个消极的客体被动地接受某一结果。在现代社会普通公民对政治活动，尤其是政治决策活动的参与被视为民主政治的重要标志。② 一种观点认为行政程序主要是规范行政主体的行政活动程序。但是也有观点认为，行政主体有时离开了行政相对人的参与程序，则不可能主动引发行政程序，如行政许可程序；而且，行政相对人在参与行政行为时也应当遵守有关行政程序，否则难以达到维护其自身合法权益的目的。从各国行政程序法典内容可以发现，行政相对人的参与程序已成为行政程序的有机组成部分。③ 我们赞同后一种观点。

行政程序电子化对于公民行政参与的主要影响体现在参与目标的掌握、参与范围的扩大和参与能力的提高。通过行政相对人的参与使相对人参与行政决定的制作，并在行政决定中反映其意见。对社会公众来说，往往更易从产生结果的过程而不是从结果本身来判断结果是否公正。因为社会公众对行政决定设计的技术问题和法律规定并不熟悉，一般认为公正的程序比不公正的程序更易产生公正的结果。从实际上讲，"兼听则明"，行政机关及时听取各方意见，有利于查明事实，正确适用法律，从而提高行政决定的正确性。④

当然，行政程序电子化也有其不利的一面，主要是公民因缺乏对计算机和信息技术的掌握而不能享受电子化带来的便利，导致信息获取的不公平。另外行政程序的电子化，必然使用大量的电子化、定型化的文书格式。如果这些定型化文书的设计存在缺陷，也可能使得意见无法准确地表达，失去程序参与的

---

① 关于行政程序电子化的影响，参见林河名. 电子化政府与资讯公开［D］. 台湾东吴大学法律系硕士论文.

② 参见应松年. 行政程序立法研究［M］. 北京：中国法制出版社，2001：189.

③ 参见章剑生. 行政程序的法律价值分析［J］. 法律科学，1994（3）：22.

④ 参见黄民岚. 论行政程序法的参与原则［J］. 武汉科技大学学报：社会科学版，2003（2）.

功能。

二、行政程序电子化对效率的影响

行政程序的迟延不仅可能造成经济效益的损失，而且可能造成对权利的侵害，所以行政程序的设计应该着眼于提高行政的效率。在这里效率不能和速度相混淆。从长远来看，行政相对人的尽早参与，进行理性的利益权衡有利于提高效率。

行政程序电子化对效率的有利方面包括：信息产生与传递效率的提高、沟通效率的提升、一般行政事务的减少，以及记录完善、使用便利等。政府业务计算机化成为电子政府建设发展目标，这本身就反映了电子化对行政效率的影响。

当然效率的提升本身也可能带来一些负面的影响。电子化使得公民的参与度更加广泛，造成政策信息大量增加，这会使得决策过程中考量因素增加，使决策过程变得更加艰巨。

三、行政程序电子化对形式要素的影响

行政程序电子化对形式要素影响最大。其中最重要的就是行政文书电子化也就是电子文件问题。电子文件的公文性、公文效力、证据效力都成为必须探讨的问题。不过为了适应电子政府的发展，这些问题必须通过行政立法的方式予以解决。通过本章第二节的探讨，我们认为对于这些问题的解决，不存在太大的理论障碍。

行政程序的电子化，有其积极的一面。从辩证的眼光来看，其缺陷也是显而易见的。对于缺陷我们有必要进行妥善地解决，即便不能解决，我们认为行政程序电子化带来的便利已经大大地超过了它本身的些微瑕疵。我们完全没有必要因噎废食。

第四节 电子文件的法律问题研究

采用电子化形式进行信息公开，电子文件是一个不能回避的问题。它涉及政府电子化信息的公信力问题，因此对电子文件的法律问题我们单列一节进行讨论。

一、电子文件的定义

文件是文书学、档案学上的概念，电子文件亦然。与传统的文件相比，电

子文件是一个极具特性的新生事物，关于电子文件的定义，学界也没有统一的认识。电子文件的定义方式归纳起来，基本上有两种模式：第一种是直接型的定义思路，就电子文件谈电子文件。比如将电子文件定义为"能被计算机系统识别、处理，按一定格式存储在磁带、磁盘或光盘等介质上，并可在计算机网络上传送的数字代码序列"；① 第二种是系统型的定义思路，先研究文件，看随着电子文件出现之后，现代文件的概念发生了什么变化，在研究了现代文件概念之后，然后再给电子文件下定义。②

　　第一种定义方式存在明显的问题，根据"属＋种差"的结构，我们发现这个定义中的电子文件的属概念为"代码序列"，这在逻辑上会出现如下问题：（1）电子文件的属概念是代码序列，那么文件又是什么呢？（2）属于代码序列的是不是都是文件？（3）如果是，计算机病毒也是"代码序列"，是否属于电子文件？（4）如果不是，电子文件又是什么？③ 所以从目前看来，第二种定义思路占主导地位。例如国际档案理事会电子文件委员会在1997年的一份报告中将电子文件定义为："文件是机构或个人活动的开展、执行或完成过程中产生或收到的记录信息，文件由内容、背景和结构组成，并作为一个整体提供该项活动的证据。"其中，文件的背景信息是指文件之间的关系以及文件与产生文件的活动之间的关系，文件的结构是指文件的内容结构即文件的篇章安排。

　　文件（包括电子文件）是由文件内容、介质、文件结构和文件背景信息四要素构成的。文件各个要素列表如下：④

项目	传统文件	电子文件
内容信息	固着于载体上	虽然每一特定时刻与载体结合，但不从一而终；信息存储时，需要编码，信息读取时，需要解码。
内容结构	固着于载体上	呈虚拟状态，每次信息读取时呈现在计算机屏幕上；不同系统之间进行转换时，内容结构的信息会有所丢失。

① 详见国家档案局《电子文件归档与电子档案管理规范》。
② 参见张正强.关于电子文件的概念［J］.档案与建设，1999（10）.
③ 参见张正强.关于电子文件的概念［J］.档案与建设，1999（10）.
④ 参见于丽娟.电子文件定义引起的反思［J］.北京档案，2000（6）.

续表

项目	传统文件	电子文件
载体（存储结构）	不仅仅是承载物，和文件内容和内容结构一一对应，共同构成原件，本身起到证明文件凭证性的重要作用	仅仅是文件内容信息的某一时刻的承载物，由于无法永久地固着内容和内容结构，因此本身不带信息，无法证明文件的凭证性。物理介质仍然具有本身的特点，这些特点也可能成为判断文件凭证性的依据（比如，磁盘与光盘的区别）。
背景信息	通过实体整理来实现	由于载体上文件存储结构的不可见性和随机性，电子文件的实体整理不可实现，传统文件实体整理所固定和维护的信息会有所丢失。

以上是从文书学、档案学的角度对电子文件进行定义。2001 年国家档案局从行业规范的角度给电子文件所下的定义。其推荐的行业标准《档案工作基本术语》中规定：电子文件是以数码形式记录于磁带、磁盘、光盘等载体，依赖计算机系统阅读、处理并可在通信网络上传输的文件。该定义的科学性在于揭示了电子文件定义的四要素：电子文件的形成和利用依赖于计算机；电子文件以数字代码记录信息；电子文件以磁盘、磁带、光盘等化学磁性材料为载体；电子文件必须符合"文件"的定义。《中华人民共和国电子签章条例》（草案）中，没有采用电子文件的概念，但确立了电子文件的法律效力，为文件和重要信息的网络传输提供了法律依据。该法规定了与电子文件相近的一个概念——数据电文。但该法没有界定数据电文的含义，只规定具备一定条件的数据电文具有与书面形式同等的效力。该法第 4 条对这些条件进行了明确的规定：（1）有形表现所载内容；（2）随时可供打印、复制、传输或其他方式调取查阅。

二、电子文件的特征

从电子文件的定义中，我们知道电子文件是在计算机中产生和处理的，它所表现的信息形态是信息化的，因此其有不同于纸质文件的特殊属性。电子文件的特征表现在以下几个方面：

第一，电子文件的信息与载体的可分离性。尽管有学者对此特征持批判态度，① 但是在档案学领域，大多数学者还是认可它是电子文件的核心特点之一。纸质文件的内容和载体是不能分离的，比如墨迹必须依附于纸张上才能显示文字或者图形，否则便无从表达信息。电子文件的内容和信息之间的联系不如纸质文件那样密切。首先，电子文件内容存储的位置不是固定的，而是变化的，甚至可以从一个载体转化到另外一个载体，文件的内容保持不变；其次，电子文件可以通过网络传送给一个或多个接受者；再次，通过计算机处理，电子文件可以扩展也可以缩小，其存储的空间是可变的。电子文件信息与载体的可分离性造成了信息的可变性和流动性。由于信息与载体的分离，计算机系统中的信息相对独立，一方面使得对信息的增删修改十分容易，修改后又不会留下任何痕迹；另一方面使信息可以在不同的载体之间转换、流动。

第二，电子文件的"虚拟性"。前文已经讲到电子文件信息的形态是数字化的，它使用的是人工不可识读的记录符号——数字代码，只有通过计算机的处理人们才可以识别。传统文件形式，不管它用什么载体，每份文件都有自己的规格、形状及记录信息的符号等。而电子文件则不同，它没有直观的形状、规格、记录符号，看不见，摸不着，这就是电子文件被称为"虚拟文件"的原因所在。② 电子文件虽然具有"虚拟性"，但是其"虚拟性"是相对的、有条件的、不是绝对的，从物质性的角度而言，电子文件不是"虚拟文件"。所以说电子文件的"虚拟性"并不能影响并改变电子文件的原始性特点。

第三，数字信息的不稳定性（亦可理解为不安全性）。主要表现在电子文件可以被修改、丢失或毁坏。纸质文件如有更改，很容易鉴别。即使是音像磁带，通过音纹鉴定就可以知道是否被剪辑、修改。以数字化形态存在的电子文件的更改却很难识别。所以，操作不当引起的事故，有目的的信息更新，蓄意破坏等情形很容易导致电子文件信息内容的改变。此外，数字化方式存储的信息，极易受到外力的干扰和破坏：计算机病毒、磁场、电磁脉冲等对数字化信息和计算机系统的破坏。③

第四，电子文件载体的非直读性。存储在某种载体上的电子文件，在制作时是把可识别的文字、图形等信息和内容输入到计算机中转换成二进制数码位表示。计算机内形成的电子文件记录到载体上时，也是数字编码序列，不能直接观看其内容，必须由相应的计算机设备将载体上编码序列读取出来，然后转

---

① 参见仇壮丽.电子文件信息与载体的不可分立性 [J].北京档案，2003（2）.

② 参见麻新纯.电子文件是"虚拟文件"吗？[J].档案管理，1999（6）.

③ 参见刘家真.也谈电子文件的特点 [J].浙江档案，1999（6）.

换成能识别的形式，显示在屏幕上或打印在纸上。电子文件载体的非直读性，主要表现在：一是数字编码序列记录在载体上，人的眼睛无法分辨，何况磁性载体上的"磁畴"极性是物质内部的物理性质，不可能被看到；二是载体上的信息密度很大；三是载体的数字信息往往是经过压缩、加密处理，即使有设备也必须通过解压和解密才能读取。

关于电子文件的特征论著甚丰，论点亦颇繁杂，仅列举以上四条较具代表性之特点简要说明，不再赘述。

三、目前我国电子文件的来源与种类

目前我国电子文件主要来自以下途径：第一，办公自动化过程中直接产生与接收的电子文件。由于计算机的普及应用，目前我国很多政府机关都采用计算机来进行文字处理，以此来辅助人工劳动。在计算机上形成的文字数据属于电子文件的范畴。另外，随着因特网技术的发展，很多政府部门都依靠办公自动化系统来进行文件的起草、传阅、审批等工作。这些在自动化系统中形成的文件都属于电子文件。传统纸质文件是大量印刷成文，通过邮政部门传递、会议分发及专人送达等方式传送。虽然能较好地做到保密，但是传播速度慢、传播范围狭窄。电子文件的传送可以通过磁盘、光盘等存储体进行，也可以利用网络通过电子邮件、FTP等方式实现，还可以传送到局域网的服务器上或存储在数据库中供局域网成员共享。第二，模数转换过程中产生电子文件。模数转换是指将模拟信息转换成数字信息，以便计算机处理的过程，模拟信息要转变为数字信息需要通过相应的转换设备方可进行。在档案管理工作中有很多情况要进行这种模数转换，例如，纸质文本通过扫描可以形成数字图像，数字图像再通过光学字符识别（OCR）系统，可进一步由图形文件转化成字符文件，字符文件可通过关键词达到全文检索等。①

根据不同标准可以将电子文件划分成不同种类。第一，根据信息类型划分，电子文件主要有以下几种类型：1. 字处理文件：指用计算机处理技术形成的文字文件、表格文件等，收集时应重点收集定稿电子文件和正式电子文件。（1）定稿电子文件：用计算机起草文件时形成的最后一稿草稿文件，记录了文件的最后修改结果，有重要凭证、依据价值，应注意收集，并须落实签字手续，明确公文拟稿、核稿、签发等环节的责任者；对特别重要文件的历次草稿如都有必要保存时，每一稿应以不同的标识区别。（2）正式电子文件：将修改、签发完毕的定稿电子文件正式制作完毕，能行使其文件的职能，其标识应

---

① 参见刘家真. 当前我国电子文件的来源与种类 [J]. 北京档案，1999 (8).

以正式文件文号注明，并注意重点收集。2. 图像文件：指用扫描仪等设备获得的静态图像文件，如果其压缩计算方法特殊则应将相关软件一起收集。3. 图形文件：指采用计算机辅助设计或绘图获得的静态图形文件，收集时应注意其对设备依赖性、易修改性等问题，不可遗漏相关软件和各种数据。4. 影像文件：指用视频设备获得的动态图像文件，收集时应注意收集其压缩计算方法和软件。5. 声音文件：指用音频设备获得的文件，收集时应注意收集其属性标识和相关软件。6. 多媒体文件：指用计算机多媒体技术制作的文件，其中包括前面所示的两种以上信息形式，收集时应注意参数准确，数据完整。7. 数据库文件：指采用数据库系统制作的数据文件及可能产生的各种相关辅助文件。第二，按照环境类型进行分类，电子文件包括以下几种：1. 计算机程序：指计算机使用的或在某一软件平台上开发的系统软件、支撑软件和应用软件以及软件的版本等。2. 数据文件：指用计算机软、硬系统进行信息处理等过程形成的各类参数、管理数据等。第三，根据载体类型，电子文件可以划分为光盘、磁盘、磁带等介质。①

四、电子文件的法律地位

（一）电子文件具有文件属性（文书性）

电子文件虽然不同于纸质文件，但是从目前世界各国和地区的发展来看均赋予电子文件以文件的法律地位，具有文书性。例如我国台湾地区的"会计法"和"公司法"在修正后都肯定以计算机或机器处理的文件具有文书性，并确认它们在法律上的地位。尤其是在其后修正公布的"公文程式条例"第2条第2项明确定义公文"必要时得以电报、电报交换、电传文件、传真或其他电子文件行之"。在前文探讨电子文件的定义时，我们已指出，目前主流的电子文件定义模式也是在研究文件内涵与实质的基础上提出来的，也就是说目前就是在文书学、档案学的理论上也普遍认为电子文件是文件的一种特殊形式，法律当然没有固守成规的必要。

我们认为电子文件之所以具有文书性，追溯其根源在于电子文件具备文件的原始性特点。文件（档案）是人们在实践中直接记载客观事物、人类思维和各种活动的文献资料和信息载体。这种记录材料的产生和积累始终根源于特定的机构或个人所尽的职责活动，且由此而形成了记录材料之间的有机联系，这是原始记录性含义的核心所在。档案学界普遍认为，档案首要的、根本的性

① 参见《上海市国家行政机关电子文件归档管理暂行规定》，《青岛市电子档案管理技术标准（试行）》。

质是原始记录性，这是档案在与其他事物相比较存在的过程中所显示出来的独有特性。它决定档案之所以不是图书资料和一般文物资料，而所以是档案的内在依据。① 一般认为文件的原始性包括内容的原始性和形式的原始性，传统文件恰好把这两者统为一体，因此人们对传统文件的原始性深信不疑。事实上，人们也就是根据传统文件内容和形式不可分离的特征而得出文件原始性的这一内涵。电子文件信息与载体的可分离性和易复制、修改、删除、易远距离传输等特点决定了电子文件在转化为电子档案过程中的原始性不易被认可。但是这并不表示电子文件不具备原始性。从客观上讲，电子文件是物质实体而不是虚拟物；从反映客观事实方面来说，电子文件的内容信息是否如实记录了客观事实；从电子文件形成来看，电子文件形成中的元数据信息如实记录了电子文件的运动事实，因此电子文件的原始性、真实性是毋庸置疑的。电子文件的真实性（authenticity）指对电子文件的内容、结构和背景信息进行鉴定后，确认其与形成时的原始状况一致。档案工作通过技术性手段和法律手段完全可以使电子文件的原始性确定。从技术上讲，保证电子文件真实性的方法主要有以下几种：防火墙技术、存取权限控制技术、数据加密法、数字水印法、数字时间印章法等。② 从法律上讲，我们可以直接确认电子文件的法律地位，认可其证据效力。基于以上的分析，我们认为电子文件与传统文件的法律地位是一致的，电子文件具有文书性。

（二）电子文件具有公文效力

2000 年 8 月 24 日，国务院颁布的《国家行政机关公文处理办法》第一章（总则）第 2 条规定："行政机关的公文（包括电报，下同。），是行政机关在行政管理过程中形成的具有法定效力和规范体式的文书，是依法行政和进行公务活动的重要工具。"行政公文是行政行为的一种形式，因此行政公文的效力取决于行政行为的效力。行政行为的合法要件包括以下三点：首先，行政机关对本案有权通过行政行为作出处理；其次，符合有关管辖权、程序和形式的规定；再次，行政行为的内容合法。③ 参考行政行为的生效要件，一般认为，一份公文要合法有效，必须具备以下要件：（1）公文作者的身份是行政主体且无瑕疵；（2）公文受文者的身份是行政相对人且无瑕疵；（3）公文有明确的

---

① 参见麻新纯．论电子文件的档案属性［J］．广西民族学院学报：哲学社会科学版，2000（5）．

② 参见郭敏等．电子文件的原始性与真实性［J］．档案学通讯，2000（5）．

③ 参见［德］哈特穆特·毛雷尔．行政法学总论［M］．北京：法律出版社，2000：230．

行政目的且正当、合法，行文适用法律、法规正确；（4）公文的程序合法；（5）公文的信息内容真实；（6）公文的形式合法。①

关于传统公文生效的形式要件，通常要求用印和签署。但是使用电子文件无法和传统文件一样履行用印和签署手续，因此电子公文的法律效力，成为一个值得探讨的问题。电子公文的法律效力主要表现在以下几个方面：第一，电子公文具有确定力。公文的确定力是指公文的不可更改性，即任何事情一旦经一级行政机关的某一类公文确定之后，任何人就不得以任何方式随意更改，除非相应机关或上级机关按照法定程序予以允许。第二，公文具有执行力。公文中的办法、措施、命令、规范、要求等，受文机关必须执行，如果主送机关不付诸实施，发文机关或其上级机关有权依据相关法律法规追究其不执行的责任。第三，公文具有约束力。公文的内容受文机关必须严格遵守，如果不遵守则要承担由此带来的后果和责任。②

（三）电子文件具有证据效力

电子文件的证据效力在档案学中一般表述为电子文件的凭证效力。所谓电子文件的法律证据效力，是指电子文件在法律上的凭证作用，亦指电子文件在法律上成为证据的资格以及证明力的大小。③ 相对于传统的纸质文件，电子文件有其自身的不足，比如数据较容易修改、容易受计算机病毒攻击等。这些缺点或多或少地对电子文件的证据效力产生影响，但是电子文件具有证据效力是一个广为接受的观点。从我国学界的观点来看，基本上都认为我国法律不构成赋予电子数据以证据地位的障碍，因为我国有关法律规定"证明案件真实情况的一切事实，都是证据"。④

电子文件具有证据效力学界和实务界已经取得了比较一致的看法，但是关于这种电子证据的法律定位问题学界存在比较大的争议。归纳起来主要有"视听资料说"、"书证说"、"物证说"、"鉴定结论说"、"混合证据说"和"独立证据说"六种观点。关于电子证据的法律定位问题成为电子证据研究中最重要的问题之一。鉴于电子证据的复杂性以及其自身的特性，我们不能将其简单地归入视听资料、书证、物证、鉴定结论中的任何一类。电子证据究竟是

① 参见王绍侠. 从行政法角度比较电子公文与纸质公文的生效要件 [J]. 档案学通讯，2002（5）.

② 参见乔芳. 论公文"法定效力"的加强与规范 [J]. 秘书之友，2002（5）.

③ 参见庄育飞，郑卫. DublinCore：网络资源组织与整理的新思路 [J]. 情报学报，2000（2）.

④ 参见何家弘. 电子证据法研究 [M]. 北京：法律出版社，2002：17.

不是独立的证据类型一直是争论的焦点。持否认态度的学者认为，电子证据相对于其他七种传统证据，并没有创造出一种全新的证明机制，仅仅是表现形式不同而已。持肯定态度的学者认为，电子证据具有其自身的特殊性和重要性，应该成为独立的证据类型。我们认为，关于证据的分类能否以证明机制作为唯一的分类标准，在这个问题上值得探讨。另外，"混合证据说"本身就是一个似是而非的观点。对于事物的认识，归根结底还要看其自身的性质。既然电子证据所具备的特点已经使它不同于其他任何一种证据类型，已经不能归入任何一类证据，这个事实本身就说明了电子证据具有自己的独立性。我们探讨电子证据的法律定位，就是要给它定性。"混合证据说"的提出等于没有给电子证据定性，这是学术上的偷懒，不利于我国证据立法。从目前来看，电子证据作为一种独立的证据形式已经出现在《中华人民共和国民事证据法》的专家建议稿中，大有可能正式登上我国证据立法的历史舞台。①

---

① 参见常怡，王健．论电子证据的独立性［J］．法学，2004（3）．

第九章 政府信息公开争议之行政救济

第一节 行政救济概述

一、行政救济的概念

行政救济是指行政相对人因行政主体在行使行政职权过程中的违法或不当的具体行政行为对其合法权益造成损害，而请求国家有权机关予以恢复、救助的行政法律制度。

"有权利，必有救济"是一个可追溯至罗马法的流传已久的法谚。法律调整社会关系的根本宗旨是确认权利并保护权利。人们享有权利的前提是法律对权利的确认。"权利而无救济，即非权利。"① 法律之于权利的保障，一方面是要求义务人承担、履行义务；另一方面是对受到违法侵害的权利予以救济。在行政法中，作为行政法律关系双方当事人的行政主体与行政相对人的法律地位不平等，行政相对人在行政活动中处于被管理的弱势地位，负有接受、服从的义务。而行政主体代表国家行使行政职权，所作出的具体行政行为具有优先性、先定性，由于这些权力固有的属性，行政主体所处的地位以及公务人员的主观欲望等因素，违法的行政行为或不当的行政行为时有发生，而这些行为往往侵犯了行政相对人的合法权益。正如法国思想家孟德斯鸠所言："一切有权力的人都容易滥用权力，这是万古不易的一条经验。有权力的人们使用权力一直到遇有界限的地方才休止。"② 因此，法律要保护权利，就必须纠正违法、不当的行政行为，以防止权力的滥用，并对行政相对人因此而遭受的损失予以恢复和救助。行政法中的行政救济制度实质上就是对违法或不当的行政行为侵害行政相对人的合法权益予以救济的制度。

---

① 林莉红. 论行政救济的原则 [J]. 法制与社会发展，1999 (4).
② 孟德斯鸠. 论法的精神：上册 [M]. 北京：商务印书馆，1961：154.

二、行政救济的特征

行政救济作为一项专门的救济制度与其他法律制度相比具有以下的特征：

（一）行政救济是以保护和救济行政相对人的合法权益为主要目的

行政诉讼、行政复议等行政救济制度从一方面看具有监督行政主体依法行政的功能和作用，但行政救济的根本目的仍是保护和救济行政相对人的合法权益。首先，行政复议、行政诉讼等行政救济制度都以"公民、法人或者其他组织认为行政机关或行政机关工作人员的具体行政行为侵犯其合法权益"为要件，行政救济制度的启动依赖于行政相对人的作为。这说明行政救济制度的目的更侧重于保护和救济行政相对人而非监督行政。其次，行政相对人申请复议或提起诉讼而请求保护的必须是自己的权益，而不是他人的或公共的利益。若认为具体行政行为违法或不当而侵害他人的或公共的利益时，只能通过申诉的手段进行，行政复议和行政诉讼等救济制度仅适用于行政相对人认为自己的合法权益受到违法或不当的具体行政行为侵害而提起请求。行政救济是以保护和救济行政相对人自身的合法权益为核心。

（二）行政救济以行政相对人的救济请求为前提条件

"救济权是'原权'的对称，又称'第二权'，是指在原权受侵害时所生的权利，如恢复原状请求权、损害赔偿请求权。"① 它是公民的一项权利，公民在其合法权益受到违法的或不当的行政行为侵害时，依法可以向有权机关请求救助和保护。由于行政救济制度的目的是给予行政相对人救助和保护，因而在提起方式上以行政相对人的请求为必要条件。行政救济具有非主动性，这一点与那些旨在监督行政行为的法律制度截然不同，监督行政的监督主体通常是采用积极主动的方式行使监督职权的。行政救济的这一特征表明了其根本宗旨是保护行政相对人的合法权益。

（三）行政救济是以造成行政相对人权利损害的行政行为为对象

行政救济的对象是指行政机关所实施的造成行政相对人权利损害的行政行为，这类行政行为主要包括违法行政行为与不当行政行为。

违法行政行为也就是指违反法律、法规的行政行为。一般而言，构成违法行政行为有以下几种情况：（1）主要证据不足的；（2）使用法律、法规错误的；（3）违反法定程序的；（4）超越职权的；（5）滥用职权的；（6）不履行或拖延履行法定职责的。对违法行政行为实施的救济构成了行政救济制度的主要内容。

---

① 张光博．简明法学大词典［M］．长春：吉林人民出版社，1991：1524．

但是，行政救济的对象仅局限于违法行政行为是远远不够的。随着现代社会政府职能的不断扩大，行政机关在行使行政职权时常常出现各种拖延、无礼、不合理、不公平的行为，给行政相对人造成了极大的损害，这些不当行政行为往往是不符合行政合理性原则的。行政合理性原则要求行政主体在实施行政行为时必须符合社会客观规律，符合立法目的，符合社会主义公平原则，符合社会道德。我国法律对行政行为是否合法有确切的标准依照，而对行政行为的合理与否，却缺乏具体明确的规定，仅能够以法律规范精神和目的去判定，因此在实践操作上比较困难。我国法律规定，对具体行政行为明显不当的，行政复议机关可以撤销、变更，并可以责令被申请人重新作出具体行政行为。而对于目前社会上行政机关在行使行政职权时常常出现各种拖延、无礼、不合理、不公平的行为，因为幅度问题难以划清，致使难以顾及。不当行政行为与违法行政行为一样，都侵犯了行政相对人的合法权益，因此行政救济制度的对象应包括违法行政行为和不当行政行为，已成为一个国家的法律是否文明、进步的重要表现。

三、行政救济的途径①

行政救济途径是指公民、法人和其他组织认为行政主体在行使行政职权过程中的违法或不当的具体行政行为对其合法权益造成损害，而请求国家有权机关予以恢复、救助的手段和方法。世界各国的行政救济制度因自身历史、文化、习惯相异而各不相同。我国的行政救济制度主要包括行政诉讼、行政复议和国家赔偿制度等。

（一）司法救济——行政诉讼

行政诉讼是指公民、法人或其他组织认为行政机关作出的具体行政行为侵犯其合法权益，依法向人民法院提起诉讼，由人民法院对被诉具体行政行为进行审理和裁判的司法活动以及由此而产生的各种诉讼法律关系的总和。行政诉讼作为一种行政救济制度，由于其程序严谨、规范，裁判结果公正，而成为世界上使用最广，也是最有效的行政救济途径。

行政诉讼是由人民法院运用司法审判权对行政权行使过程及其结果进行审查的一种救济制度，它独立于行政组织系统，具有以下几点特征：

1. 行政诉讼由行政相对人提起，并以行政主体为被告

我国的行政诉讼是以行政相对人主动向人民法院提起诉讼请求为前提，人民法院经过核实后，认为符合起诉条件的则受理案件，并不主动启动诉讼程

---

① 参见林莉红．行政救济基本理论问题研究［J］．中国法学，1999（1）．

序。在行政诉讼中，双方当事人的诉讼地位是恒定不变的。也就是行政相对人始终处于原告的地位，行政主体则始终是诉讼中的被告。行政相对人只要认为具体行政行为违法，侵犯其合法权益，就有权提起行政诉讼，被诉的具体行政行为无须实际违法，当事人认为被诉具体行政行为违法即有权起诉，这主要是为了保护行政相对人的利益而作出的规定，因为行政相对人不一定对法律熟知，如果要求行政机关作出的行政行为实际违法才能提起诉讼，这对行政相对人的要求就过于苛刻了。另外，能提起行政诉讼的只有行政相对人，行政主体没有起诉权，在诉讼过程中也不能提起反诉，这是由行政诉讼自身的特点而决定的，它与民事诉讼有着明显的区别。

2. 行政诉讼是以具体行政行为为诉讼对象

我国《行政诉讼法》第11条规定："人民法院受理公民、法人和其他组织对下列行政行为不服提起的诉讼：（1）对拘留、罚款、吊销许可证和执照、责令停产停业、没收财物等行政处罚不服的；（2）对限制人身自由或者对财产的查封、扣押、冻结等行政强制措施不服的；（3）认为行政机关侵犯法律规定的经营自主权的；（4）认为符合法定条件申请行政机关颁发许可证和执照，行政机关拒绝颁发或者不予答复的；（5）申请行政机关履行保护人身权、财产权的法定职责，行政机关拒绝履行或者不予答复的；（6）认为行政机关没有依法发给抚恤金的；（7）认为行政机关违法要求履行义务的；（8）认为行政机关侵犯其他人身权、财产权的。除前款规定外，人民法院受理法律、法规规定可以提起诉讼的其他行政案件。"从法条可以看出目前的《行政诉讼法》把可诉范围局限于具体行政行为，排除了抽象行政行为，而抽象行政行为在制定时往往因为一些细微的疏忽而给社会不特定的对象带来损害，受害人只有在行政机关据之作出具体行政行为后，才能向法院提起诉讼，法院在审查该具体行政行为合法性时予以附带的审查，决定是否予以适用。这样做不利于当事人及时获得救济，不符合诉讼经济原则，也不利于及时纠正错误的抽象行政行为。① 据此，本书认为我国行政诉讼的可诉范围也应包括抽象行政行为。

3. 行政诉讼以合法性为审查标准

我国《行政诉讼法》第5条规定："人民法院审理行政案件，对具体行政行为是否合法进行审查。"这说明人民法院审理行政案件时仅就具体行政行为的合法性进行审查，而不是审查其是否合理或其他。审判机关对具体行政行为的合理与否难以认定，其工作范围主要是审查该具体行政行为是否合法。若要其对具体行政行为的合理性也进行审查，则不适当，审判机关对行政机关的业

---

① 参见应松年. 完善我国的行政救济制度［J］. 江海学刊，2003（1）.

务了解程度毕竟有限，具体操作起来困难重重，因此我国立法才规定行政诉讼以合法性为审查标准。这点与行政复议是不同的，行政复议机关对具体行政行为是否适当和合法进行审查。

（二）内部救济——行政复议

行政复议是上级国家行政机关对下级国家行政机关的行政活动进行层级监督的一种严格的行政行为，也是行政救济的一种重要形式。

行政复议是指国家行政机关在行使行政职权时，与被管理的相对方发生争议，经行政相对方的申请，由上一级国家行政机关或法定复议机关依法对引起争议的具体行政行为进行审查并作出复议决定的活动。

行政复议具有如下特征：

1. 行政复议是以行政相对方提起复议申请而引起的

行政复议是一种依申请而产生的具体行政行为，它以行政相对方的申请为前提。如果没有行政相对方的申请，行政复议程序也就无法开始。虽然行政复议具有监督行政的功能，但它采用的是"不告不理"原则，这使行政复议与其他行政内部监督活动区别开来。一般的行政内部监督活动是不受被动性条件限制的，它完全可以主动进行。

2. 行政复议是因行政相对方不满行政机关的具体行政行为而产生的

行政复议是行政相对方认为行政机关的具体行政行为侵犯了其合法权益而请求复议机关进行审查并作出决定的救济制度。行政相对方申请复议的对象只能是具体行政行为，对于抽象行政行为（如国家行政机关制定的行政法规、规章或具有普遍约束力的决定）不服的，不能直接申请行政复议。对于行政机关发布的具有普遍约束力的决定不服时，不能直接对行政机关发布的决定提起行政复议，但是可以对行政机关根据该决定而作出的具体行政行为提起行政复议，同时提出对具体行政行为所依据的行政机关发布的决定进行审查。

3. 行政复议对具体行政行为的合法性与合理性均进行审查

我国《行政复议法》也规定，复议机关依法对具体行政行为是否合法和适当进行审查。从该条款中可以看出行政复议审查的是具体行政行为的合法性与合理性，这是行政复议与行政诉讼在裁决行政纠纷上的根本性区别。行政诉讼仅对具体行政行为是否合法进行审查。司法审判机关对于行政职权的范围、特点的了解毕竟是有限的，因而其审查的范围也是有限度的。而在行政复议中，复议机关往往是被申请复议的行政机关的上级领导机关，它与被申请复议的行政机关在职能上较为相似，对被诉行政机关的具体业务也比较了解，因此复议机关准确地对具体行政行为的合法性与合理性进行审查是理所当然的。

（三）行政赔偿

目前国内学者普遍认为行政救济除了行政诉讼和行政复议外，还应包括行政赔偿。行政赔偿无论在内容还是形式上均与行政诉讼和行政复议有着严格的区别，它也是行政救济制度的一项重要内容。

1. 行政赔偿的概念

行政赔偿是指行政机关及其工作人员在执行职务过程中，因违法行使行政职权而侵犯公民、法人或者其他组织的合法权益并造成损害，依法由赔偿义务机关承担损害赔偿责任，对受害人予以救济的法律制度。①

2. 行政赔偿责任的构成要件

行政赔偿的构成要件是指行政赔偿责任的成立或构成所必需的法定条件。它是衡量行政赔偿责任是否成立的基本标准，也是行政赔偿中的核心问题。一般来说，行政赔偿责任的成立需要具备以下几个要件：侵权主体是行政机关及其工作人员；行政侵权的行为是执行职务的行为；侵权行为是违法的行为；存在损害的事实；侵权行为与损害结果之间存在因果关系。

（1）侵权主体必须是行政机关及其工作人员

行政侵权主体一般是指行使行政职权过程中侵犯了公民、法人或者其他组织的合法权益的行政机关及其工作人员。行政机关是国家为实现对政治、经济、社会和文化等诸领域的有效管理而设置的，对国家各项行政事务具有组织、管理、监督和指挥等行政职能的国家机关。行政权归属于国家，因此行政机关及其工作人员在行使行政权时，侵犯相对人合法权益而造成的损害理应由国家承担行政赔偿责任。除行政机关及其工作人员外，行政侵权的主体还应包括法律、法规授权的组织及其工作人员、行政机关委托的组织和个人以及行政复议机关等。这些机关实际上也行使了行政职权，因此我国的《国家赔偿法》也把其归入了导致国家赔偿责任产生的侵权主体。

（2）行政侵权行为必须是执行行政职务的行为

行政侵权行为是执行职务的行为，这是行政赔偿责任中最根本的构成要件，也是国家承担赔偿责任的最根本的原因。行政职务行为包括行政主体以主体组织形式直接作出的职务行为，也包括行政机关的工作人员或受委托组织所作出的与履行行政职务有关的行为。国家对行政机关及其工作人员等违法行使职权而侵犯相对人合法权益的，承担相应的行政赔偿责任，是因为"行使职权"行为是执行行政管理职务的行为，而对于职务之外或者与职务无关的行为，国家一概不负责任，因为这些行为与执行行政管理职务无关，国家理所当

---

① 参见罗豪才. 行政法学［M］. 北京：北京大学出版社，2001：230.

然不承担行政赔偿责任。将行政主体的职务行为与非职务行为，公务人员的公务行为与个人行为区分开来，是确认行政赔偿责任的重要因素之一。

（3）行政侵权行为必须是违法的

职务行为违法是侵权行为所必需的要素之一。违法原则是我国行政赔偿的归责原则，即只有在侵权行政行为违法时，才能构成国家的行政赔偿责任。从违法的内容来看，既包括实体违法，也包括程序违法；从违法行为的方式看，既包括积极作为的违法，也包括消极的不作为违法。但无论形式如何，"违法"均是产生行政赔偿的必要前提。合法地行使行政职权而给相对人造成的损失，国家并不负赔偿责任，而是产生行政补偿，如国家对土地征用的补偿、财产国有化补偿等。由此可见，行为的违法性是行政赔偿区别于行政补偿的重要标志。

（4）损害事实必须已经发生

损害事实是指当事人的合法权益受到了既定的客观损害。有了损害事实，才可能导致赔偿责任，这也是行政赔偿的构成要件之一。这里的损害必须是已经发生，客观存在的事实，而不能是想象中的，或只是将来可能发生的。不具有现实确定性的损害，其损害情况无法查明，赔偿也就根本不能施行。而且，损害的客体必须是合法的，受法律保护的权益。只有合法权益受到损害，才能发生赔偿问题。对于非法所得等的损害，行政主体应当承担一定的违法后果，但不承担行政赔偿责任。

损害的事实应当包括物质损害事实、人身损害事实和精神损害事实。由于精神损害的范围和程度难以计量，且没有相关的标准进行衡量，因此目前我国的行政赔偿范围主要是物质损害和人身损害，而不包括精神损害。但是，从许多发达国家的法律实施中我们看到了精神损害赔偿的必要性及可行性。随着我国法制的改革与发展，相信关于精神损害赔偿的制度将一步步健全完善。

（5）侵权行为与损害事实之间存在因果关系

侵权行为与损害事实之间是否具有因果关系，是构成行政赔偿责任的根本要件。对于不属于行政主体造成的损害结果，法律不可能要其承担损害赔偿责任。因此，只有当侵权行为与损害事实之间有因果关系时，才能导致国家对违法行政侵权行为承担赔偿责任。

3. 行政赔偿的范围

行政赔偿的范围即是指国家对哪些行政侵权行为造成的损害应予赔偿。我国的《国家赔偿法》就对行政赔偿范围作了具体的规定。

（1）侵犯人身权的行为

侵犯人身权的行为包括对人身自由权和生命健康权的侵害。侵犯人身自由的行为主要有两种：一是违法拘留或违法采取限制公民人身自由的行政强制措施的行为；二是非法拘禁或以其他方法非法剥夺公民人身自由的行为。侵犯公民生命健康权的行为具体包括三种：一是以殴打等暴力方式或唆使他人以殴打等暴力方式造成公民身体伤害或死亡的行为；二是违法使用武器或警械造成公民身体伤害或死亡的行为；三是造成公民身体伤害或死亡的其他违法行为。

（2）侵犯财产的行为

这类侵权行为主要包括以下三项：一是违法实施财产性行政处罚的行为，如违法实施罚款、吊销许可证和执照、责令停产停业、没收财产等；二是违法采取财产性行政强制措施，如违法对财产采取查封、扣押、冻结等；三是违反国家规定征收财物、摊派费用的行为。另外，对于造成相对人财产损害的其他任何违法行为，国家都应当承担赔偿责任。

第二节 政府信息公开争议救济制度

政府信息公开争议是指拥有政府信息的行政机关与申请人或第三人因信息的公开或不公开而发生的争议，属于行政争议的一种。"有权利必有救济"，公众知情权的实现依赖于救济制度的有效保障。世界上许多国家的信息公开法都规定了救济的内容，但也有不规定救济内容的立法例，如荷兰《政府信息公开法》没有规定救济内容。信息公开争议的救济方式包括向原机关提出异议、信息专员救济、信息裁判所救济、信息委员会救济、行政复议救济和司法救济。上述各种争议解决方式各有优势，对各种不同救济途径的选择体现了各个国家的法制传统与国情。例如，韩国处理政府信息公开争议的途径包括异议申请、行政复议（行政裁决）和行政诉讼，异议申请程序并不是提起行政复议（行政裁决）的必经程序；泰国则由官方信息委员会和信息裁判所分别处理不同的信息公开争议，并且"信息公开裁判所的决定应视为最终的决定"；[1] 在日本行政复议机关处理政府信息公开争议案件时，要征询信息公开审查会的意见。总的看来，构建获得信息权的救济手段应考虑这样几个原则："充分利用行政救济；发挥咨询机构的作用；重视独立的审查或者裁判机构；救济手段应从行政到司法，司法化程度逐渐加强，最终以司法救济保障公众获得政府信息权的实现。"[2]

---

① 泰国《官方信息法》第 37 条第 2 款．

② 张明杰．开放的政府——政府信息公开法律制度研究［M］．北京：中国政法大学出版社，2003：195．

一、政府信息公开争议救济途径

（一）向原机关提出异议

信息公开的申请人或第三人对行政机关有关信息公开申请的决定不服，依法向原机关提出异议，原机关应在法定期限内予以答复。有些国家的信息法明确规定了可以向原机关提出异议，如韩国《公共机关信息公开法》第 16 条规定："请求公开信息过程中，因公共机关的作为或不作为而侵犯申请人的法律权益，申请人可在收到公共机关的公开决定通知之日，或者不予公开决定之日起 30 日内，向有关公共机关用书面方式提出异议申请。公共机关应在收到异议申请之日起 7 日之内作出答复，并及时用书面方式将其结论通知申请人。公共机关作出驳回或否决异议申请的决定时，应通知申请人，并告知申请人有权提起行政裁决或者诉讼。"有些国家的信息法虽没有规定利害关系人可以提出异议申诉，但根据其他的法律申请人仍有权向原机关提出异议。如在日本信息公开的利害关系人可以依据《行政不服审查法》的规定提出行政复议申请，向原机关提出的复议称为异议申诉，向上级主管机关提出的复议称为审查请求。

（二）信息专员救济

申诉专员（*ombudsman*）也称监察专员或督察专员，是主要针对失当行政行为进行监督与救济的法律制度，这一制度系瑞典于 1809 年首创，以后传播到丹麦、挪威等国，20 世纪 60 年代以后世界各国各地广为借鉴。① 信息监察专员是议会监察专员的一种，专门负责处理信息争议。

1. 英国的信息专员制度②

英国信息专员是由 1998 年《数据保护法》规定的数据保护专员更名而来。信息专员的职务不被认为是文官或者王室的代理人。信息公开的申请人对公共机关针对信息公开申请的处理有异议，可以向信息专员提出申请。信息专员处理申诉的手段主要是三种通知书：

（1）决定通知书

信息专员收到申请后必须作出决定，除非申诉人没有穷尽公共机关内部的申诉程序，向信息专员提出的申请不适当，或者是琐碎烦人的或者申诉人撤回

---

① 关于申诉专员制度的介绍，参见林莉红．现代申诉专员制度与失当行政行为救济 [M] //罗豪才．行政法论丛：第 5 卷．北京：法律出版社，2002.

② 参见周汉华．外国政府信息公开制度比较 [M]．北京：中国法制出版社，2003：168-169.

或者放弃申请了。信息专员不作出决定必须通知申诉人没有作出任何决定以及理由。如果作出决定必须向申诉人和相关的公共机关发出决定通知书。

（2）提供信息通知书

信息专员收到申诉人的申请后，如果认为信息专员接受了申请人申请或者信息专员为了判断某一公共机关是否与法律的要求相一致，或者为了判断公共机关的行为是否与指导手册的要求相一致，他可以向该机关发出提供信息通知书，要求公共机关在通知书规定的时间内，以通知书要求的形式将与该申诉有关的信息提供给信息专员。

（3）执行通知书

如果信息专员确认某一公共机关没有适当地履行提供信息的义务，可以发出执行通知书，要求该机关在通知书规定的期限内按照法律的要求提供信息。

在一定条件下，公共机关可以不执行信息专员发出的决定通知书或者执行通知书。公共机关拒绝执行通知书是有条件限制的：第一，只适用于涉及拒绝回答是否拥有相关信息或者涉及例外信息而拒绝提供信息的决定通知书或者执行通知书；第二，必须是政府部门，如果是其他公共机关则必须经国务大臣以命令特别规定。如果公共机关没有执行信息专员发出的通知书，信息专员向法院提交书面文件说明公共机关没有执行相关的通知书。法院可询问此事，在听取相关证人证言（支持或者反对）和公共机关的申辩后，如果认为公共机关没有正当理由拒不执行相关的通知书，则以公共机关犯有藐视法庭罪，对该公共机关作出处理。

2. 新西兰的议会信息监察专员①

（1）议会信息监察专员受理信息争议的范围

议会信息监察专员有权对部、部长和组织的下列决定展开调查、审查，并作出建议：拒绝申请人提出的获得政府信息的申请；申请人获得政府信息的申请被批准后，有关以何种方式、收取多少费用的决定；在批准申请人获得政府信息后，对政府信息的使用、交流、出版附加条件；根据《政府信息法》发出的通知；延长作出决定期限的决定；关于获得特定政府文件和信息、法人团体获得个人信息的决定。

（2）议会信息监察专员处理信息争议的程序

议会信息监察专员处理政府信息争议遵循"不告不理"的原则，他只能根据以书面形式向其提出的申诉对行政机关有关信息公开的决定展开调查、审

① 参见周汉华. 外国政府信息公开制度比较［M］. 北京：中国法制出版社，2003：259-261.

查，不能自行主动启动调查程序。议会信息监察专员在处理争议的过程中可以采取下列措施：要求部、部长、组织提供信息；咨询隐私专员。调查结束后，议会信息监察专员如果认为：申请人的请求不应被拒绝，或者被申诉的决定不合理、错误或是符合《议会监察专员法》相关规定适用的决定的，议会信息监察专员应采取如下行动：将他的观点、理由报告给合适的部、部长和组织；作出他认为适当的建议；给申诉人一份建议复印件（如果有的话）及其他他认为合适的信息。同时，议会信息监察专员还应该将报告和建议送交相关的或合适的部长。议会信息监察专员的建议具有强制性。自建议作出之后的第21个工作日起，部、组织有义务遵守该建议，除非总督通过赦令作出相反指示。在此情况下，提出请求的人可以向高等法院提出对赦令的审查。

3. 加拿大的资讯局局长①

（1）资讯局局长受理信息争议申诉的范围

加拿大《资讯取得法》设立资讯局局长负责监督政府信息公开法的执行。枢密院主席经参、众议院决议通过后，应以国玺指派资讯局局长。资讯局局长任期为7年，但枢密院主席依参、众议院之照会，得随时将其解职。资讯局局长其阶级及权限与机关副首长相同。因下列事项产生的争议，可向资讯局局长提出申诉：依法提出请求取得资讯之全部或一部分而遭到拒绝的申请人提出申诉的；行政机关依法要求支付固定金额费用，申请人认为该项金额不合理的；请求取得记录并经行政机关首长决定延长期限，请求人认为所延长之期限不合理而提出申诉的；请求特定官方语言提供记录之全部或一部分，而未能按照申请人所指定的官方语言取得政府信息，或未于其所认为适当之期间内使其依该官方语言取得政府信息的；与法定刊物或公报相关的事项；其他与依法请求或取得记录有关的事项。

（2）资讯局局长处理信息争议的程序

向资讯局局长申诉时，应以书面的方式为之，但如果资讯局局长允许也可以以其他方式提出申诉。申诉应与请求取得记录之事项有关，并应于其请求经受理后1年内提出。资讯局局长依法就申诉案件所进行的调查，应秘密进行。调查结束后，资讯局局长认为申诉理由充分，应向掌管该记录的政府机关首长提出如下报告：调查的结果以及资讯局局长认为适当的建议；以及适度要求在报告所定之时间内，将其为办理报告中所载建议事项已采取或拟采取之作为，或其何以未曾采取作为或未曾建议采取作为之原因告知资讯局局长。

---

① 加拿大《资讯取得法》第30、31、37、54 条。

（三）信息委员会救济

泰国对信息公开的行政救济途径是向官方信息委员会和信息公开裁判所提出审查请求。设立官方信息委员会是泰国信息公开制度的一大特色。"信息委员会是设立于行政系统之内的独立于拥有信息的行政机关的组织，它仍然是政府的一部分。"① 以下对泰国的官方信息委员会作一简要的介绍②：

1. 官方信息委员会的组成和任期

官方信息委员会的组成包括由总理所委任的部长担任主席、总理办公室常任秘书、常任国防秘书、农业与合作经济常任秘书、财政常任秘书、外交常任秘书、内政（务）常任秘书、商业常任秘书、部长会议秘书长、文官委员会秘书长、国家安全委员会秘书长、众议院秘书长、国家安全局主任、预算局主任以及由部长会议从公共部门与私营部门中所委任的另外9名合格成员。

2. 官方信息委员会的权力与义务

官方信息委员会的权力与义务包括：对国家官员与国家机关实施信息法履行义务予以监督和提出建议；对国家官员或国家机关实施信息法中提出的要求给予建议；对根据信息法制定王室命令、发布政府规章或者部长会议规则提供建议；对申请人提出的申诉进行处理和得出意见；随时但至少不得每年少于一次，就信息法的实施向部长会议提交报告；履行信息法规定的其他义务；办理部长会议或者总理交办的其他事务。

官方信息委员的职能主要包括三个方面：监督和咨询机关；受理申请人的申诉，并作出实质性的处理意见；负责转达向信息裁判所提起的复议。官方信息委员会对申诉的处理范围包括：任何人认为国家机关未能在政府公报上公布信息，未能将信息供公众查阅，未能为申请人提供信息，违反或者未能遵守信息法，或者拖延履行义务，或者认为没有缘由地没有得到便利。对于发布禁止公开信息的命令、驳回异议的命令或者拒绝改正、修改或者删除个人信息的命令不服的，官方委员会没有作出实质性结论的权力，应由信息裁判所作出复议决定。当事人可以在收到上述决定之日起15天内，通过委员会向信息公开裁判所提出异议。接到这样的申请，委员会应在接到申请7日内根据专业性将复议移送信息公开裁判所。信息公开裁判所的决定应视为最终的决定。作出决定过程中，可以向委员会发出通知，告知特定案件中有关国家机关将会采取什么具体行动。

---

① 张明杰. 开放的政府——政府信息公开法律制度研究 [M]. 北京：中国政法大学出版社，2003：195.

② 泰国《官方信息法》第13、18、27、28、35、37条。

3. 官方信息委员会的调查审议程序

委员会开会时，不少于总成员人数一半的出席方能构成法定人数。会议的决定以多数投票作出。每名成员有一个投票权。如果出现票数相等的情况，主持的成员有额外的一个决定性的投票权。委员会有权传唤任何人提供陈述、物件、文书或者证据，供委员会考虑。委员会有权查阅由国家机关或国家官员拥有的信息，不论该信息是否允许被公开。委员会应自收到申诉之日起 30 日内完成审查。如有必要，该期限可以延长，但必须有特定的理由，并且总期限不得超过 60 天。

（四）信息裁判所救济

英国行政救济制度的重要特点是设立各种专门的裁判所作为解决行政争议的机关。行政裁判所因其专业性、便捷性的特点在解决行政争议的过程中发挥着重要的作用，信息公开领域也不例外。英国、泰国等国家设立了专门的信息裁判所负责处理信息公开争议。以英国为例①：

1. 信息裁判所的组成

英国信息裁判所由数据保护裁判所更名而来。裁判所由下列人员组成：上院议长经咨询检察长后任命的主裁判席，上院议长任命的数名副主席，国务大臣任命的数名委员。裁判所成员必须具有 7 年的相关资格，这些委员必须能够代表数据的控制者和数据的对象的利益。裁判所成员的任期与任命的期限是一致的，期满后可以重新任命。国务大臣以议会提供的资金支付裁判所的人员的费用和其他支出。

2. 信息裁判所的裁决范围

可以向信息裁判所提出申请裁决的有两种情况：一是申请对信息专员发出的通知书进行裁决。申诉人和公共机关对决定通知书有异议，可以向信息裁判所提出裁决请求。二是申请对公共机关的负责人为拒绝公开信息而发出的说明有关的信息是由安全机关提供的或者与执行安全事务的机关有关的信息，或者是为了保卫国家安全需要作为例外信息的证明进行裁决。此时申请人可以是信息专员或者是受到该证明影响的信息公开申请人。

3. 信息裁判所的审理程序

具体的案件是由裁判庭审理的。对不同的案件裁判庭的组成不同。涉及国家安全的案件裁判庭的成员由上院议长从信息裁判所的主席、副主席和能够审理这类案件的人员中指派三人，并要指定一人为裁判庭庭长。其他案件的裁判

---

① 参见周汉华.外国政府信息公开制度比较 [M]. 北京：中国法制出版社，2003：173-174.

庭由裁判所的主席或者一名主席由国务大臣任命的人数相同的代表信息公开的利益和代表控制信息的利益的成员组成。

信息裁判所在审理案件的过程中，为了避免披露例外信息，可以实行单方审理，也就是只有控制信息的公共机关一方参与。裁判庭采用成员的多数意见作为决定性意见。

（五）行政复议救济

行政复议是公民、法人或其他组织认为行政机关的具体行政行为侵犯了自己的合法权益，依法向上级行政机关或法定的其他行政机关提出申请，由复议机关进行审查并作出裁决的活动。设置信息公开审查会作为复议机关的咨询机关是日本行政信息公开复议制度的特点。泰国官方信息委员会对申诉享有实质性的决定权，可以得出处理意见，但日本信息公开审查委员会的功能是为复议机关提供咨询，信息公开审查会并不受理复议申请，不是复议机关。信息公开审查会虽然不能对申诉作出复议决定，但其咨询结果一般都会受到复议机关的尊重。①

1. 信息公开审查会的性质

除以下情况外，对复议申请作出裁决或决定前，行政复议机关的首长应向信息公开审查委员会提出咨询：复议申请不合法，驳回的；裁决或决定撤销或者变更复议申请的公开等决定（内容为全部公开被请求公开的行政文件的决定除外），全部公开该复议申请的行政文件的。但对该公开等决定提出反对意见书的除外。对于信息公开审查会的咨询结果，咨询提出机关应通知下列人员：复议申请人以及参加人；公开请求人（公开请求人为复议申请人或参加人时除外）；对该复议申请的公开等决定提出反对意见书的第三人（该第三人为复议申请人或参加人时除外）。信息公开审查会是咨询机关，不能作出实质性结论，只能提供咨询意见。

2. 信息公开审查会的组成和任期

信息公开审查会设置在总理府中，由九名委员组成，委员为非专职人员，但其中可有三名为专职人员。委员从具有优越见识的人员中产生，经两议院批准后由内阁总理大臣任命。委员的任期为 3 年，可以再任。内阁总理大臣认为委员因身心障碍难以履行职务时，或认为委员违反职务上的义务以及存在其他不适合委员身份的不正当行为时，经两议院批准，可罢免该委员。委员不得泄露因职务活动所知道的秘密，该职务卸任之后也同样承担此义务。委员在任期间不得担任政党及其他政治团体的干部，或积极参与政治活动。除获得内阁总

① 日本《行政机关拥有信息公开法》第 18 条、第 21～35 条。

理大臣的认可，专职委员在任期间不得从事其他获得报酬的职务，或从事赢利事业以及以金钱上的利益为目的的其他业务活动。信息公开审查委员会指定三名委员组成合议体，调查审议复议申请案件。也可由全体委员组成合议体调查审议复议申请案件。

3. 信息公开审查会的调查审议程序

信息公开审查会认为必要时，可以要求咨询提出机关出示公开等决定所涉及的行政文件。任何人不得要求审查会公开该被出示的行政文件。咨询提出机关不得拒绝审查会提出的要求。审查会可以就复议申请的案件，要求申请人、参加人或咨询提出机关提交意见书或材料，要求适当的人员陈述所知事实或鉴定以及进行其他必要的调查。复议申请人等人员提出申请的，审查会认为有必要时应给予其口头陈述意见的机会。复议申请人或参加人经审查会许可，可与辅助人员一起到席。复议申请人等人员可以向审查会提出意见书或材料。但审查会对意见书或材料的提出规定相应期间的，应在该期间之内提出。复议申请等人员可以向审查会要求查阅被提交至审查会的意见书或材料。该要求如无损害第三人利益的可能或其他正当的理由，审查会不得拒绝查阅。审查会可以指定日期时间以及场所。审查会的调查审议程序不公开。审查会对咨询作出答询时，应在送交复议申请人和参加人答询书复印件的同时，公布答询的内容。

（六）法院救济

司法救济是解决争议的最后一道程序，为了保障公众获取信息的权利和信息法的有效实施，绝大多数国家以法院作为解决信息公开争议的最后手段。"在法治发达的国家，有效的司法审查机制就是行政公共信息公开和公民知情权的守护神。"① 法院对行政争议的解决，各国各有其特点，此处不再赘述。就其他救济手段与法院救济的关系而言，大多数国家和地区要求"穷尽行政救济手段"后，才能向法院提起诉讼。"在资讯公开的救济领域，目前除日本等少数国家由当事人自由选择行政复议或行政诉讼外，美国、德国、韩国、法国及中国台湾地区都要求在提起行政诉讼前必须经过行政复议等行政措施。在法国，一般情况行政救济手段并非是行政诉讼的前置条件，但对于行政资讯公开的诉讼作为例外，必须以经过行政措施救济为前提。法国根据其1978年7月17日的《行政和公众关系法》成立了一个文件了解委员会，当行政机关拒

---

① 章志远. 中国行政公共信息公开法治化研究［OL］. ［2004-03-26］. http://www.chinapublaw.com/.

绝公民查阅文件时，公民必须先向该委员会申诉后，才能提起行政诉讼。"①

二、我国政府信息公开争议救济制度

"行政救济，是指公民、法人和其他组织认为其合法权益受到行政主体的不法侵害时，请求有管辖权的国家机关采取相应的措施和手段，保护其合法权益的制度。在我国，行政救济途径主要有行政监察、行政复议、行政申诉和立法救济，以及行政诉讼"② 按照是否涉及诉讼程序为标准还可以把行政救济途径分为诉讼外的救济和诉讼救济，诉讼外的救济即行政监察、行政复议、行政申诉和立法救济。

根据《政府信息公开条例》的相关规定，我国政府信息公开争议的救济制度主要有：

（一）行政监察

行政监察是指"国家行政监察机关检查、督促行政机关公务员遵守法纪、履行法定职责并实行惩戒的一种监督制度"。③ 国务院办公厅是全国政府信息公开工作的主管部门，负责推进、指导、协调、监督全国的政府信息公开工作。县级以上地方人民政府办公厅（室）或者县级以上地方人民政府确定的其他政府信息公开工作主管部门负责推进、指导、协调、监督本行政区域的政府信息公开工作。行政监察是一种直接的、经常性的监督形式，也可以根据公民、法人或者其他组织的举报进行专门的调查处理。《政府信息公开条例》第4条第1款规定"各级人民政府及县级以上人民政府部门应当建立健全本行政机关的政府信息公开工作制度，并指定机构（以下统称政府信息公开工作机构）负责本行政机关政府信息公开的日常工作"。条例通过建立举报制度，明确了公民、法人或者其他组织对相关行政机关启动追究程序的权利，减少了随意执法的制度空间。

（二）行政复议

行政复议即指"行政主体在行使行政职权时，与本行政相对人发生争议，根据行政相对人的申请，由该行政主体的上级机关（本级政府或上一级行政机关）或法律规定的机关对引起争议的具体行政行为进行复查的一种制

---

① 冯国基. 面向 WTO 的中国行政——行政资讯公开法律制度研究［M］. 北京：法律出版社，2002：149.

② 叶必丰. 行政法与行政诉讼法［M］. 北京：中国人民大学出版社，2003：234.

③ 叶必丰. 行政法与行政诉讼法［M］. 北京：中国人民大学出版社，2003：242.

度"。① 我国《行政诉讼法》第 37 条规定"对属于人民法院受案范围的行政案件，公民、法人或者其他组织可以先向上一级行政机关或者法律、法规规定的行政机关申请复议，对复议不服的，再向人民法院提起诉讼；也可以直接向人民法院提起诉讼。法律、法规规定应当先向行政机关申请复议，对复议不服再向人民法院提起诉讼的，依照法律、法规的规定"。《政府信息公开条例》第 33 条第 2 款规定"公民、法人或者其他组织认为行政机关在政府信息公开工作中的具体行政行为侵犯其合法权益的，可以依法申请行政复议或者提起行政诉讼"。可见我国《政府信息公开条例》也是依照《行政诉讼法》的规定，实行的是由当事人选择为主、法定诉前复议为辅的行政复议模式。

（三）行政诉讼

行政诉讼是指"公民、法人和其他组织认为行政主体的具体行政行为侵犯其合法权益，向人民法院提起诉讼，由人民法院依法对具体行政行为的合法性进行审查并作出裁判的一种制度"。② 从立法和实践来看，行政诉讼是我国最完备、使用频率最高、最被人们接受的一种行政救济制度。《政府信息公开条例》第 33 条第 2 款规定"公民、法人或者其他组织认为行政机关在政府信息公开工作中的具体行政行为侵犯其合法权益的，可以依法申请行政复议或者提起行政诉讼"。此外，还对违反条例相关规定，未建立健全政府信息发布保密审查机制、不依法履行政府信息公开义务、不及时更新公开的政府信息内容、政府信息公开指南和政府信息公开目录、违反规定收取费用、通过其他组织、个人以有偿服务方式提供政府信息、公开不应当公开的政府信息的等行为设置了相应的法律责任。

以上即是《政府信息公开条例》中规定的行政救济途径。立法救济是行政相对人向各级权力机关提出申诉的救济途径，但因为权力机关对行政机关的监督一般仅限于抽象行政行为，条例中并未涉及；行政申诉是行政相对人不受管辖等级和期限的限制向国家有关行政机关请求救济的一种制度，它是宪法赋予的权利，是保障行政相对人实现行政救济的一种重要制度，《政府信息公开条例》对此没有进行规定，不得不说是一种遗憾；此外，目前国内学者普遍认为行政救济除了上诉的制度外，还应包括行政赔偿。行政赔偿是指行政机关及其工作人员在执行职务过程中，因违法行使行政职权而侵犯公民、法人或者其他组织的合法权益并造成损害，依法由赔偿义务机关承担损害赔偿责任，对

① 叶必丰. 行政法与行政诉讼法 [M]. 北京：中国人民大学出版社，2003：242.
② 叶必丰. 行政法与行政诉讼法 [M]. 北京：中国人民大学出版社，2003：242.

受害人予以救济的法律制度。① 我们认为，行政赔偿与行政救济制度不是并列的关系，而是一种不必然的附随关系。在实践中，行政相对人寻求行政救济时，我们不可能说他可以选择提起行政复议或是提起行政赔偿的方法。根据《国家赔偿法》、《行政复议法》、《行政诉讼法》的相关规定，行政相对人可以直接向赔偿义务机关提出行政赔偿的请求，也可以在提起行政复议或行政诉讼时附带提出行政赔偿的请求。因此，《政府信息公开条例》中并未规定行政赔偿制度，相关的赔偿制度可以参照《国家赔偿法》等法律的规定。

---

① 参见罗豪才. 行政法学 ［M］. 北京：北京大学出版社，2001：230.

后　记

政府信息公开制度有着悠久的历史。早在希腊城邦的治理中，信息的公开就扮演了很重要的角色。当人们聚集在公民大会上商议问题前，会议的议题就为人们所知晓，并在集市、广场、体育场等地广泛、深入地讨论过了。相传梭伦改革的立法条款，也都写在带有活动框架的木板上，置于市井附近的国事厅，供人们阅读援用。这些政府信息公开的良好实践带来的是公民对城邦的忠诚感、人们积极参与城邦政治的精神动力和城邦旺盛的生命力。启蒙时期，思想家们称民主的基本要素之一就是"知情的公众（informationed public）"。杰弗逊有一句名言："在一个文明国家，若指望从无知中得到自由，过去从未有过，将来也办不到。"

近年来，在我们这个古老而迅速向着信息化发展的国度，政府信息公开也逐渐成为人们关注的热点，相关的著作陆续问世，有关的规章也纷纷出台。"每一项技术都给我们一个不同的空间"（David Bolter 语），电脑和互联网络为我们带来了"千年未有之变局"，互联网及其所代表的开放、自由等精神，催生了电子化政府，也为政府信息公开带来了福音、机遇、挑战与压力。如何依法律引导、促进、保障和规范电子化政府及其背景下的政府信息公开，是我们思考的焦点，也构成了本书的主要内容和基本特色。

本书由齐爱民博士和孔繁华博士拟定写作大纲，由重庆大学法学院和武汉大学法学院的教师与博士等合作伙伴共同完成。在写作的过程中，我们克服了地域上的困难，在会议室、咖啡馆、互联网上频繁地进行着脑力激荡，如果说"智者千虑，必有一失"，那么"愚者千虑，或有一得"，本书就是我们全体作者经过多年的思虑与积累后的一点心得体会。无奈，我们生活在如此一个变化迅速的时代，加上本书涉及的是新兴的、充满种种可能的前沿性主题，不用说其中必然会有许多不足或时滞性的缺陷，尚请读者指正。齐爱民 e-mail：qi_office@ sina. com；张万洪 e-mail：vanhorn@ whu. edu. cn。

全书分工如下（以章节先后为序）：

第一章 张万洪、齐爱军、桂晓伟

第二章 齐爱民、贾淼

第三章 黄 锴

第四章 齐爱民、陈琛、孙国东、胡丽、桂晓伟

第五章 宁立成

第六章 孔繁华

第七章 齐爱民、孔繁华、尹鸿翔、陈琛、胡丽

第八章 齐爱民、吕光通

第九章 孔繁华、蓝慰慰、胡丽

全书最后由齐爱民、张万洪和胡丽统稿定稿。

感谢武汉大学出版社郭园园博士长期以来对我们的支持、帮助和所倾注的热忱；在本书付诸梨枣之际，我们收到了我国著名学者行政法学家杨海坤先生为我们撰写的序言，先生对我们的勉励将是我们奋斗的目标和方向。借此机会向始终关心着和指导着我们的杨海坤先生献上诚挚的谢意。

齐爱民于巴渝山城

张万洪于 珞 珈 山

2004 年 11 月初稿

2008 年 1 月定稿